Wie das Wort zur Schrift wurde

Holger Zeigan

Wie das Wort zur Schrift wurde

Geschichte(n) der Bibelentstehung

EVANGELISCHE VERLAGSANSTALT
Leipzig

Holger Zeigan, Dr. theol., Jahrgang 1972, studierte Evangelische Theologie, Philosophie, Mathematik und Pädagogik. Seit 2015 ist er als stellv. Schulleiter am Gymnasium Am Löhrtor in Siegen tätig.

Die Deutsche Nationalbibliothek verzeichnet diese Publikation in der Deutschen Nationalbibliographie; detaillierte bibliographische Daten sind im Internet über http://dnb.dnb.de abrufbar.

Das Buch wurde auf alterungsbeständigem Papier gedruckt.

Bei Fragen zur Produktsicherheit wenden Sie sich bitte an info@eva-leipzig.de.

Cover: Zacharias Bähring, Leipzig
Coverbild: © KHM-Museumsverband, Apostel Paulus 1633 (?) datiert, Werkstatt: Rembrandt Harmensz van Rijn, https://www.khm.at/objektdb/detail/1514
Satz: Holger Zeigan, Kreuztal
Druck und Binden: BELTZ Grafische Betriebe GmbH, Bad Langensalza

ISBN Print 978-3-374-07759-5 // eISBN (PDF) 978-3-374-07760-1
www.eva-leipzig.de

Vorwort

Im Angesicht einer Krise, zur Hochzeit im weißen Brautkleid, an Weihnachten aus ritualisierter Gewohnheit – immer wieder suchen die Menschen Kirche, Gemeinschaft, Riten, um sich beschützt, geborgen oder sicherer zu fühlen. Seit jeher brauchten und brauchen die Menschen den Gedanken zum Transzendenten oder zum überweltlich Geordneten oder zum Kontemplativen. Die Fragen nach »Woher?«, »Wohin?«, »Warum?« treiben den Menschen – ob Christ, ob Muslim, ob Buddhist, ob Atheist – um. Der eine stellt und beantwortet die Fragen für sich alleine, die andere in Gemeinschaft, und vor über zweieinhalbtausend Jahren fing man in den Bergen des heutigen Palästinas an, Gedanken dazu schriftlich festzuhalten.

Viele Jahrhunderte vergingen. Die Gedanken über den Sinn, über Gott und das Verhältnis der Menschen zu ihm wandelten sich, weiterhin hielten die Menschen ihre Betrachtungen und Überlegungen fest, fixierten sie in Schriften.

Ein Blick zurück: In einer entlegenen Region Palästinas fand sich in der Antike ein kleines Bergkönigreich, das von der weiten Welt nahezu abgeschnitten war. Dessen Einwohner verfassten erste Schriften, die von ihrem Gott erzählten, von einem Gott ohne großen Einfluss, ohne mächtiges Volk, das ihn anbetete – kein Re, kein Zeus, kein Jupiter –, von einem Gott, dessen Volk eines Tages unterging, immer wieder besiegt und zerstört von den Mächtigen ihrer Zeit: von Ägyptern, Assyrern, Babyloniern, Römern! Und dennoch: Immer wieder hielten jene Menschen an ihrem Gott fest, dachten über ihren Gott nach, schrieben ihre Gedanken nieder. Irgendwann war es eine Vielzahl von Büchern und Schriften, verteilt im ganzen Mittelmeerraum, die sich mit den Reflexionen über diesen Gott und den Glauben der Menschen an ihn beschäftigten. Einige dieser Schriften waren weit verbreitet und sehr bekannt, andere weniger. Einige waren auf sprachlich hohem Niveau verfasst, andere boten abstruse Inhalte. Es herrschte so etwas wie Wildwuchs, bis ein christlicher Bischof in Alexandria, sein Name war Athanasius, im späten 4. Jh. eine Liste von Schriften vorlegte, die er als kanonisch, als der Heiligen Schrift zugehörig und wertvoll, empfand. Im Großen und Ganzen befanden sich auf dieser Liste jene Schriften, die heute die christliche Bibel ausmachen. Andere Schriften gerieten in den folgenden Jahrhunderten in Vergessenheit und die von Athanasius aufgelistete Schriftensammlung wurde zu dem, was wir heute Bibel nennen. Mit dieser Schriftensammlung, genauer: mit den Menschen, die hinter diesen Schriften stehen und deren Gedanken wir in ihren Büchern entdecken, beschäftigen sich die folgenden Seiten. Sie beschreiben, in welcher Welt die Verfasser und Verfasserinnen lebten, welche Ängste sie umtrieben, welche Hoffnungen sie wagten, wodurch sie geprägt waren, was sie ihren Zeitgenossen durch ihre Schriften mitteilen wollten. Es geht also um die Geschichte der Bibelentstehung. Damit ist ein Grenzbereich betreten zwischen Geschichtswissenschaft und Theologie, zwischen Historikern und Theologen, denn inhaltlich geht es um die Grundlage des christlichen Glaubens, die Heilige Schrift des Christentums, doch existiert diese ja nicht außerhalb von Raum und Zeit, ihr Entstehungsprozess über viele Jahrhunderte und Menschengenerationen hinweg ist eine historische Entwicklung im Laufe der Menschheitsgeschichte und damit Teil des Arbeitsbereiches von Historikern, die versuchen, ein Bild von jenen vergangenen Zeiten zu entwickeln.

Dabei arbeiten Historiker mit Quellen, die untersucht, bewertet und ausgewertet werden müssen. Auf dieser Grundlage lässt sich ein Bild der vergangenen Zeit entwerfen, das eine gewisse historische Plausibilität hat. Ein solches Bild wird auf den nachfolgenden Seiten als mögliche historische Begebenheit skizziert, gleichwohl weiß jeder Historiker und jede Historikerin, dass es immer auch anders gewesen sein könnte. Deshalb sei als eine Art Überschrift zu den folgenden Seiten auf eine wichtige Erkenntnis des Theologen Martin Dibelius hingewiesen, der für die Tätigkeitsbeschreibung desjenigen, der Geschichte darstellt, auf einen wichtigen Punkt aufmerksam machte: Dass man nämlich »dabei nicht nur bestimmte beweisbare Einzelergebnisse vorträgt, sondern diese untereinander auch nach bestem eigenem Ermessen konstruktiv verbindet, um dem Leser eine Anschauung von der Entwicklung der Dinge zu vermitteln«[1]. Dieser Grundsatz steht über dem nachfolgenden Versuch, die Zeit, die Vorstellungen, die Gewohnheiten, die Umwelt der Menschen vor Augen zu führen, deren Texte wir heute in der Bibel lesen.

Die historische Untersuchung der Geschichte eines Volks aus dem palästinischen Bergland, das in der Weltgeschichte der Eroberer und Großreiche unter normalen Umständen nur eine Randnotiz für Historiker dargestellt hätte, wird dadurch zu einer bedeutsamen Untersuchung, dass dieses Bergvolk mit der Bibel Weltliteratur hervorgebracht und dem monotheistischen Glauben zum Durchbruch verholfen hat. Aber historischer Zugang zur Bibel steht bisweilen in der Kritik: Kann man denn an eine Heilige Schrift menschlich-wissenschaftliche Maßstäbe anlegen? Reduziert sich dadurch nicht der Status der Heiligen Schrift? Besteht nicht die Gefahr, dass dadurch der Wahrheitsgehalt der Heiligen Schrift geschmälert wird? – Die einfache Antwort lautet: Nein. Entweder nehmen wir an, Gott selbst habe den biblischen Text (in welcher Sprache eigentlich?) höchstpersönlich diktiert. Aber wie gehen wir dann mit den Widersprüchen um? Hat Noah 40 Tage oder 150 Tage in seiner Arche verbracht? Ist Jesus unter Herodes oder unter Quirinius geboren? Oder aber wir nehmen an, die Texte stammen aus der Feder von Menschen – ob göttlich inspiriert oder nicht, spielt dabei keine Rolle –, dann stehen im Hintergrund der Worte ganz menschliche und persönliche Erfahrungen. Und diese sollten wir dann unbedingt eruieren und berücksichtigen, um zu verstehen, was uns diese menschlichen Autoren und Autorinnen der Bibeltexte mitteilen wollten.

Und diese Texte sind vielgestaltig, in ihrer Textgattung sehr unterschiedlich. Wir finden in der Bibel u. a. Gesetzbücher, Annalenberichte, zwei Romane, eine Novelle, eine historische Monographie, ein erotisches Lied oder auch Privatbriefe. Deren Autoren und Autorinnen decken eine Spannbreite von mindestens 500 Jahren ab. Zudem unterscheiden wir in der Bibel zwischen einem Alten und einem Neuen Testament. Ersteres ist weitgehend identisch mit der jüdischen Heiligen Schrift, letzteres berichtet über Jesus Christus und den Glauben an diesen. Bischof Melito aus der kleinasiatischen Stadt Sardes verwendete um 170 n. Chr. als erster den Begriff »Altes Testament«, um damit den ersten Teil der Bibel zu bezeichnen. Genauer: Er nannte die Schriften dieses Teils den Alten Bund. Nämlich den, der Gott mit Israel verbindet, im Gegensatz zu dem Neuen Bund, der Gott über Christus mit allen Menschen verbindet. In der Antike war »alt« niemals abwertend gemeint, sondern wurde im Sinne von altehrwürdig als gut und bewährt verwendet. Um dem Ausdruck zu verleihen und um jegliche Wertung zu vermeiden, sollte man besser auf die Sprechweise Erstes Testament und Zweites Testament zurückgreifen. Damit ist zum einen der Tatsache Rechnung getragen, dass chronologisch gesehen eben die Schriften der Israeliten und des frühen Judentums zuerst bestanden. Zum anderen wird deutlich, dass die Schriften, die sich auf Jesus Christus beziehen, nicht nachrangig aufzufassen sind, sondern die theologische Erneuerung eines bewährten und weiterhin gültigen Bundes darstellen.

Die nachfolgend vorgelegte Darstellung teilt sich hingegen – obwohl doch die Bibel aus den zwei genannten Teilen besteht – in *drei* Abschnitte auf: eine Art Vorgeschichte, die sich aus den Ereignissen im Jahr 622 v. Chr. heraus ergibt; dann die Geschichte des Ersten Testaments, deren zündendes Ereignis in das Jahr 586 v. Chr. datiert;[2] und schließlich die Geschichte des Zweiten Testaments, deren richtungweisendes Ereignis in das Jahr 32 n. Chr. führt. Der erste Abschnitt bildet den notwendigen Ausgangspunkt für alles Nachfolgende, weil vor der schriftlichen Fixierung biblischer Texte zunächst die Entwicklung hin zu einer Buchreligion steht. Die Menschen fanden im 7. Jh. v. Chr. erste Ideen zur Verschriftlichung ihrer religiösen Überzeugungen. Wer waren diese Menschen? Wo lebten sie? Was prägte sie? Der erste Abschnitt des Buches stellt Land und Leute Palästinas vor, wo die Grundlagen der Bibel entstanden sind. Das Land, die Menschen, ihre Zeit und ihre Ideen bilden das Fundament für das, was später schriftlich fixiert wurde. Auf das Jahr 622 v. Chr. lässt sich dabei ein Ereignis datieren, das den Ausgangspunkt für eine Verschriftlichung der Glaubensinhalte darstellte, die so genannte Reform des Königs Joschija von Juda. Der zweite Teil des Buches beschreibt, wie die heutigen Texte des Ersten Testaments vor über zwei Jahrtausenden entstanden sind und welche Menschen sie verfasst haben.

Das richtungweisende Ereignis, das durch Texte des Ersten Testaments immer wieder interpretiert wird, ist hier die Zerstörung des Tempels in Jerusalem, die sich auf 586 v. Chr. datieren lässt. Dieses Ereignis setzte eine Entwicklung in Gang, in deren Verlauf religiöse und theologische Gedanken von Menschen immer wieder neu niedergeschrieben wurden. Der dritte Teil des Buches beschreibt, wie die Texte des Zweiten Testaments vor etwa zweitausend Jahren entstanden sind und welche Menschen sie verfasst haben. Dabei sind immer wieder die Lebenskontexte der Menschen, die Bibeltexte verfasst haben, in den Blick genommen. Das Jahr 32 beschreibt hierbei ein Ereignis, das für die Entwicklung der christlichen Religion von einschneidender Bedeutung ist: die Hinwendung des Apostels Paulus zum Glauben an den Messias Jesus. Paulus prägte die junge Religion und gab der christlichen Mission eine dramatisch neue Wendung, die einst den Theologen Adolf von Harnack in Paulus gar den »Entdecker der christlichen Religion als einer neuen Religion«[3] erkennen ließ.

Die folgenden Seiten beschreiben die Entstehung der biblischen Texte. Es mag daher gewinnbringend sein, bei der Lektüre neben sich eine Bibelausgabe liegen zu haben, um die angesprochenen Textstellen (im Kontext) nachschlagen zu können. Empfohlen sei dann die sogenannte BasisBibel, weil sie eine recht gebräuchliche Sprache verwendet und gut verständlich ist. Oder die Lutherübersetzung, weil sie schlichtweg die gewohnteste ist. Alle im Folgenden wörtlich wiedergegebenen Bibelstellen werden hingegen nach der Einheitsübersetzung von 1980 zitiert. Denn diese deutsche Übersetzung stellt nach wie vor den besten Kompromiss zwischen Texttreue und heutigem Sprachgebrauch dar. Allein wurde an den Stellen, an denen der hebräische Originaltext den Gottesnamen (JHWH) bietet, die wissenschaftlich gebräuchliche Version Jahwe eingefügt, um zu verdeutlichen, dass der Originaltext namentlich den Gott Israels meint. Wenn andere Übersetzungen als die genannte zitiert sind (weil deren Formulierung deutlicher ist), dann ist dies in den Anmerkungen angezeigt.

Das vorliegende Buch basiert auf dem Wissen und Denken vieler Wissenschaftler und Wissenschaftlerinnen: Theologen, Historikerinnen, Archäologen, deren Veröffentlichungen und Ideen hier verwendet, bearbeitet und wiedergegeben sind. Der erste, der ausführlich die Entstehung der Bibel wissenschaftlich untersucht hat, war Julius Wellhausen. Dessen Werk »Prolegomena zur Geschichte Israels« von 1878 war und blieb hinsichtlich der Quellenanalyse richtungweisend für alle Theologen und Theologinnen, die sich mit der Entstehung der Bibel beschäftigen. Natürlich ist der wissenschaftliche Erkenntnisstand seither vorangeschritten, grundlegend für alle Kapitel auf den nachfolgenden Seiten kann hingewiesen werden auf die »Geschichte Jerusalems« von Othmar Keel, der in seinem umfangreichen Werk viele konträre Forschungspositionen benennt. Darüber hinaus seien genannt: Rainer Albertz, der allerdings in seiner »Religionsgeschichte« methodisch durchaus überholt arbeitet, Erich Zengers »Einleitung in das Alte Testament«, Manfred Weipperts Arbeit über »Jahwe und die anderen Götter« und Christian Frevels »Geschichte Israels« sowie auf – die immer noch gut lesbaren, wenn auch in einigen Detailfragen veralteten Darstellungen von – Philipp Vielhauer und Helmut Köster. Auf weitere, spezielle Literatur wird in den Anmerkungen jeweils verwiesen.[4]

Inhalt

622

Erster Teil – Die Vorgeschichte

Ein kleines Bergkönigreich

Es war das fünfte Jahr der Regentschaft des assyrischen Großkönigs Sin-sarru-iskun, dem Sohn des großen Assurbanipal, das Jahr, das später als sechshundertzweiundzwanzig vor Christi Geburt bezeichnet wird. Und es war zugleich das achtzehnte Regierungsjahr des Vasallenkönigs Joschija von Juda. In dem schier grenzenlosen Reich der Assyrer, das sich von den kleinasiatischen Gebirgszügen im Norden bis nach Theben am Oberlauf des Nils im Süden und vom großen Meer im Westen bis zu den persischen Hochebenen im Osten erstreckte, war er, Joschija, einer der kleinen Provinzkönige, viele Tagesreisen von der am Tigris gelegenen Hauptstadt Ninive entfernt, irgendwo in einer kaum zugänglichen Bergregion versteckt. Den kleinen Königspalast, den Joschija in Jerusalem bewohnte, hätte der assyrische Großkönig, so er sich denn überhaupt herabgelassen hätte, die rückständige Provinz zu besuchen, höchstens als eine Hütte bezeichnet. Für den assyrischen Regenten war diese Region eine unter den vielen eroberten Gebieten, deren Einwohner zu Arbeiten in Ninive herangezogen und deren Erträge den Assyrern zur Verfügung gestellt wurden, um den eigenen Lebensstandard aufrecht erhalten zu können. Wo dieser Provinzkönig hauste, war dem Großkönig einerlei.

Durch den Palast in Jerusalem hallte an einem Frühlingstag in jenem Jahr fassungsloses Geschrei. König Joschija war entsetzt. Er tobte durch den Audienzraum und geriet außer sich. Sein Zorn musste sich entladen. Schafan, sein höchster Beamter, der Leiter der Hofverwaltung, war als Einziger bei ihm und hielt noch die Schriftrolle in der Hand, deren Inhalt den König so erschüttert hatte. Gerade eben war der königliche Beamte vom Tempel hinübergeeilt zum König, um ihm den Inhalt dieser Schriftrolle zu präsentieren.[5]

Joschija herrschte nur über ein kleines, eng begrenztes Königreich in den Bergen, gelegen vor den Toren Ägyptens, sozusagen auf der Grenze zwischen den beiden großen Kulturen am Nil in Ägypten und an Euphrat und Tigris im Zweistromland. Beide Reiche, die Pharaonen und die Großkönige, hatten abwechselnd immer wieder ihre Finger nach dieser unzugänglichen, aber strategisch wichtigen Grenzregion ausgestreckt. So gesehen hatte Joschijas Reich eine durchaus begehrte Lage, dennoch war sein Herrschaftsgebiet keineswegs gut erreichbar oder zentral gelegen, vielmehr sehr im Abseits. Denn die wichtigen Handelsrouten führten am Territorium des kleinen Reiches geradewegs vorbei: die bedeutsame Küstenstraße von Ägypten nordwärts in Richtung Libanon berührte Joschijas Reich nicht. Von ihr musste man irgendwann abbiegen und den beschwerlichen Weg bergan nehmen, um Jerusalem zu erreichen. Und die Route von Arabien in Richtung Syrien, genannt die Königsstraße, war noch weiter entfernt. Allenfalls beherrschte das kleine Königreich Joschijas die Verbindungsstraße zwischen den beiden internationalen Verkehrswegen, die durch das schwer zugängliche Bergland führte. Das Gebiet Judas umfasste mehrere gebirgige Höhenzüge, die höchsten Berge bis nahezu tausend Meter hoch. Die stark bewaldeten Berge fielen nach Osten in Richtung Jordan und Totes Meer steil ab. Dort war das Land kaum von Pflanzen bewachsen und wüstenähnlich, weil es im Regenschatten des Gebirges lag. Das Gebirgsland war dadurch immerhin einigermaßen fruchtbar, wenn auch karg, aber es konnte bewirtschaftet werden. Nach Westen hin ging das gebirgige Land in beschaulicheres Hügelland über, das allerdings bereits zum Grenzland der benachbarten Philister zählte. Diese verkehrsgeographisch sicherlich nachteilhafte Lage Judas war wiederum Fluch und Segen zugleich für das Königreich in den Bergen: Die Abgelegenheit machte zwar den Transport von Gütern und Waren schwierig, Handels- und Wegezölle zu erheben war hier kaum möglich, aber die Unzugänglichkeit im Gebirge bewahrte das Reich andererseits vor überraschenden Angriffen stärkerer Gegner.

Hier oben lebten die Menschen schon immer ein wenig abgeschiedener, ein bisschen weniger mit den neuesten Moden und Errungenschaften vertraut, ein wenig stärker in den eigenen Traditionen verhaftet, weniger offen. Aber andererseits zogen die Truppen der Soldaten auch nicht so häufig durchs Land, ignorierten die karge Gegend mit ihren Bewohnern, die besondere, eigenwillige Vorstellungen über Gott und die Welt hatten. Solange die Tributzahlungen Joschijas regelmäßig in Ninive eintrafen, solange die Wachmannschaften und Priester der Assyrer am Tempel Jerusalems auch ihren Heimatgöttern huldigen konnten, so lange ließ der Großkönig Assyriens seine Truppen am Land Juda vorbeiziehen.

Juda unter König Manasse

Joschijas Großvater Manasse hatte das kleine Bergkönigreich über fünfzig Jahre lang umsichtig regiert. Er war ein treuer Vasall der assyrischen Großkönige, die damals regierten: Sanherib, Asarhaddon und Assurbanipal. Ihrem Weltreich, das sich von Euphrat und Tigris bis ans Mittelmeer erstreckte, war Manasse tributpflichtig, wie so viele andere Könige kleinerer Reiche. Der assyrische Militärstaat verbreitete damals Angst und Schrecken. Seine Heere galten als unbesiegbar, ihre Generäle als rücksichtslos, ihre Soldaten als grausame Kampfmaschinen. All seine finanziellen Mittel steckte der assyrische Staat in den Ausbau seiner Militärmacht, jahrhundertelang hatten die Assyrer damit ihr Staatsgebiet und ihren Einflussbereich erweitern können, zuletzt bis hinab nach Ägypten. Unerbittlich zerstörten die assyrischen Soldaten Städte und zerschlugen Königreiche, die nicht bereit gewesen waren, als ergebene Vasallen harte Tribute an den Großkönig Assyriens zu zahlen. Überall im ganzen Reich errichteten die Machthaber Siegessäulen, auf denen sie in Inschriften oder Bildern ihre Erfolge und ihre Machtfülle demonstrierten. So hatte sich der Großkönig Asarhaddon auf einer Stele, die er in einer der Städte im Norden seines Reiches errichten ließ, in Überlebensgröße abbilden lassen, wie er den äthiopischen König mit anderen Unterworfenen zusammen am Strick führt.[6]

Weil Manasse nicht auf einer solchen Säule gedemütigt werden wollte, sah er sich gezwungen, die jährlichen Zahlungen an die assyrischen Machthaber fristgerecht zu leisten. Weil die Wirtschaft in seinem Bergkönigreich jedoch einseitig auf die landwirtschaftliche Produktion ausgerichtet war, bewirkten solche Tribute, dass sein Land allmählich, aber stetig ausblutete: Rinder, Schafe, Ziegen, Maultiere, Esel, Kamele mussten an den König in Assyrien ausgeliefert werden, daneben Getreide und weitere Anbauprodukte. Reichtümer konnte sein Königreich Juda somit keine ansammeln. Immer wieder streiften die Beamten des Manasse zudem mit bewaffneten Trupps durch ihr Land, um ohne Rücksicht auf die Familien gesunde, starke Männer aus den Städten und Dörfern zu holen, die in Assyrien Frondienste zu leisten hatten. Mit viel Geheul und ohne Hoffnung mussten diese jungen Männer ihre Heimat verlassen, Balken, Pfähle und ganze Holzstämme bis nach Assyrien schleppen, dort den königlichen Palast ausbessern und vor Ort Ziegel härten, mit denen Vorratshäuser für die damaligen Herren der Welt errichtet wurden. In großen Tragekörben hatten sie selbst noch dazu das Baumaterial an die Baustelle heranzuschaffen.

Auch für die Feldzüge des assyrischen Großkönigs stellte Manasse Fußsoldaten zur Verfügung, die er unter seinen Landsleuten ebenso rücksichtslos rekrutierte. All dies erschien seinen Untertanen als untragbare Last. Kein Wunder, dass Manasse im Volk nicht allzu beliebt war. Die Leute beschimpften ihren König als Freund der Unterdrücker, der sein eigenes Volk auspresst, verrät, seine eigene Kultur hintergeht. Aber Manasse hatte letztlich keine Wahl. Nur durch die bedingungslose, treue Pflichtenerfüllung gegenüber dem Großkönig und durch geschicktes Verhalten auf dem diplomatischen Parkett konnte Manasse noch härteren Druck auf sein kleines Reich vermeiden. Nur auf diese Weise konnte er sich das Vertrauen des Großkönigs erwerben. Jede Form von Aufbegehren erstickten die Assyrer mit brutaler Gewalt. Wer hingegen sich unterordnete und den Assyrern seine Dienste treu zusagte, dem zollten sie Respekt. Stolz war Manasse darauf, dass er und seine Soldaten als ergebene Unterstützer assyrischer Eroberungszüge in offiziellen Inschriften erwähnt wurden. Ja, durch seine Politik, die an gehorsamer Ergebenheit gegenüber den Machthabern am Tigris ausgerichtet war, erreichte Manasse nach Jahren sogar eine gewisse wirtschaftliche Konsolidierung in seinem Bergkönigreich. Im Umland um Jerusalem herum gründete er neue Siedlungen, Gehöfte und Festungen, tat sich als Bauherr hervor. Er erschloss neue Geldquellen für die regelmäßig an Assyrien zu entrichtenden Tribute. Er konnte die drückende Last ein wenig mildern. Dadurch gelang es ihm immerhin, sich fünfundfünfzig Jahre lang auf seinem Thron zu halten und gleich drei assyrischen Großkönigen nacheinander zu dienen. Gleichwohl war seine Regierungszeit durch die vollständige Abhängigkeit von Assyrien geprägt.[7]

Auf die politische Abhängigkeit des kleinen Reiches Juda von den Assyrern war dann rasch auch ein religiöser und kultureller assyrischer Einfluss gefolgt. Es war nicht so, dass Manasse assyrische Kultur auf den Straßen und in den Häusern Jerusalems ausdrücklich eingefordert hätte, er hatte keinen Druck ausüben müssen. Die Ausbreitung der assyrischen Kultur in seinem Reich war schlichtweg die natürliche Folge der massiven militärischen, politischen und auch ökonomischen Präsenz des Assyrischen in Juda. Assyrische Soldaten und Sicherheitskräfte prägten das Straßenbild, assyrische Verwaltungsbeamte und Entscheidungsträger nahmen in Juda Wohnung, assyrische Händler dominierten den Warenaustausch, Assyrer trieben regelmäßig die Steuern und Tribute ein, assyrische Wörter wurden von den Judäern aufgeschnappt. Assyrische Kultur wurde so im Jerusalemer Stadtbild allgegenwärtig, in Kleidung, Schmuck, Keramik und Ausdrucksweise. Die Gepflogenheiten und auch die Religionsrituale der Machthaber erschienen den Einheimischen durchaus attraktiv. Man bewunderte die Assyrer und ihre Kraft zunächst, aus Bewunderung wurde erst vorsichtig, dann immer stärker Nachahmung. Und so übernahmen dann breite Schichten des judäischen Volks assyrischen Lebensstil und assyrische Kultur. Das hatte einen wichtigen psychologischen Nebeneffekt: Wenn man selbst assyrische Kulturelemente aufnahm, ließ sich die Vasallenschaft viel besser ertragen. Man wurde selbst zu einem Teil der Sieger, musste sich nicht militärisch oder kulturell als rückständig empfinden. Auch am Jerusalemer Tempel führte man assyrische Kultbetriebe ganz offiziell ein. Es wurden Altäre zur Anbetung der Himmelsgestirne aufgestellt, assyrische Kultpriester führten assyrische Rituale aus. Sicherlich erregte dies an der einen oder anderen Stelle auch Widerspruch in nationalistisch gesinnten Kreisen und bei konservativen Verehrern des judäischen Nationalgotts Jahwe. Aber offenen Widerstand gegen Assyrisches erstickte Manasse durchaus auch in blutigem Kampf.[8] Für viele Untertanen Manasses waren die assyrischen Kulte schlichtweg attraktiv geworden, nicht zuletzt weil sich die assyrischen Götter als mächtig gezeigt hatten, wie die Siegesserien ihrer assyrischen Verehrer »bewiesen«.

Über die Soldaten, Verwaltungsbeamten und Händler aus Assyrien sickerte assyrische Kultur im eroberten Land immer stärker ein, so Einige aus der jüdäischen Bevölkerung übernahmen die fremden Bräuche und Rituale von ihren Besatzern bewundernd, teilweise sogar begeistert. Die Präsenz des Assyrischen im Alltag der Judäer begünstigte das Kennenlernen der religiösen Vorstellungen und Praktiken der Assyrer, die so anders waren im Vergleich zu der bilderlosen Verehrung des Nationalgottes Jahwe. Ägyptische Symbole, die in der Anfangszeit der Regierung Manasses noch weit verbreitet waren, verschwanden allmählich. Stattdessen traten verstärkt assyrische Zeichen und Bildschmucke auf. Assyrische Kulte wirkten anziehend, wurden ausprobiert und übernommen. Vor allem das Befragen von Orakeln sowie das Beschwörungswesen waren für die Judäer sehr attraktiv. Selbst die Kleidung der Judäer war neuerdings assyrisch.[9] Schlichtweg waren assyrische Vorstellungen in Manasses Zeit mehr und mehr »hip« geworden.

Im Tempel Jerusalems, wo der Nationalgott Jahwe bilderlos durch tägliche Opferzeremonien verehrt wurde und seiner weiblichen Begleiterin Aschera ein Kultpfahl gewidmet war, hielten sogar assyrische Priester, Kemarim genannt, Einzug. Assyrische Priester waren ausgewiesene Experten bei Beschwörungsriten und bei der Opferschau. Ihre Dienste konnten von allen Jerusalemer Privatleuten in Anspruch genommen werden. Manasse ließ im Tempel eine Stelle frei räumen, um dort eine Verehrung der assyrischen Himmelsgöttin Ischtar zu ermöglichen. Sie brachte einen begeistert gefeierten Kult an den Tempel, der aus Räucherungen, Trankopferdarbringungen sowie Backen und Darlegen von Aschekuchen bestand. In den beiden Vorhöfen des Tempels, von denen einer den Priestern vorbehalten und der andere öffentlich zugänglich war, errichtete man Altäre zur Opferung an die assyrischen Himmelsgötter, die Sterne des Nachthimmels. Diese Opferzeremonien wurden gern vom judäischen Volk verfolgt.[10] Darüber hinaus stellte man im Eingangsbereich des Tempels für den Sonnengott Schamasch einen von stolzen Rossen gezogenen Prozessionswagen auf, der den Weg des Gottes über den Himmel symbolisierte. Auch dieser Kult fand bei vielen Privatleuten großen Anklang, die Massen pilgerten deswegen zum Tempel. Kleine Pferde aus Terrakotta mit der Sonnenscheibe zwischen den Ohren waren ein Verkaufsschlager in Jerusalem und zierten die Wohnräume in vielen Privathäusern. Auf der Nordseite des Tempels war ein Brandopferaltar für den assyrischen Staatskult eingerichtet. Bereits Manasses Großvater, König Ahas, hatte einen dort nicht mehr verwendeten Altar umgewidmet.[11] Die Machthaber in Ninive hatten damals darauf gedrängt, dass ihr unterworfener Vasall den assyrischen, siegreichen Göttern seine Reverenz erwies. Jetzt wurde dieser Altar immer beliebter.

Überall in Manasses Reich fanden sich nun kleinere Kultstätten und Heiligtümer, an denen Götter wie Baal, Astarte oder Aschera verehrt wurden und Kultpfähle oder religiöse Steine, Mazzeben genannt, zur Symbolisierung der anwesenden Götter aufgestellt waren.[12] Auf den Flachdächern der Privathäuser waren kleine Kultstätten errichtet für nächtliche oder frühmorgendliche Bittzeremonien an die Himmelsgestirne und für assyrische Beschwörungsriten.[13] Hier erflehten die Gläubigen bei Rauchopfern oder beim Vergießen von Flüssigkeiten gerne die Heilung erkrankter Familienmitglieder. Eine besondere Kultstätte befand sich im Hinnomtal südlich von Jerusalem: Eltern ließen dort ihre Kinder durchs Feuer gehen, auch König Manasse hatte hier seinen Sohn vorgebracht. Nicht weil er seinen Nachwuchs in einem grausamen Kinderopferritual den Göttern darlegen wollte, sondern an dieser Kultstätte übergaben oder übereigneten Eltern ihre Kinder an eine Gottheit, entweder im Rahmen eines Reinigungs- und Initiationsritus, bei dem Kinder einer Gottheit geweiht wurden, oder im Sinne einer Übergabe an den Tempel einer Gottheit, damit die Kinder zum Priester des Gottes ausgebildet wurden und das Kultpersonal aufstockten.

Wegen all dieser Entwicklungen war Manasses Regierungsführung im eigenen Lande nicht unumstritten. Von nationalistischen Kreisen und von bedingungslosen Jahwe-Verehrern musste sich der König immer wieder Kritik anhören. Der Jerusalemer Tempel sei von Fremdkulten reinzuhalten. Die Fremdgötter untergrüben den Glauben an den Nationalgott Jahwe. Die Unterwerfung unter assyrische Fremdmächte sei mit judäischem Selbstbewusstsein nicht vereinbar. Juda sei dem Untergang geweiht, wenn man sich nicht auf sich selbst und den eigenen Gott besinnen würde. Aber Manasse unterdrückte innenpolitisch alle nationalistischen und antiassyrischen oder gar proägyptischen Tendenzen. Er gab sich gegenüber den Mächtigen aus Assyrien als gehorsamer Klientel, er stellte weiterhin aus seinem Land Soldaten bereit für die assyrischen Eroberungskriege in Arabien, Ägypten und anderswo – all dies zum Wohle seiner eigenen Herrschaft im abseits gelegenen Juda. Denn selbstverständlich strebte der König danach, sein Königreich zu behalten, und so tat Manasse alles, um den assyrischen Königen als treuer Vasall zu erscheinen. Im Gegensatz zu seinem Vater Hiskija unternahm er niemals Versuche, das assyrische Joch abzuschütteln. Obwohl es durchaus Gelegenheiten zum Aufstand gegeben hätte: Etwa als der assyrische König Asarhaddon ungefähr im zwanzigsten Regierungsjahr des Manasse eine empfindliche Niederlage gegen Ägypten erlitt, nachdem er mit seinem zahlenmäßig überlegenen Heer 200 km staubige Sandwüste durchquert, aber anschließend ausgeruhten ägyptischen Soldaten gegenübergestanden hatte. Einen solchen Augenblick der Schwäche Assyriens nicht auszunutzen, stellte sich letztlich als kluge Entscheidung Manasses heraus, denn bereits zehn Jahre später kämpfte sich das assyrische Heer unter Assurbanipal Hunderte Kilometer den Nil hinauf bis zur ägyptischen Hauptstadt Theben. Die galt damals als reichste Stadt des Erdkreises. Homer beschrieb ihre Stadttore als derart gigantisch, dass zweihundert Streitwagen gleichzeitig einziehen könnten.[14] Die Assyrer eroberten Theben im Handstreich. Der Fall dieser Stadt machte Assyrien dann endgültig zur alles beherrschenden Macht der Welt.

Manasses außenpolitische Zurückhaltung bescherte ihm eine jahrzehntelange, verhältnismäßig ruhige Herrschaft. Assurbanipal belohnte Manasse überdies mit einer Erlaubnis zur Erweiterung seines kleinen Landes und gab ihm Gebiete westlich Jerusalems, die einst den Philistern übereignet worden waren, wieder zu Lehen. Die 55 Jahre währende Regierungszeit Manasses war eine unvorstellbar lange Periode, die nur aufgrund der umsichtigen Führung des Königs möglich geworden war. Manasse war es letztlich sogar gelungen, in seinem Reich wieder eine recht ausgiebige Bautätigkeit aufzunehmen. Arbeitskräfte waren vorhanden, Baumaterialien konnten angeschafft werden, so dass der König in der Lage war, mehrere Festungen zu errichten, durch die er die innere Sicherheit in seinem Reich und seine Machtbasis im Bergland stärken konnte.

Assyrische Macht schwindet

An jene Zeit unter Manasse musste Schafan zurückdenken, als König Joschija seinem Zorn freien Lauf ließ. Schafan, der immer noch die Schriftrolle aus dem Tempel in der Hand hielt, war einst unter König Manasse ein junger Beamter in der Hofverwaltung gewesen. Seine einflussreiche Familie hatte ihm den Weg dorthin geebnet.[15] Damals erschienen die Assyrer als Machthaber für die Ewigkeit, unbezwingbar und unerbittlich. König Assurbanipal hatte jahrzehntelang von Ninive aus über das riesige assyrische Reich geherrscht. Zwar hatte er weit weniger als seine militärisch versierten Vorgänger Wert darauf gelegt, als kriegerischer Feldherr aufzutreten, vielmehr künstlerische Interessen und literarische Bildung gezeigt. In der assyrischen Hauptstadt hatte er eine gigantische Bibliothek mit einer umfangreichen Sammlung von Keilschrifttexten aufgebaut, seine Paläste waren mit glanzvollen Reliefs geschmückt. Dennoch war die eindrucksvolle Armee das Prunkstück seiner Macht geblieben und hatte sich immer in der Lage gezeigt, jede innere Rebellion im Reich oder äußere Angreifer an den Grenzen abzuwehren. Allein schon die schier endlose Größe des Reiches hatte jeden Gegner abgeschreckt, an den Grenzen aufzumarschieren. Gleichwohl hatten sich nach dem Tod König Manasses am Hofe Jerusalems Fragen aufgedrängt: Würde Manasses Sohn und Nachfolger, Amon, den Assyrern die gleiche Unterwürfigkeit zeigen wie sein Vater? Würde er mit weniger Druck auf seine Untertanen herrschen? Würde er es wagen, weniger Tribute an die unersättlichen assyrischen Monster zu zahlen? Lohnte sich vielleicht doch eine Rebellion gegen die unmenschlichen Tribute? Ein Aufstand? Erstarkte nicht gerade das aufstrebende Ägypten unter dem Pharao Psammetich? Sollte man sich vielleicht eher Ägypten zuwenden, um sich von Assyrien zu lösen?

Solche Fragen beschäftigten die Hofbeamten bei der Inthronisierung des neuen Königs in Jerusalem nach Manasses Tod. Die Parteien waren hin- und hergerissen. Auch Schafan tat sich damals schwer, den richtigen Kurs zu bestimmen. Letztlich fiel der neue König Amon diesen Richtungskämpfen zum Opfer. Keine zwei Jahre währte seine Regierungszeit, bis er von einem Verschwörerkreis am Königshof ermordet wurde. Schafan hatte sich damals zurückgehalten, was sich bald als weise Entscheidung erwies. Denn der so genannte Am Ha-arez, ein loses Bündnis von grundbesitzenden Familienoberhäuptern, trat dieser Palastrevolte entgegen. Um die königliche Familiendynastie nicht zu unterbrechen und eine enge Bindung an Assyrien fortzusetzen, schreckte der Am Ha-arez nicht vor einer blutigen Konterrevolution zurück und inthronisierte den damals erst achtjährigen Sohn Amons, Joschija. Der noch unmündige Junge war als König formbar, er erhielt einen Lehrer und Vormund, der alle Entscheidungen im Sinne des Am Ha-arez vorbereiten konnte.

Achtzehn Jahre später war Schafan nun der Leiter der Hofverwaltung des immer noch jungen Königs Joschija.[16] Den Assyrern war man also treu geblieben, der Großkönig Assurbanipal hatte sein riesiges Reich jederzeit zusammenhalten können. Jetzt aber, achtzehn Jahre nach der Inthronisierung des Kindes, stellten sich die vergangenen Fragen in aller Dringlichkeit erneut. Die Worte der Schriftrolle verstärkten sie nur.

Die Söhne und Nachfolger Assurbanipals in Ninive hatten erleben müssen, wie ihr unbesiegbar erscheinendes Reich allmählich implodierte, weil die Kontrolle über alle eroberten Randgebiete nicht mehr konsequent aufrecht erhalten werden konnte. Vom Osten her begehrten die Bergvölker gegen die assyrische Oberherrschaft auf, in der weiten Ebene zwischen Euphrat und Tigris regte sich allmählich Widerstand. Während die alles beherrschende Macht des assyrischen Militärs langsam bröckelte, verlor zugleich auch die assyrische Kultur mitsamt ihren Götterritualen und Himmelskulten an Attraktivität. Das Bild des unangreifbaren assyrischen Gottkönigs erhielt allmählich Kratzer und wurde unattraktiver. Schafan konnte dies in Jerusalem tagtäglich beobachten. Wenn er frühmorgens durch die Straßen zum Palast lief, sah er nur noch selten die Rauchsäulen von den nächtlichen Opfern auf den Dachaltären aufsteigen. Der Rückgang assyrischer Kultur in Juda machte sich auch daran bemerkbar, dass die assyrischen Priester der Himmelskulte kaum noch konsultiert wurden. Ihre Dienste waren immer seltener gefragt. Die immens große Anzahl dieser fremden Priester am Jerusalemer Tempel erschien inzwischen vollkommen unangemessen und nahezu überflüssig. Die Altäre der Gestirnsgötter, die seit den Zeiten von König Ahas, dem Ururgroßvater Joschijas, täglich auf den Dächern der Säulengänge im Tempel geraucht hatten, blieben immer häufiger kalt. Sogar der beliebte Kult um den Prozessionswagen für den Sonnengott Schamasch wurde immer seltener genutzt. Die Kosten für den Unterhalt der Pferde konnten durch den Tempelbetrieb kaum noch aufgebracht werden, auch weil der Andenkenverkauf der kleinen Pferdefiguren mehr und mehr stockte. Es war die Zeit gekommen, am Jerusalemer Tempel Änderungen vorzunehmen. Joschija wusste nur zu genau, dass sein Volk sich an diesem Tempel nicht mehr wohl fühlte.

Auftrag zur Tempelrenovierung

Deshalb gab König Joschija in seinem achtzehnten Regierungsjahr Renovierungsarbeiten am Jerusalemer Tempel in Auftrag. Lautes Klopfen, Hämmern, Meißeln und Sägen begleitete fortan die heiligen Ritushandlungen im Tempelbezirk, in dem nun umfangreiche Reparatur- und Aufräumarbeiten liefen. Schafan hatte die Aufgabe, die Arbeiten zu beaufsichtigen. Am Morgen jenes Tages, an dem der König seinen Wutausbruch nicht mehr zügeln konnte, war Schafan den staubigen Weg zum Tempel hinauf hochgestiegen. Er hatte den Tempelvorplatz durch das kleine Tor in der mannshohen Mauer betreten und die Unterschläge für den Prozessionswagen neben dem Eingang nicht mehr vorgefunden. Sie waren von den angeheuerten Arbeitern demontiert worden, und die zugehörigen Pferde waren in anderen Stallungen außerhalb des Tempels untergebracht worden. Auf dem Tempelplatz, der in mehrere Sektoren unterteilt war, fiel ihm direkt das frisch renovierte, blank geputzte Eherne Meer ins Auge, jenes Bronzebecken von fünf Metern Durchmesser, das Wasser für Reinigungsriten enthielt. Daneben stand der große hölzerne Brandopferaltar für den Nationalgott Jahwe, auf dem Tag für Tag die zerlegten Opfertiere verbrannt wurden. Die Freitreppe, die auf den Sockel hinaufführte, auf dem der Altar ruhte, war frisch ausgelegt. Schafan waren auch die neuen Kesselwagen aus Metall aufgefallen, vierrädrige Gefährte mit einer Schale voll Wasser für die rituellen Reinigungen, ohne die keine Opfer für Jahwe möglich waren. Der Tempelbau für den Nationalgott Jahwe war unverändert geblieben: Vor dem Eingang standen nach wie vor die zwei freien Säulen, genannt Jachin und Boas, die nicht ganz bis zum Dach des Tempelgebäudes hinaufreichten. Wer zwischen ihnen hindurchging, konnte den beeindruckend großen Tempel betreten, der sich in seiner Architektur an den Stil der syrischen Tempel anlehnte: eine lang gestreckte Form mit drei hintereinander liegenden Räumlichkeiten – die Vorhalle unter freiem Himmel, der Heilige Raum dahinter und das Allerheiligste. Die Wände im Inneren waren getäfelt mit edlem Zedernholz, das mit eingeschnitzten Pflanzenmotiven geschmückt war.[17]

Alle, die keine Priester waren, hatten normalerweise nur Zugang zu der breiten, aber sehr kurzen Vorhalle, wo die Bittzeremonien stattfanden. Hier stand der große Holzpfahl als Kultsymbol für Aschera, die weibliche Begleiterin Jahwes. Als Ausdruck des von Jahwe gespendeten Segens war sie zuständig für die Fruchtbarkeit und die Lebenskraft. Sie war durch diesen künstlichen Baum erfahrbar gemacht worden, und so ermöglichten die Priester auch eine Verehrung des Weiblichen in ihrem Nationalgott. Für Jahwe selbst befand sich im Tempel kein Kultbild, aber ihm galten all die Rituale und Zeremonien hier im Tempel. Durch die geöffneten Türen hindurch konnte jeder einen Blick in den Heiligen Raum werfen, der weitgehend leer war. Hier vollführten die Priester mit den Räuchergeräten weitere Opfer. Das Allerheiligste dahinter, das durch eine Holzwand vom Heiligen Raum abgetrennt war, in dem zwei riesige Kerubim aufgestellt waren, unter deren Flügeln die heilige Lade stand, hatte Schafan nie sehen dürfen.

Die Dachaltäre für die Opfer an die Himmelsgottheiten, die Manasse in den Vorhöfen des Tempels errichtet hatte, fand Schafan hingegen nicht mehr vor. Sie waren abgebaut und ihre hölzernen Reste im Kidrontal vor der Stadt entsorgt worden. Schafan sah keine Kemarim-Priester mehr herumlaufen, die Trauben von Menschen, die sich vor ein paar Jahren noch um ihre Räucheraltäre gesammelt hatten, um eine Opferteilnahme zu erhaschen, hatten sich aufgelöst. Die Unterkünfte dieser Priester im Tempel waren umgewidmet worden, ihre Kultrequisiten wie Trankopferschalen, Räucherschaufeln oder Räucherkästchen, die für die Verehrung der Himmelsgötter oder des Assur und der Ischtar notwendig waren, sind aus den Tempelräumen fortgeschafft worden.[18]

Schafan hatte eine Verabredung mit dem Oberpriester Hilkija.[19] Sie trafen sich in einem der Versammlungsräume hinter dem Tempel. Das Tempelgebäude war an den Seiten und hinten mit weiteren Kammern umgeben, in drei Stockwerken übereinander, welche für Kultgeräte aller Art, den Tempelschatz, für die Priester oder eben für Versammlungen vorbehalten waren. Hier trafen sich die beiden Männer. Schafan zeigte sich zufrieden mit den Renovierungsarbeiten und kontrollierte die Abrechnungen mit den Arbeitern, wie König Joschija es ihm aufgetragen hatte.[20] Zum Abschluss des Gesprächs überreichte ihm der Oberpriester jene Schriftrolle. Sie sei bei den Aufräumarbeiten im Tempel Jahwes zwischen Spinnweben und von Staub bedeckt aufgefunden worden. Wer sie verfasst hatte, konnte niemand sagen. Der Oberpriester war sich der Würde dieses Augenblicks der Übergabe bewusst, denn der Inhalt der Schriftrolle war heikel. Schafan nahm sie mit und las sie dem König im Palast vor.

Die Schriftrolle enthielt geschriebene Worte Jahwes, einen Vertrag des Nationalgotts mit seinem Volk, in dem er Schutz und Liebe versprach und im Gegensatz das Einhalten seiner Gesetzen einforderte, bei deren Nichteinhaltung er jedoch mit Sanktionen drohte. Darüber war Joschija derart entsetzt. Er erkannte sofort die Relevanz dieser Rolle und die große Gefahr, die seinem Volk drohen würde, weil die Gesetze der Schriftrolle nicht konsequent befolgt wurden.

Nachdem sich der König ein wenig beruhigt hatte, stellte er eine Gesandtschaft um Schafan zusammen, die er zu Hulda schicken wollte, einer anerkannten Prophetin Jahwes, die ein Haus im neuesten Viertel der Stadt bewohnte.[21] Sie sollte bestätigen, ob es sich bei den Worten der Schriftrolle tatsächlich um den Willen des Nationalgotts handelt. Und sie sollte Fürbitte für den König und das Volk und den frisch renovierten Tempel bei Jahwe einlegen. Es war nicht ungewöhnlich, dass Frauen als Prophetinnen der Götter auftraten. Auch assyrische Priesterinnen wurden häufig konsultiert. Sie galten genauso wie ihre männlichen Kollegen als vollgültige Ausleger der göttlichen Gesetze und konnten den Willen der Götter in Orakelsprüchen und Prophetenworten kundtun. Vielleicht hatte Joschija bei der Wahl Huldas die Hoffnung, dass der Orakelspruch etwas sanfter als befürchtet ausfallen würde.

Hulda konnte die Echtheit der Worte Jahwes bestätigen. Sie legte Fürbitte beim Nationalgott Judas ein für den renovierten Tempel, für das Volk und für den König. Überall im Land wurde nun verkündet, dass sich bei den Renovierungsarbeiten am Tempel eine bemerkenswerte Schriftrolle gefunden habe. Sie enthalte eine Rede des Nationalgotts an sein Volk, in der formuliert wird, wie sich die Verehrer des Gottes zu verhalten haben und wie der Kult für diesen Gott zu feiern sei, in jenem Tempel, der jetzt von assyrischen Kultureinflüssen weitgehend bereinigt war. Aber nach wie vor schlug sich die assyrische Kultur hier und dort im Leben der Menschen nieder. Weiterhin fanden Kulte wie der zur Verehrung der Himmelskönigin begeisterte Teilnehmer. Solche Kultrituale wurden beibehalten, allerdings eher im privaten Raum. Hier konnte die ganze Familie am Kult teilnehmen, wenn Eltern mit den Kindern gemeinsam auf kleinen Feuern Opfer für die Himmelskönigin räucherten und in kleinen Schalen Trankopfer darbrachten.[22] Auch auf Siegeln, Amuletten und Anhängern der Menschen fanden sich nach wie vor Darstellungen des Räucheraltars für die Himmelskönigin. Auch die Praktiken im Hinnomtal ließ Joschija vorerst unangetastet.

Jahwe allein

König Joschija wusste, dass er den Menschen im Land lieb gewonnene Praktiken nicht einfach verbieten konnte, sehr zum Leidwesen einer Bewegung, die sich mit aller Kraft dafür einsetzte, dass Jahwe allein verehrt werden sollte, und die deshalb häufig und immer wieder gegen all die fremden Kultrituale für andere Götter wetterte. Schon seit einigen Jahren hatte diese Bewegung ihre Grundsätze in die Öffentlichkeit getragen. Bereits vor etwa einem Jahrzehnt war der Prophet Zefanja aufgetreten, der als ein Ururenkel des Königs Hiskia besonderes Gehör fand. Er hatte in satirischen Worten eine Botschaft vom Unheil an das Volk gerichtet. Alle Fremdpriester würden untergehen und auch den Judäern blühe der Untergang, wenn sie weiterhin die assyrischen Modetrends mitmachten.[23] Er hatte nicht nur die Teilnahme an assyrischen Kultritualen kritisiert, sondern sich auch vehement gegen assyrische Kleidung gewendet, die man nicht zu tragen habe. Denn Ninive und das assyrische Reich seien so oder so dem Untergang geweiht. Gepaart war die Kritik des Zefanja an allem Assyrischen mit einer Kritik am unsozialen Verhalten der Jerusalemer Oberschicht gegenüber den Armen, die unter der Last Assyriens besonders litten. Der Prophet versprach allein den Armen das Überleben. Als Opfer der Mächtigen und der Reichen würden sie nicht auch noch Opfer von Jahwes Unheil werden. Jahwe werde den Unterdrückten beistehen, die Machtverhältnisse würden umgepolt werden. Zefanja prophezeite den Bedürftigen in Juda ihre Rettung.[24]

Auch ein Prophet namens Jeremia zählte zur Gruppe der öffentlich auftretenden Jahwe-Verehrer. Er mahnte zu einer radikalen Umkehr zum Nationalgott Jahwe. Juda sei angesichts der weltpolitischen Verhältnisse ansonsten dem Untergang durch ein fremdes Volk geweiht. Einige Zeit später trat sogar ein Priester aus dem Tempel mit solcherlei Prophezeiungen des Niedergangs auf. Der Mann mit Namen Habakuk entwickelte einerseits eine Vision künftiger Gerechtigkeit, andererseits enthielten seine Worte aber auch eine deutlich formulierte und gegen die Oberschicht gerichtete Sozialkritik und kündigten ein Strafgericht durch Jahwe an. Es stünden Ereignisse bevor, die die Welt erschüttern sollten und zum Untergang Assyriens führen würden. Angesichts dessen sollten sich die Judäer an Jahwe wenden und seine Gesetze erfüllen. Doch um welche handelte es sich dabei?

Die Gruppe der Jahwe-allein-Verehrer hatte eine Gesetzessammlung verfasst, die den Willen des Nationalgotts Jahwe in prägnanten Formeln zusammenfasste. Der ursprüngliche Entwurf war stilisiert als eine Rede Jahwes, mit vielen Einzelgesetzen, Kultvorschriften, Segen-Fluch-Sanktionen, auch einem Staatsentwurf, sozusagen einer Verfassung, und einer Sozialutopie.[25] Die Jahwe-allein-Bewegung, zu der auch der Oberpriester Hilkija zählte, ebenso Schafan oder Hulda, hatte Rechtssprüche über ein sittliches Zusammenleben im öffentlichen wie im familiären Bereich und über die Ordnung des religiösen Kults zusammengestellt, Loyalitätseide zwischen Jahwe und seinem Volk hinzugefügt. Formuliert war das Ganze als eine Rede des Nationalgotts Jahwe an sein Volk, die auch Fluchandrohungen und Verpflichtungspraktiken enthielt. Alles dies fand sich nun auf der Schriftrolle, die Schafan seinem König vorgelesen hatte.[26]

Die Autoren hatten grundlegende Gesetze ihres Nationalgotts Jahwe zusammengestellt. Jetzt, wo der König in die Jahwe-allein-Bewegung mit hineingezogen war, entwickelte sich in Juda eine Restaurationsbewegung mit euphorischer Stimmung: »Wenn wir nur Jahwes Gesetze beachten, wird es uns gut ergehen«, so lautete das Versprechen, das überall durchs Land hallte. »Schaut euch doch unseren König Joschija und unsere Zeit an: Der Druck der Assyrer ist geringer geworden, wirtschaftlich erholen wir uns, der König erniedrigt sich vor dem Buch unseres Gottes!« Die Jahwe-allein-Bewegung konnte die Gunst der Stunde nutzen. Weil die assyrischen Soldaten an den vielen Brennpunkten des Großreiches gebraucht wurden, musste sich die Militärmacht mehr und mehr aus Palästina zurückziehen. Das Hochgefühl eines Erstarkens und Wiederentdeckens eigener Kultur, die hinter Assyrischem verblasst war, überschwappte die Judäer und riss viele Gruppen begeistert mit: Schafan konnte die Königsbeamten am Hofe dafür gewinnen, sich als Vertreter einer eigenständigen Nation mit eigenem Gott zu verstehen und an der Utopie einer künftigen Verfassung zu arbeiten, die auf Jahwes Gesetzen beruhen sollte. Die Tempelpriester um Hilkija waren hoch motiviert, in Jerusalem das neue Zentrum der Jahwe-Verehrung aufzubauen, ein Zentrum für Pilger und Wallfahrer, die Opferzeremonien für den Nationalgott einfordern würden. Die Jahwe-Propheten wie Hulda, Zefanja oder Jeremia verfolgten neue Sozialvorschriften und unterstützten aus religiösen wie sozialen Gründen diese Bewegung, deren Ziele vielfältig waren: Da ging es zum einen darum, neue Sozialbestimmungen zu finden für einen Neuaufbau der judäischen Gesellschaft. Deshalb wurden Sozialgesetze formuliert wie: »Die Armen werden niemals ganz aus deinem Land verschwinden. Darum mache ich dir zur Pflicht: Du sollst deinem notleidenden und armen Bruder, der in deinem Land lebt, deine Hand öffnen. Wenn dein Bruder, ein Hebräer – oder auch eine Hebräerin –, sich dir verkauft, soll er dir sechs Jahre als Sklave dienen. Im siebten Jahr sollst du ihn als freien Mann entlassen« (Deuteronomium 15,11–12) und Rechtsfestlegungen wie: »Richter und Listenführer sollst du in allen Stadtbereichen einsetzen... Du sollst das Recht nicht beugen. Du sollst kein Ansehen der Person kennen. Du sollst keine Bestechung annehmen« (16,18–19). Auf diese Weise wollte man eine gerechte und ausgewogene, ungespaltene und nicht korrupte Gesellschaft sichern. Die königlichen Beamten drängten zudem auf ein neues Kriegsgesetz, weshalb Sätze formuliert wurden wie: »Wer ein neues Haus gebaut hat und hat's noch nicht eingeweiht, der mache sich auf und kehre heim, auf dass er nicht sterbe im Krieg und ein anderer es einweiht« (20,5[27]) oder: »Wenn du vor eine Stadt ziehst, um sie anzugreifen, so sollst du ihr zunächst eine friedliche Einigung vorschlagen« (20,10). Überdies sollte der Kult für Jahwe bereinigt und ohne fremde Kultrituale begangen werden: »Zerstört alle heiligen Stätten, wo die Heiden, die ihr vertreiben werdet, ihren Göttern gedient haben, ... und reißt um ihre Altäre und zerbrecht ihre Steinmale und verbrennt mit Feuer ihre heiligen Pfähle« (12,2–3[28]).

Die unterschiedlichen Gruppen schrieben also gemeinsam an den Gesetzen Jahwes. Der Oberpriester Hilkija hatte dabei noch die Texte der Keilschrifttafeln im Gedächtnis, die König Manasse als treuer Vasall Assyriens ein halbes Jahrhundert zuvor im Tempelbereich aufstellen musste. Damit verpflichtete der damalige assyrische Großkönig Asarhaddon seine Vasallen zur Treue auf den noch jungen Prinzen Assurbanipal, sobald dieser den Thron bestiegen haben sollte. Als junger Priester hatte Hilkija jeden Tag lesen müssen, welchen Fluch diejenigen Vasallen treffen sollte, die dem Prinzen untreu würden: »Mögen alle Götter euren Boden wie Eisen machen. Nichts möge daraus aufgehen. Wie es von einem Himmel aus Bronze nicht regnet, so mögen Regen und Tau auf eure Felder nicht kommen. Statt Regen möge es Kohlen auf euer Land regnen.«[29] Hilkijas Erinnerung spiegelte sich in der Formulierung eines Fluchs im Jahwe-Gesetz wider: »Der Himmel, der über deinem Haupt ist, wird ehern werden und die Erde unter dir eisern. Statt des Regens für dein Land wird Jahwe Staub und Asche vom Himmel auf dich geben, bis du vertilgt bist« (Deuteronomium 28,23f[30]). Nach dem Vorbild assyrischer Vasallenverträge bauten die Verfasser der Jahwe-Rede auch den Bund des Volks Juda mit ihrem Nationalgott Jahwe auf:[31] Die grausame Macht Assyrien, der man sich hatte unterwerfen müssen, verschwand. An ihre Stelle trat der Nationalgott Jahwe. Wie die Assyrer ihren Vasallen Pflichten auferlegten, so sollten die Gesetze Jahwes den Judäern auferlegt werden. So wie die Assyrer ihre Macht ausspielten für sich selbst, so würde Jahwe seine Macht ausspielen für sein auserwähltes Volk. Entsprechend präsentierte die Jahwe-Rede das Bild eines kämpferischen Gottes Jahwe, der sein Volk mit Flüchen belegt, wenn es sich nicht an ihn bindet, und sich seinem Volk wieder liebevoll zuwendet, sobald es auf ihn hört und sich ihm verpflichtet. Formale Eidesflüche bestätigten diesen Bund.[32] Juda hatte Jahwe als seinen Nationalgott anzuerkennen, ihm Treue zu geloben und seine Gesetze zu achten. Dafür würde auf der anderen Seite Jahwe den Schutz für das Volk übernehmen. Wie Assyrien seine Vasallen durch Tribute und Schutzversprechen an sich gebunden hatte, so schloss Jahwe mit dem Volk Judas seinen Bund.

Die Jahwe-allein-Bewegung konzipierte den Bundesschluss zwischen Jahwe und dem judäischen Volk in ihrer Schrift formal betrachtet ganz nach dem Vorbild assyrischer Vasallenverträge der damaligen Zeit. In einer rhetorisch höchst ausgefeilten Kunstsprache, in flüssiger, rhythmischer Form mit Anklängen an die höfisch-diplomatische Ausdrucksweise bauten die begeisterten Autoren aus dem juristisch gebildeten, in priesterlichen Vorschriften bewanderten und literarisch kompetenten Milieu die Urschrift weiter und weiter aus, gaben ihr eine spezielle äußere Form, die immer weiter anwuchs.

Allerdings beschränkte sich die Zusammensetzung der Autorengruppe auf eine Führungselite. Die einfache Gesellschaft Judas war des Lesens nicht mächtig. Ein Manifest, das weite Verbreitung gefunden hätte, konnte die Bewegung nicht in Umlauf bringen. Sie musste sich beschränken auf eine kurze, dem Volk verlesbare Urkunde mit knappen, gut merkbaren Vorschriften. Aber nachdem die Grundlage einmal dem König und dem Volk bekannt gemacht war, konnte die Jahwe-allein-Bewegung ihre Urschrift, angefacht durch die euphorische Stimmung im Land, allmählich erweitern.

Ein plötzliches Ende

Das achtzehnte Regierungsjahr Joschijas gab also so etwas wie einen Startschuss, von dem aus der Glaube an den Nationalgott Jahwe geordnet und schriftlich fixiert, seine Mitte definiert worden ist. Die Reformer der Jahwe-allein-Bewegung sahen ein blühendes Zeitalter vor sich aufgehen. Sie entwarfen Ideen für eine goldene Zukunft. Aber ihre Träume zerbarsten jäh. Denn die weltpolitischen Ereignisse ihrer Zeit spielten der Jahwe-allein-Bewegung so gar nicht in die Karten. Assyriens Macht sank immer weiter und bald war es so weit, dass die assyrischen Soldaten den Babyloniern hoffnungslos unterlegen waren. Der Großkönig rief in einem letzten Akt der Verzweiflung zunächst noch den alten Erzfeind Ägypten zur Hilfe, der tatsächlich Assyrien im Kampf unterstützte, sicherlich mit dem Ziel, dafür die Kontrolle über Palästina und die Grenzregion zwischen assyrischem und ägyptischem Reich zu erhalten. Aber aufhalten konnten die Ägypter den assyrischen Untergang nicht. Im 28. Regierungsjahr Joschijas fiel Ninive, die assyrische Hauptstadt, nach dreimonatiger Belagerung durch eine Koalition der Truppen des Königs Kyaxares von Medien und des Königs Nabopolassar von Babylonien. Die assyrische Herrschaft zerfiel bald zu Staub. Einen Rest seines Reiches konnte der geschrumpfte Großkönig zunächst noch behaupten, aber bis in die Berge von Juda hinein reichte seine Hand bei Weitem nicht mehr. Das beflügelte dort die Stimmung zuerst umso mehr, die Hoffnung auf größere Selbständigkeit wuchs. König Joschija ließ sich von seinen Beratern am Hof dazu hinreißen, das neue Selbstbewusstsein bei einem Treffen mit dem frisch inthronisierten Pharao Necho deutlich zu zeigen. Der Pharao hatte diese Zusammenkunft drei Jahre nach dem Untergang Ninives auf seinem Weg nach Assyrien in Palästina arrangieren lassen. Joschija fühlte die Größe, die seine Macht mit Hilfe seines Nationalgotts inzwischen angenommen hatte. Er fühlte, dass etwas Neues beginnen könnte, aufzubauen wäre. Der Tempel erleuchtete in hellem Glanz, alles roch nach edlen Düften. Solange er und sein Volk ihren Gott entsprechend den Vorschriften dieser Schriftrollen verehrte – was sollte ihm da geschehen? Und so trat der König von Jerusalem dem mächtigen Pharao von Ägypten aufrecht entgegen. Dieses anmaßende und von Demut befreite Auftreten ging jedoch dem Pharao, der in Palästina das Erbe der Assyrer als Lehnsmacht anzutreten gedachte, zu weit. Kurzerhand tötete er den allzu selbstbewusst auftretenden Joschija, der ihm nicht als hinreichend loyal erschien. Der König von Juda und sein Hof waren einer fatalen Fehleinschätzung unterlegen, was Machtwillen und Einflussnahme des neuen Pharaos betraf.

Wie sollte es nun in Juda weitergehen? Der immer noch junge und doch so erfahrene König war tot, Hoffnungen zerstoben. Der ägyptenkritische Am Ha-arez, der schon Joschija als Kind auf den Thron gehoben hatte, trat sofort zusammen und beratschlagte, wie der gerade eingeschlagene und erfolgversprechende Weg des toten Königs gesichert werden könnte. Wie damals bei Joschija nach der Palastrevolte gegen Amon trat der Am Ha-arez für denjenigen Königssohn ein, der am ehesten den Weg seines Vaters verfolgen würde. Die Wahl fiel auf Schallum Joahas, der schnellstens inthronisiert wurde. Aber Necho durchkreuzte die Pläne erneut. Er musste und wollte demonstrieren, dass Jerusalem von nun an von Ägypten abhängig sein würde. Deshalb nahm er kurzerhand Joahas gefangen und setzte einen anderen Sohn des toten Königs, Eljakim, auf den Thron, weil ihm dieser viel loyaler erschien. Ihm legte Necho sofort eine erhebliche Bußzahlung auf und änderte kurzerhand seinen Namen in Jojakim ab, um seine uneingeschränkte Hoheit über die Provinz in Palästina zu untermauern.

Was blieb von Joschija? Die Kultur Judas hatte sich im Laufe seiner Regierungszeit immerhin insofern nachhaltig verändert, dass in Schmuck, Keramik und Kleinkunst kaum noch assyrische Götterfiguren, geflügelte Sonnenscheiben, Mondsicheln oder Ähnliches abgebildet wurden. Die Menschen in Juda schmückten sich und ihre Gebäude jetzt mit Architektur- und Pflanzenmotiven, wie auch im Tempel ihres Nationalgotts Jahwe. Die Jahwe-allein-Bewegung hatte in der Breite der Gesellschaft dafür gesorgt, dass kaum noch Astralgottheiten verehrt wurden und stattdessen Jahwe ohne Bilder Anbetung erfuhr. Eine gewisse Umwälzung kultureller Werte fand auch darin Ausdruck, dass neu geborenen Kindern nun verstärkt Eigennamen gegeben wurden, die den Namen Jahwes enthielten oder andeuteten. Die meisten Eigennamen der damaligen Zeit bezogen sich auf Götternamen. Wenn eine Vielzahl von Kindern nach Jahwe benannt wurde, verdeutlicht dies das Vertrauen, das die Elterngeneration in diesen Gott setzte.

Aber das Gedankengut der Jahwe-allein-Bewegung unter König Joschija entfaltete sein Potential erst ein knappes Jahrhundert später. Denn es würde die Kraft bieten, den größten Schicksalsschlag des judäischen Volkes zu überleben, eine Kraft, die die offizielle Tempeltheologie nicht hätte bieten können. Es würde den Gedanken einer exklusiven Bindung an den Nationalgott Jahwe in den Fokus setzen, die Idee, dass keinem anderen Herrscher oder Gott Treue geschworen werden dürfte. Dadurch würde ein Überlebenswille geweckt, der in dieser Form bei keinem anderen Volk geweckt worden ist.

Um dies zu verstehen, ist ein Rückblick notwendig: Woher stammten denn jene Gedanken der Jahwe-allein-Bewegung? Warum entwickelte sich eine solch exklusive und intensive Bindung an einen Gott, wie sie in der Religionsgeschichte des Alten Orients einzigartig ist? Welche besonderen Anknüpfungspunkte bot dieser Gott Jahwe den Menschen?

Flüchtlinge aus dem Norden

Die Luft war von Staub erfüllt. Hunderte von Füßen, die ausgemergelte Körper über schmale Wege und Straßen schleppten, haben ihn aufgewirbelt. Die Straßen waren verstopft, voll von Menschen, die in großen Trecks nach Süden flohen. Ihre verbrannten Häuser mussten sie hinter sich lassen, ihre Dörfer haben sie hastig aufgegeben. »Bloß nicht den Assyrern in die Hände fallen, diesen unmenschlichen Soldaten!«, dachten die Flüchtenden und trotteten stumm vorwärts. In Lumpen gehüllt und nur das Wichtigste in den Händen haltend oder auf einem Karren hinter sich her schleppend zogen die Männer, Frauen und Kinder durch das judäische Bergland. Die Landschaft um sie herum kam ihnen wie eine Wüste vor. Die Dörfer und Orte, die sie durchquerten, waren nicht mehr als Heimstätten für Menschen erkennbar, bestanden nur noch aus Geröll und Asche, welche beim leisesten Windhauch emporgewirbelt wurde und die Sonne verdunkelte. Auf den Wiesen war kaum ein Vieh zu sehen, weil die assyrischen Soldaten längst die Rinder, Ziegen und Schafe erbeutet und in die Heimat abtransportiert hatten. Die Äcker verkümmerten, einige wenige wurden jetzt von Fremden gepflügt, von Kolonisten, die die assyrischen Machthaber aus weit entfernten Teilen ihres Weltreiches herangeschafft und hier angesiedelt hatten. Und in umgekehrter Richtung haben die Assyrer viele Familien aus dem Volk der Israeliten in die Fremde deportiert. Vor allem die auf das Wagenlenken spezialisierten Soldaten und ihre Angehörigen waren rücksichtslos aus ihrer Heimat gerissen und nach Assyrien verbracht worden. Auch für gut ausgebildete Handwerker hatten die grausamen Machthaber ihre Verwendung. Nur wer rechtzeitig fliehen konnte, entzog sich dem Verschleppen, Schänden und Morden. Die meisten der Flüchtenden wollten nach Juda, in das Nachbarland im Süden, wo die Menschen dieselbe Sprache sprachen und dieselben Götter verehrten. Dieses Land war zwar deutlich ärmer, hatte weniger Glanz zu bieten, weniger fruchtbare Landschaften, war aber dennoch die beste Wahl, wenn man nicht den Rest seines Lebens fernab der Heimat verbringen wollte.

Namenlose Gestalten schoben sich so in endloser Kolonne vorwärts, halb verhungert und verlaust, die Augen blickten leer in die Ferne. Außer den letzten Habseligkeiten führten sie nichts bei sich. Doch in ihren Köpfen bewahrten sie die Erzählungen und Mythen ihres Landes und ihre religiösen Traditionen und Überlieferungen. Die waren das letzte, was ihnen aus ihrer Heimat geblieben war. Eine der namenlosen Gestalten klammerte eine Schriftrolle fest an sich. Darauf hatte sie Worte des Lehrers Hosea gesammelt, die sie bewahren wollte. Jener namenlose, traurige Mensch hatte einst auch selbst ein kleines Stück Land besessen, das ausgereicht hatte, um die Familie zu ernähren. Doch im Laufe der Zeit waren immer mehr Abgaben für den König in Samaria eingefordert worden. Der Namenlose musste nach einem Dürrejahr bei einem Großgrundbesitzer einen Kredit aufnehmen, damit er die Forderungen weiter erfüllen konnte. Um den Kredit tilgen zu können, hatte er einen Teil seiner nächsten Ernte verpfändet und sich so in die Abhängigkeit von dem reichen Grundbesitzer begeben. Aber weil auch die Ernte des nächsten Jahres nicht genügend Ertrag abgeworfen hatte, hatte der Grundbesitzer rücksichtslos von seinem Recht Gebrauch gemacht, den Namenlosen und seine Familie zu Arbeiten heranziehen zu dürfen. Und so war dieser Mensch allmählich in eine Schuldknechtschaft geraten, weshalb er letztlich lieber seinen Grundbesitz aufgegeben hatte und sich als Tagelöhner durchschlagen wollte. Nun aber waren die assyrischen Soldaten über das ganze Land hinweggefegt, hatten seine Familie ermordet, und er musste jetzt sein Heil in Juda suchen. Seine ganze Hoffnung setzte er in ein neues Leben im südlichen Nachbarland. »Was erwartet mich dort? Kann ich meinen Glauben dort weiter ausleben? Werde ich dort wie ein Bruder oder wie ein Fremder aufgenommen? Darf ich dort die Mythen meines Volks erzählen?«, mit solcherlei Fragen beschäftigt, zog der Namenlose in der unendlichen Kolonne von Flüchtlingen weiter.

Hundert Jahre bevor König Joschija von Juda in seiner Hauptstadt Jerusalem den Tempel renovieren lassen hatte, flohen diese Menschen aus dem nördlichen Nachbarland nach Juda. Sie kamen aus Israel, dem Bruderland im Norden, wo man dieselbe Sprache sprach, wo man aber schon immer etwas fortschrittlicher, moderner, einfach ein wenig voraus gewesen war, weil die Landschaft hier fruchtbarer war als das Bergland Judas und weil die internationalen Verkehrswege näher lagen, weshalb der Handel viel besser florierte, Geld- und Warenaustausch besser funktionierten. Ein solch gut erreichbares, prosperierendes Land erweckte aber auch schneller die Aufmerksamkeit der Großmacht Assyrien, die immer wieder ihre Hände nach Israel ausstreckte, erst Tribute einforderte, später das ganze Land eroberte. Ziemlich genau hundert Jahre vor Joschijas Tempelrenovierung zerstörten die assyrischen Truppen endgültig die Hauptstadt Samaria, auch vorher schon und später noch zogen immer wieder Flüchtlingstrecks aus Israel gen Süden nach Juda.[33]

Das zweite Jahwe-Reich im Norden

Weitere etwa 150 Jahre zuvor war es der Armeegeneral Omri gewesen, der diesen Staat Israel begründet hatte.[34] Wie aus dem Nichts war Omri aufgetaucht und hatte durch einen Putsch einen Bürgerkrieg angezettelt in einer Gegend, die bis dahin von Warlords und Regionalhäuptlingen regiert worden ist. Den Bürgerkrieg entschied er nach einigen Monaten zu seinen Gunsten und begab sich dann daran, einen Staat aufzubauen und die Strukturen von lokalen Führern aufzubrechen. Er errichtete einen Verwaltungsapparat, um koordiniert Abgaben von seinen Untertanen einzuziehen. Er knüpfte internationale Beziehungen zu befreundeten Königen und Fürsten und baute eine schlagkräftige Armee auf, die benachbarte Landstriche erobern und das eigene Staatsterritorium vergrößern konnte. Er installierte eine Justizorganisation und sicherte seine Herrschaft dynastisch ab, indem er seine Söhne konsequent auf die künftige Regierungsübernahme vorbereitete. Er führte in seinem Staat so etwas wie eine Staatsreligion ein, indem er einem obersten Gott opferte und einen entsprechenden Gründungsmythos im Lande verbreitete, der diesen Gott, der den Namen Jahwe trug, mit dem König und dem Volk in engen Banden verknüpfte. Das strategisch günstig gelegene Dorf Samaria baute Omri zu seiner neuen, befestigten Hauptstadt aus und ließ es mit einem repräsentativen Palast versehen. Damit verfügte er über ein solides Machtzentrum, von dem aus er das Bergland Mittelpalästinas beherrschen konnte. Unter seiner Regentschaft stieg das Nordreich Israel zu einer lokalen und regional einflussreichen Größe auf, das in ein Netzwerk von internationalen Beziehungen eingeflochten war. Seinen Sohn Ahab verheiratete er mit einer Prinzessin der benachbarten Philister, seine Enkelin heiratete den Thronfolger in Juda. Zur Zeit Omris stand dem Nordreich eine blühende Zukunft bevor. Jedoch wurde die weitere Entwicklung des Landes immer wieder von gewaltsamen Umstürzen und blutigen Revolten ausgebremst. Der letzte König, der Israel im Norden nochmals zu einer gewissen Blüte führen konnte, war König Jerobeam gut hundert Jahre nach Omri. Nach Jerobeams Tod wurde dessen Sohn und Nachfolger Secharja gestürzt, der Königsmörder, Schallum, schwang sich selbst auf den Thron. Doch schon nach wenigen Wochen erstieg ein gewisser Menahem[35] mit Unterstützung bzw. unter Billigung des assyrischen Großkönigs Tiglat-Pileser III. diesen Thron. In seiner knapp zehnjährigen Regierungszeit in der Mitte des achten Jahrhunderts übte er eine gewalttätige Herrschaft aus. Innenpolitische Wirren und Bürgerkriege prägten die Zeit. Es kam zu einem wirtschaftlichen Niedergang, denn die nun immer wieder vom assyrischen Großkönig erhobenen Tributforderungen ließen Israel allmählich ausbluten. Kopfsteuern mussten gezahlt und Naturalien abgeliefert werden. Weder konnte es sich das Königshaus jetzt noch leisten, repräsentative Bauten oder Tempel zu errichten, noch vermochten Privatleute, große Häuser zu unterhalten. Die Gesellschaft verarmte zunehmend. Und so wiederholte sich im allgemeinen Verfall die Geschichte: Nach dem – natürlichen – Tod Menahems wurde auch dessen Sohn und Nachfolger erschlagen, der Mörder besetzte den Königsthron. Doch auch dieser wurde bald gestürzt. An seiner Stelle ließ sich Hoschea Ben Ela von Assyriens Großkönig Tiglat-Pileser III. als Vasallenkönig einsetzen, der assyrische Herrscher belegte ihn dafür mit hartem Tribut.[36] Das Nordreich Israel war spätestens jetzt zu einem kleinen Königreich von Assyriens Gnaden geschrumpft. Doch der Stolz der Israeliten führte zu einer Rebellion gegen Assyrien, die der neue Großkönig Salmanassar V. durch einen Feldzug nach Palästina rasch erstickte. Das exakte Jahr, in dem Samaria gefallen und das Reich Israel zerstört worden ist, wird in den Annalen nicht überliefert, vermutlich gab es immer wieder einmal Überfälle. Das Militär des Nordreichs Israels wurde aufgelöst, der König verschleppt, Teile der Oberschicht deportiert, Kolonisten aus fremden Ländern in Israel angesiedelt. Wenig später schlug Salmanassars Nachfolger Sargon II. das wiederholt aufständische Samaria erneut nieder und gliederte den übrig gebliebenen Rest des Landes dem assyrischen Reich als bedeutungslose Provinz ein.[37] Und schließlich durchzog König Sanherib von Assyrien das ehemalige Land Israel auf einem Feldzug gen Jerusalem erneut. Für gute zwei Jahrzehnte waren Flüchtlingstrecks in der beschriebenen Weise immer wieder durch Israel gezogen, weil assyrische Soldaten israelitische Städte und Dörfer wiederholt plünderten und zerstörten. Die Überlebenden flohen dann mit wenigen Habseligkeiten, traumatischen Erlebnissen und ihren religiösen Erzählungen nach Juda, wo die Bevölkerungszahl entsprechend zunahm. Jerusalem musste durch eine Stadterweiterung vergrößert werden, Siedlungsgebiete verdichtet und ausgedehnt werden.[38] Die Fremden aus dem Norden mussten in die Gesellschaft integriert werden, ihre kulturellen Erfahrungen und religiösen Überzeugungen in das Leben der Judäer eingepasst werden.

Jahwe-Verehrung im Norden

Das Nordreich Israel war untergegangen, der politische Staat mit König, Verwaltung und Infrastruktur hatte sein unwiderrufliches Ende gefunden. Aber Kultur und religiöse Traditionen überlebten. Die Flüchtlinge bewahrten ihre Erzählungen und Überlieferungen, brachten sie mit in das Südreich Juda. Dort fielen die Geschichten, Traditionen und Erinnerungen auf fruchtbaren Boden, weil die Menschen im Süden den gleichen Gott verehrten, der auch von ihnen Jahwe genannt wurde. In Graffitis und Inschriften sprachen sie von ihrem Gott als dem »Jahwe vom Süden«, im Unterschied zum »Jahwe von Samaria«. Auch im Süden verehrten sie diesen Gott und stellten sich ihn als einen in unterschiedlichen Bereichen wirkmächtigen Gott vor: in Samaria und auch im Süden, aber eben nicht in den Nachbarländern. Im Nordreich war die nationale Gottheit Jahwe der Hauptstadt Samaria zugeordnet. Aber er war eben auch im südlicher gelegenen Reich Juda als Gottheit anerkannt. Er konnte an mehreren Orten auftreten und angerufen werden, war nicht ausschließlich an ein einziges Tempelheiligtum geknüpft, man verehrte ihn an vielen Orten und Kultstätten. Wenn man das Reich

Juda in Richtung Süden auf der großen Handelsstraße verließ, kam man einige Kilometer hinter der Grenze an eine Raststation. Eine kleine Karawanserei am Rande des Weges umfasste dort eine Hand voll kleiner Gebäude aus Stein. In eines von ihnen war ein kärgliches Pilgerheiligtum integriert, an dessen Wänden die Menschen Malereien und Graffiti angebracht hatten. Auf niedrigen Bänken an den Wänden konnten die Reisenden Votivgaben hinterlassen, kleine Geschenke als Dank für Beistand und gesunde Rückkehr oder als Bitte um Begleitung und Hilfe auf der kommenden Reise. Inschriften priesen hier die Gottheiten, genannt waren die Götter Jahwe von Samaria und Jahwe vom Süden, die beide mit einer Partnerin namens Aschera verbunden waren.[39]

Die gleichen Dankes- und Bittinschriften ritzten die Menschen auch in ihre großen Vorratskrüge für die Grundnahrungsmittel wie Getreide, Wein oder Öl ein. Einen Teil der bäuerlichen Erzeugnisse mussten die Untertanen im Reich Israel als Naturalabgaben an den königlichen Hof liefern. Auch sie wurden in Tonkrüge und andere Vorratsgefäße abgefüllt, auf deren Henkel meist ein Stempelabdruck »für den König in ...« gefertigt wurde, um sie dem Militär oder der Verwaltung in der benannten Stadt zuzustellen. Auch auf solchen Gefäßen waren religiöse Inschriften eingeritzt, mit denen verschiedene Götter angerufen wurden. Und in ihren Privathäusern vollzogen die Menschen Israels und Judas Opfer auf kleinen Kalksteinaltären oder in Räucherschalen.

Beliebt und weit verbreitet waren Göttinnenfigurinen, kleine nackte weibliche Körper, die nach unten pfeilerartig endeten. Sie wurden von Hand hergestellt und zeigten meist roh gearbeitete Frauenfiguren mit unter die Brüste gelegten Armen. Seltener gab es auch fein gearbeitete Figurinen mit ausladendem Körper. Jedenfalls sollten sie das Weibliche im Göttlichen sichtbar machen, das, was Leben spendet.

Im Nordreich Israel hatte man Jahwe von Samaria als Staatsgottheit und Dynastiegott verehrt. Dieser Gott war für die Menschen in Israel der Garant für die nationale Sicherheit, der König in Samaria repräsentierte ihn. Genau dies beschrieben die alten Hymnen, Gebete und Lieder, die entweder als Kultlieder verfasst worden waren oder in der Alltagsfrömmigkeit der Menschen angestimmt wurden: Im Kultritual sang man beispielsweise anlässlich eines Thronjubiläums oder eines Königstages die Strophe »An deiner Macht, Jahwe, freut sich der König, über deine Hilfe, wie jubelt er laut!« (Psalm 21,2). Der König konnte dann antworten: »Gott hat mich mit Kraft umgürtet, er führte mich auf einen Weg ohne Hindernis. Er ließ mich springen schnell wie Hirsche, auf hohem Weg ließ er mich gehen« (Psalm 18,33–34), um auszudrücken, dass er seine Macht seinem Gott verdankt. Sehr deutlich wurde Jahwe in enge Beziehung zum König gerückt und als Gott der königlichen Dynastie beschrieben, als »ein Mächtiger, ein Held der Schlacht« (Psalm 24,8) gezeichnet. Eine zentrale Rolle spielte Jahwes Macht, besonders über bedrohliche Naturgewalten: »Die Stimme Jahwes erschallt über den Wassern, der Gott der Ehre donnert, Jahwe über den Wassern. Die Stimme Jahwes ergeht mit Macht, die Stimme Jahwes ergeht herrlich. Die Stimme Jahwes zerbricht Zedern. ... Die Stimme Jahwes sprüht Feuerflammen. ...

Die Stimme Jahwes lässt die Wüste erbeben. ... Die Stimme Jahwes reißt Wälder kahl« (Psalm 29,3–9[40]). Jahwe erschien den Menschen als zuständig für das Wetter, speziell mit Stürmen und Gewitter brachte man ihn in Zusammenhang. Dabei verstanden ihn die Menschen nicht so sehr als einen mythischen Gott des Wassers, vielmehr als einen Zähmer des Wassers, das seine bedrohliche Kraft im Angesicht Jahwes nicht mehr entfalten kann. Die Bauern des Landes kannten die bedrohliche Wucht der Wasser, zum Beispiel im Gewittersturm, der Ernten plötzlich vernichten konnte. Zur bäuerlichen Lebenserfahrung gehörte aber genauso die lebenspendende Wirkung des Wassers, die sich entfalten konnte, wenn seine Macht und Bedrohung eben durch Jahwe eingeschränkt war. Diesen Erfahrungen entsprechend hatten die Menschen einen Hymnus komponiert, der in einer Art von Schnelldurchgang das bäuerliche Jahr durchlief, das durch Jahwe geregelt wurde: »Du suchst das Land heim und bewässerst es und machst es sehr reich. ... Du lässt ihr Getreide gut geraten, denn so baust du das Land. Du tränkst seine Furchen und feuchtest seine Schollen, mit Regen machst du es weich und segnest sein Gewächs. Du krönst das Jahr mit deinem Gut, und deine Spuren triefen von Fett. Es triefen auch die Auen in der Steppe, und die Hügel gürten sich mit Jubel. Die Anger sind voller Schafe, und die Auen stehen dick mit Korn, dass man jauchzet und singet« (Psalm 65,10–14[41]). Für das bäuerlich geprägte und durch den Jahresablauf von Aussaat und Ernte geregelte Palästina war also einst ein Wettergott die dominierende Gottheit. Ernteausfall oder -ertrag hingen vom Wohlwollen dieses Wettergottes ab, der sich in Sturm und Gewitter zeigte und der zudem die Rolle des königlichen Dynastiegottes übernahm. Die alten Hymnen und Lieder über diesen Gott wurden von den Flüchtlingen des Nordreichs bewahrt und weiterhin gesungen, sie fanden Eingang in Lobgesänge und Psalmen für die Gottesdienste.[42]

Ein anderer beliebter Hymnus des Nordreiches wurde nicht in die Gottesdienstlieder integriert, sondern fand Eingang in eine breit angelegte, ausgeschmückte Erzählung. In diesem Hymnus wurde Jahwe für den Sieg über ein fremdes Heer gepriesen: »Singt Jahwe ein Lied, denn er ist hoch und erhaben. Rosse und Wagen warf er ins Meer« (Exodus 15,21). Der Hymnus bezog sich auf eine alte Legende, die König Omri einst zum Gründungsmythos seines Reiches gemacht hatte, um einen Staatskult zu etablieren und eine kollektive Identität der Einwohner in seinem Reich zu stiften. Als neuem und jungem König fehlte es dem ehemaligen General Omri zunächst an einer Legitimation für seine Herrschaft. Er suchte nach einer Spur, die seine Person zur Krone führte und seine Regentschaft innenpolitisch festigte. Er fand sie in einer alten Legende, die seine Familie seit Generationen kannte.

Omri stammte aus einer alten Sippe, die in den Bergen Mittelpalästinas ihre Heimat gehabt hatte. Von dort brachte er die legendäre Erzählung mit, die ihm bei der Sicherung seiner Herrschaft helfen sollte. Sie wurde erstmals erzählt von einer Volksgruppe, die sich vor Urzeiten nach einer am Ende glücklich verlaufenen Fluchterfahrung in den Bergen Palästinas angesiedelt hatte und dort ihren Glauben an ihren rettenden Gott als persönlichen Schutzgott ausgelebt hatte. In

Omris Heimat hatte sich so eine Schutzgottheit der Familien etabliert. Über Generationen hinweg überlieferten und erweiterten die Familien in Mittelpalästina die beeindruckende Erzählung von ihrem Beschützergott und einem glücklich verlaufenen Auszug aus Ägypten. Am Ende beschrieb die Geschichte ein unterdrücktes Volk, das von einem Mann namens Mose angeführt wurde und einen Triumph gegen die Unterdrücker am Meer erlebte, aber nach dem Tod seines Anführers selbständig die Suche nach einem Siedlungsort betreiben musste.[43]

Nachdem sich der General Omri durch einen Militärputsch zum König von Israel gemacht hatte, brachte er diesen Gott und die Erzählung von seiner rettenden Begleitung mit und führte seinen Gott als Schutz- und Dynastiegott im Nordreich ein.[44] Omri machte Jahwe zum Garanten des Königsthrons, der König und Staat zuverlässig gegen äußere Feinde beschützt. Lieder und Hymnen wie die beschriebenen wurden für Kultrituale und Gottesdienste entworfen. Die Auszugserzählung begründete, warum der Wettergott Jahwe ein besonderer Schutzgott mit mächtigen Fähigkeiten sei, und Omri nutzte sie, um seine neue Herrschaft zu konsolidieren. Sie wurde so zum Gründungsmythos des Reiches, der nun eine kollektive Identität stiftete: Jahwe, der einst aus dem Sklavendienst befreite, begleitet und beschützt nun den König und das Volk in Israel.[45] Alle Dynastien und Reiche der Nachbarländer verfügten über solche Legitimationsmythen, durch die eine königliche Institution begründet wurde, Machtverhältnisse festgezurrt wurden. Jahwe wurde zum Garanten für das glückliche Ergehen des Volkes von Israel. Israel reihte sich jetzt ein in die Nachbarn, die als einheitliches Volk einen König und einen Beschützergott hatten.

Soziale Kritik der Propheten

König Omri und seine Söhne hatten im neunten Jahrhundert das Nordreich Israel als ernstzunehmenden Staat in Palästina gegründet, ihn durch einen Reichsmythos religiös legitimiert, außenpolitisch konsolidiert und wirtschaftlich vorangebracht. Diese Entwicklung konnte trotz verschiedener Rückschläge durch gewaltsame Regierungswechsel bis ins achte Jahrhundert fortgeführt werden. Der Staat blieb eigenständig, durchlief immer wieder Phasen des wirtschaftlichen Aufschwungs. Allerdings waren soziale Ungleichheiten in der Gesellschaft Israels deutlich erkennbar. In Tirza, der früheren Hauptstadt, konnte man dies an den Straßenzügen deutlich ablesen: Da gab es Stadtteile mit breiten und weitläufigen Straßen, gesäumt von geräumigen Häusern, in anderen Teilen der Stadt hingegen eng bebaute Gassen mit kleinen, dicht aneinander liegenden Häusern. Hier lebten die Tagelöhner und einfachen Handwerker, wie zum Beispiel Bäcker, die ihren Tagesunterhalt mit der Herstellung und dem Verkauf von Brotlaiben, die sie auf wackligen Tischen zur Auslage stellten, verdienen mussten. Die Gassen, die nichts anderes waren als ein schmaler, kaum für die Breite eines Ochsenkarren ausreichender Zwischenraum zwischen den Häusern, waren ständig verdreckt.[46] Zerbrochene Lehmziegel, zersplitterte Keramik, Abfall, Asche und Staub wurden hier einfach platt getreten, so dass die Gassenoberfläche beständig nach oben wuchs. Bei einigen Häusern lag der Hauseingang schon unterhalb des Gassenniveaus. Im Sommer war der Gestank hier unerträglich, in der Regenzeit verwandelte sich der Boden der Gassen in Matsch und tiefen Morast. Weil die Häuser hier einfache Lehmdächer hatten, tropfte es bei beständigem Regen in den Wohnraum hinein, weshalb sich auch das Sprichwort bildete: »Ein ständig tropfendes Dach in der Regenzeit und eine zänkische Frau gleichen einander«[47]. Ganz anders waren die Lebensbedingungen der Grundbesitzer, Händler oder königlichen Beamten. Ihre Häuser waren großzügig angelegt, ihre Möbel waren aus edlen Hölzern gefertigt, feine Keramikkunst schmückte die Zimmer.

Die ungleiche Verteilung in der Gesellschaft Israels forderte bald Kritik heraus, zum Beispiel von einem Mann namens Amos aus dem Dorf Tekoa, am Rand zur Wüste gelegen. Der kräftige Kerl war ein nicht unvermögender Viehzüchter. Gerade hatte König Jerobeam II. seine Hauptstadt mit repräsentativen Gebäuden ausgebaut, die Wirtschaft blühte, der Handel mit Ägypten und Phönizien florierte, in seinem Siegel führte der König einen brüllenden Löwen als Zeichen seiner Macht. Regelmäßig wurden Wein- und Ölabgaben aus dem ganzen Land an den königlichen Palast geliefert.[48] Doch Amos blickte auf Anderes, er beobachtete scharfsinnig die Spaltungen in der Gesellschaft und klagte mit markanten Worten die soziale Ungleichheit an, den Zugewinn an Lebensqualität bei den Reichen, der durch den sozialen Abstieg der Armen erkauft war: »Hört dies Wort, ihr fetten Kühe auf dem Berge Samarias, die ihr den Geringen Gewalt antut und schindet die Armen und sprecht zu euren Herren: Bringt her, lasst uns saufen!« (Amos 4,1[49]). Amos wendete sich jedoch nicht gegen den Luxus an sich. Reichtum hatte in Israel noch nie als etwas Schlechtes gegolten, die Weisheitstradition und die Sprichwörter Israels betrachteten Besitz durchweg positiv: »Besitz vermehrt die Zahl der Freunde, der Arme aber wird von seinem Freund verlassen«[50]. Amos stellte schon gar nicht Forderungen nach einer Askese, einem Verzicht. Aber er griff diejenigen mit markigen Worten an, die ihren Luxusgenuss zur Schau stellten in elfenbeingeschmückten Häusern und mit luxuriösen Genussmitteln, während parallel der Nachbar in einer kleinen Lehmhütte in offensichtlicher Armut und in Bedrängnis leben musste: »Ihr liegt auf Betten aus Elfenbein und faulenzt auf euren Polstern. Zum Essen holt ihr euch Lämmer aus der Herde und Mastkälber aus dem Stall. Ihr grölt zum Klang der Harfe, ihr wollt Lieder erfinden wie David. Ihr trinkt den Wein aus großen Humpen, ihr salbt euch mit dem feinsten Öl, aber sorgt euch nicht über den Untergang Josefs« (Amos 6,4–7). In rauschenden Festen ergötzten sich die, die es sich leisten konnten, und trugen ihre grenzenlosen finanziellen Möglichkeiten zur Schau, prassten, verschwendeten und gaben ihr Geld sinnlos aus anstatt es in eine gerechte Gesellschaft zu investieren. Amos hatte die immer weiter auseinander klaffende Schere erkannt und kritisierte die fehlende Solidarität der Reichsten mit den Ärmsten. Im Gegenteil, die Profitgier war ungeheuerlich. Um mehr Geld verdienen zu können, wollten die Unternehmer ihre Geschäfte an Festen und Feiertagen baldmöglichst geöffnet sehen, die Preise wurden künstlich hoch gehalten, selbst vor Betrug und Verkauf von Minderwertigem schreckten die Geschäftemacher nicht zurück: »Ihr sagt: Wann ist das Neumondfest vorbei? Wir wollen Getreide verkaufen. Und wann ist der Sabbat vorbei? Wir wollen den Kornspeicher öffnen, das Maß kleiner und den Preis größer machen und die Gewichte fälschen. Wir wollen mit Geld die Hilflosen kaufen, für ein paar Sandalen die Armen. Sogar den Abfall des Getreides machen wir zu Geld« (Amos 8,5f).

So bekam die Oberschicht, die Elite Israels von Amos immer wieder ihr Fett weg. Die Unterdrückung der Schwächeren durch die Stärkeren machte Amos so wütend: »Sie treten den Kopf der Armen in den Staub und drängen die Elenden vom Wege« (Amos 2,7[51]).

Hintergrund dieser bedenklichen gesellschaftlichen Entwicklung war der marktwirtschaftliche Fortschritt, der in Israel mit dem überregionalen Handel Einzug gehalten hatte. Ägypten importierte gern das hochwertige Olivenöl aus Palästina. Und so produzierten die Großgrundbesitzer der Oberschicht einen marktorientierten Überschuss. Durch Lagern von Öl, Getreide und anderen Produkten in großen Vorratshäusern aus Stein, ließ sich eine künstliche Verknappung erzielen und damit der Preis in die Höhe treiben. Dadurch waren die Lebensmittel für die einfache Bevölkerung nicht mehr bezahlbar. Die Spekulation der großen Landeigner erzeugte im armen Volk Hunger und Not. Amos erkannte dies: »Weil ihr von den Hilflosen Pachtgeld annehmt und ihr Getreide mit Steuern belegt, darum baut ihr Häuser aus behauenen Steinen – und wohnt nicht darin« (Amos 5,11). In den Häusern aus Stein wurden die Produkte gelagert, während die Ärmsten in Hütten aus Lehm hausen mussten. Die Oberschicht hatte kein Mitleid mit den rückständigen Kleinbauern, die noch nicht für den Exportmarkt produzierten, sondern stattdessen für die Selbstversorgung und den regionalen Tauschhandel. Weil sie so nicht mehr konkurrenzfähig waren, hielten die Großgrundbesitzer eine Zerschlagung der kleinbäuerlichen Betriebe für notwendig. Rücksicht kannten sie nicht. In einer Form von antikem Rentenkapitalismus verpachteten sie ihr Land an die Armen und erhielten dafür einen festen Teil des Ernteertrags als Bezahlung. In dieser Form des Kapitalismus waren die Landeigner jedoch an den Produktionskosten nicht beteiligt und schöpften allein beim Gewinn ab. Kam es dann zu Missernten, musste der Pächter dennoch Abtrag zahlen, hatte dann aber kein Korn mehr für die Aussaat. Letztlich musste er sich dem Landbesitzer dann als billige Arbeitskraft oder in besonders bitteren Fällen als Schuldsklave übereignen. Und so vergrößerte sich wiederum der Besitz des Landeigners weiter. Den Armen stand kein Recht zu, aus der Falle gab es kein Entkommen. »Versammelt euch auf den Bergen rings um Samaria, seht euch das wilde Treiben in der Stadt an und die Unterdrückung, die dort herrscht! Sie kennen die Rechtschaffenheit nicht, spricht Jahwe, sie sammeln Schätze in ihren Palästen mit Gewalt und Unterdrückung« (Amos 3,9f).

Zwar hatte Amos die Hoffnung noch nicht aufgegeben und träumte von einer menschenfreundlichen, gerechten Gesellschaft: »Das Recht ströme wie Wasser, die Gerechtigkeit wie ein nie versiegender Bach« (Amos 5,24). Aber um der Dringlichkeit seiner Worte Nachdruck zu verleihen, kündete er den Untergang der Gesellschaft Israels an. Diese Botschaft stellte für seine Hörer und Hörerinnen eine ungeheuerliche Neuerung dar. Sicherlich musste man angesichts der politischen Lage nicht allzu sehr hellseherisch begabt sein, um vorauszusehen, dass das kleine Reich über kurz oder lang von Assyrien geschluckt würde. Allerdings deutete Amos diese absehbare weltpolitische Entwicklung als ein unausweichliches Strafgericht Jahwes: »So spricht Gott Jahwe: Ein Feind wird das Land umzingeln, er wird deine Macht niederreißen, und deine Paläste werden geplündert. Ich zerschlage den Winterpalast und den Sommerpalast, die Elfenbeinhäuser werden verschwinden, und mit den vielen Häusern ist es zu Ende – Spruch Jahwes« (Amos 3,11.15). Nie zuvor hatte ein Prophet Jahwes Ähnliches angekündigt! Das Gericht anzukündigen anstatt eines Sieges Jahwes, wie in den alten Psalmen, war für die Menschen in Israel etwas unfassbar Neues, ja Skandalöses!

Amos stieß mit seiner Botschaft denn auch auf wenig Widerhall. Selbstverständlich wollte kaum jemand hören, wie miserabel die Lebensverhältnisse im Land seien oder welch schlimme Zukunft drohe. Den Einflussreichen und den Lautsprechern ging es doch viel zu gut. Amos stieß auf Kritik. Obwohl er kein Berufsprophet war, stellte er sich mutig in den Tempel von Bet-El und verkündete dort lauthals seine Ansichten. Doch alsbald wurde er aus diesem Heiligtum, in dessen Zentrum ein Stierbild als Kultobjekt stand, herausgeworfen. Die Tempelgänger hatten sich bei der Priesterschaft über den ungehobelten Burschen mit der unangenehmen Botschaft beschwert und so wurde Amos bedroht und fortgeschickt.[52] Seine Worte fanden nur wenig Gehör, mit seiner radikalen Ansicht stieß Amos weitgehend auf Ablehnung, nur eine kleine Schülergruppe sammelte sich um ihn. Diese Nachfolger bewahrten immerhin seine Worte, schrieben sie irgendwann nieder und ergänzten sie. Auf diese Weise ließen sie neue Erfahrungen in die Überlieferungen einfließen.[53]

Amos war nicht der Einzige, der damals im Nordreich Israel öffentlich in Erscheinung trat, um auf die ungerechte Verteilung in der Gesellschaft hinzuweisen. Es gab viele Männer und auch Frauen, die sich von Jahwe in besonderer Weise beauftragt fühlten, eine Berufungsvision etwa in einem Traum erfahren hatten und verspürten, dass sie von ihrem Gott gesendet wären. Unter diesen Männern und Frauen befanden sich sowohl Kultpriester oder -priesterinnen, die an einem der Heiligtümer für Jahwe ihren Dienst taten, als auch Beamte des Königs, ferner charismatische Seher oder Ekstatiker. Sie alle formulierten eine von Gott unmittelbar erhaltene Offenbarung in deutlichen bis drastischen Worten – manchmal auch in symbolischen Zeichenhandlungen – und richteten sie an ihre Hörer und Hörerinnen, um bei denen eine Verhaltensänderung zu bewirken. Niemals ging es ihnen darum, Opfer und Rituale zur Besänftigung Jahwes einzufordern, zentral war immer die Kritik an Verhaltensweisen im Alltag. Um sich als legitimes Sprachrohr Jahwes vorzustellen, leiteten sie ihre Botschaft mit der Botenformel »So spricht der Herr« ein. Darauf sprachen sie die

Worte, die sie von ihrem Gott gehört hatten. Sie warfen einen Blick in die Zukunft, ohne jedoch als Hellseher oder Wahrsager wahrgenommen werden zu wollen. An solche konnte sich wenden, wer ein Orakel über die Zukunft einholen wollte. Die Propheten und Prophetinnen Jahwes hingegen formulierten ihre Worte ungefragt und inszenierten ihre Auftritte mit Nachhall, nachdem sie die gesellschaftliche oder religiöse Realität beobachtet hatten.

Auch ein Mann namens Hosea zählte zu diesen Propheten. Er trat bereits einige Jahre vor Amos in der Öffentlichkeit auf. Bei ihm waren persönliches Leben und Inhalt der Verkündigungsbotschaft eng miteinander verquickt. Hosea war verheiratet mit einer Frau, die ihm jedoch untreu wurde und von der er sich deshalb scheiden ließ. Doch wenig später nahm er sie aus Liebe wieder zu sich. Diese persönliche schmerzvolle Erfahrung übertrug er auf den Nationalgott Israels, auf Jahwe, der das Volk liebe, auch wenn es sich von ihm abwendet. Dieser Nationalgott sei unbedingt verehrungswürdig, weil er vergebend und rettend handle. Hosea betonte immer wieder die Liebe dieses Gottes und klagte die Männer und Frauen des Landes an, diesem Gott nicht genügend die Ehre zu erweisen und sich stattdessen zunehmend anderen Göttern zuzuwenden, was geradewegs ins Verderben führen werde. Während Amos seine Untergangsvisionen mit dem unsozialen Verhalten der Reichen begründete, spielte die Kritik an den unsozialen Verhältnissen bei Hosea keine entscheidende Rolle. Stattdessen knüpfte Hosea seine Unheilsvisionen an die verbreitete fehlerhafte Haltung Gott gegenüber. Es ging ihm um die rechte Gesinnung, mit der man Jahwe entgegen zu treten hätte. Hosea verstörte die verfehlte, gedankenleere Ausübung des Kults, der rituellen Verehrung Jahwes. Jeglichen verfehlten Gottesdienst bezeichnete Hosea als Baalsdienst, Götzendienst. Mechanisiertes Opfern und überfrachtete Kultfeiern stünden einer echten Begegnung mit Jahwe im Wege. Zur Schau gestellte Besuche von Gottesdiensten an hohen Feiertagen und fehlende innerliche Auseinandersetzung mit Jahwe seien unerträglich.

Aber auch Hosea fand, wie später Amos, in Israel kaum Gehör und trieb ab in die gesellschaftliche Isolation.[54] Nur ein kleiner Kreis von Zuhörern und Schülerinnen teilte Hoseas provokante Ansichten und scharte sich um ihn. Sie diskutierten seine Worte und zeichneten sie auf, um sie einer Nachwelt zu präsentieren, wenn seine Verheißungen wahr geworden wären, wenn die Realität Hosea als wahren Propheten bestätigt hätte. Dies sollte allerdings nicht mehr lange auf sich warten lassen. Denn König Hoschea von Samaria stellte bald seine Tributzahlungen an den assyrischen Großkönig unbegreiflicherweise ein.[55] Die Reaktion auf diesen Affront folgte unverzüglich: Assyrische Truppen zogen marodierend und zerstörend auf Samaria zu. Aber König Omri hatte einst für seine Hauptstadt in kluger Wahl eine günstige Lage bestimmt, denn die Stadt ließ sich auf einer Anhöhe leicht verteidigen. Monatelang mussten die assyrischen Truppen die Stadt belagern, bis sie doch eines Tages fiel. Die Rache der Assyrer war jetzt gnadenlos. Über Wochen hinweg wurden immer wieder Menschen deportiert und in andere Regionen des assyrischen Weltreiches umgesiedelt, Ernten wurden geraubt, Wertvolles wurde entführt. Kolonisten aus fremden Regionen wurden anstelle der Deportierten in Samaria angesiedelt. Elend, Trauer und Flucht bestimmten fortan das Bild des Landes.

Jetzt stellten sich auch die Worte der Propheten Amos und Hosea in einem neuen Horizont dar. Durch den Untergang Samarias hatten sich ihre Weissagungen bestätigt, galten ihre Sprüche nun als belegt, ihre Kritik als berechtigt. Sie waren nun zu Bürgen der Wahrheit geworden, deren Worte es wert waren, festgehalten zu werden. Die Worte der Propheten sollten in der nun veränderten Welt neue Orientierung bieten. Sie wurden vorgetragen und festgehalten. Mit der schriftlichen Fixierung ging aber selbstverständlich auch eine erste Interpretation der Worte einher. Die Welt der ursprünglichen Hörer und Hörerinnen war nicht mehr dieselbe wie die der jetzigen Leser und Leserinnen. Die überlieferten Sprüche der beiden Propheten mussten in einer sich wandelnden Gegenwart neu interpretiert, aktualisiert und erweitert werden, um in einer verwandelten Gegenwart anwendbar zu bleiben. Weitere Interpretationen in sich wandelnder Welt würden folgen.

Flüchtlinge in Juda

Es waren vielfältige Erzählungen, Überlieferungen und Traditionen, die die Flüchtlinge aus dem Nordreich Israel mit in den Süden, nach Juda brachten.[56] Da waren die wortreichen Ankündigungen der Propheten Amos und Hosea, die religiösen Loblieder auf Jahwe und den König, der staatliche Gründungsmythos um Auszug und Rettung einer Fluchtgruppe. Gerade dieser Staatsmythos hätte mit dem Untergang des Staates Israel, dem Nordreich, eigentlich auch sein Ende finden müssen. Wer ist schon daran interessiert, den Gründungsmythos eines untergegangenen Reiches weiterzuerzählen und vor allem: ihn sich anzuhören? Dennoch blieb dieser Mythos lebendig. Denn er beschrieb eine Erfahrung, die perfekt zur Situation der Flüchtenden passte: Die Flüchtlinge aus dem Nordreich mussten ebenso Hals über Kopf ihre Heimat verlassen wie die Flüchtenden in dem Mythos. Die Flüchtlinge aus dem Nordreich hatten ihren Anführer und König ebenso durch Tod verloren wie die Flüchtenden in dem Mythos ihren Helden. Und vor den Flüchtlingen aus dem Nordreich lag ebenso eine unsichere Zukunft in einem fremden Land wie vor den Flüchtenden in dem Mythos. Der Mythos, der bislang den Zusammenhalt im Reich konstituiert hatte, spendete nun Trost und Hoffnung. An die Stelle der militärisch siegreichen Anwesenheit Jahwes im König trat nun der eine entscheidende militärische Erfolg Jahwes am Meer: Die feindlichen »Rosse und Wagen warf er ins Meer« (Exodus 15,21).

Aus dem Dynastiegott Jahwe, der den König stets begleitete und beschützte, wurde nun, nachdem König und Staat beseitigt waren, der Volksgott Jahwe, der sich um seine Flüchtlinge kümmert.

Auch traditionelle und beliebte Kultlieder, die einst an den Heiligtümern im Nordreich für Jahwe gesungen worden waren, behielten die Flüchtlinge in ihren

Herzen und sangen sie weiter: »Jubelt Gott zu, er ist unsere Stärke, jauchzt dem Gott Jakobs! Stimmt an den Gesang, schlagt die Pauke, die liebliche Leier, dazu die Harfe! Stoßt am Neumond ins Widderhorn, am Vollmond, zum Tag unsres Festes!« (Psalm 81,2–4). In solchen Liedern erfreuten sich die Singenden daran, dass Israel seit dem Exodus, dem Auszug, das Volk Jahwes ist und Jahwe dem Volk im Krieg beisteht. Selbstverständlich musste die Erfahrung des Untergangs gegen die assyrischen Streitkräfte darin Niederschlag finden: »Gott, richte uns wieder auf! Lass dein Angesicht leuchten, dann ist uns geholfen. Du machst uns zum Spielball der Nachbarn, und unsere Feinde verspotten uns. Gott der Heerscharen, richte uns wieder auf! Lass dein Angesicht leuchten, dann ist uns geholfen!« (Psalm 80,4.7–8).

In Juda gestrandet bauten die Flüchtlinge aus dem Norden rasch Hütten und Häuser, wurden zu Nachbarn der Alteingesessenen im Süden. Sie sangen ihre Lieder vor und erzählten den neuen Nachbarn ihre Geschichten von und mit ihrem Gott Jahwe. Sie sangen und erzählten nicht einfach nach, sondern aktualisierten die Traditionen auch auf die neue Situation hin. Da gab es alte Erzählungen über siegreiche Schlachten, in denen an mutige Persönlichkeiten erinnert wurde, die als charismatische Anführer ein Heer befehligt hatten und dabei von ihrem Gott unterstützt wurden, der somit dem Volk seine Freiheit bewahrt hatte. Der Heerführer Gideon war ein Held solcher Geschichten, auch Simson, der mehrere Male die Feinde Israels düpierte, einzelne Stadteroberungsgeschichten wurden ebenfalls weitererzählt.[57] Auch ein altes Siegeslied wurde bewahrt. Es lobte Jahwe für sein helfendes Eingreifen in der Schlacht gegen die Feinde Israels: »Dass Führer Israel führten und das Volk sich bereit zeigte, dafür preist Jahwe!« (Richter 5,2). Dieses Volkslied bezog sich auf eine Schlacht der Israeliten, angeführt von Barak Ben Abinoam und der Prophetin Debora, die mit der panischen Flucht der Feinde endete.[58] Irgendwann sammelten die Menschen all diese Erzählungen, ergänzten sie ihrem zeitgenössischen Denken entsprechend und hielten sie in einer Schrift fest.

Eine ganz besondere Erzählung der ehemaligen Nordreichbewohner war die Geschichte eines listigen Mannes namens Jakob, der zu so etwas wie dem Urvater der Israeliten geworden war. Jakob ist in der Erzählung als der ideenreiche und durchsetzungsfähige Patriarch schlechthin gezeichnet, er erhält schließlich den Namen des Staates als zusätzlichen Eigennamen: Israel (Genesis 32,29). Die Stationen seiner Lebensgeschichte spielen an verschiedenen Orten im Nordreich Israel. Hervorstechend ist der Ort Beth-El, Sitz eines wichtigen Heiligtums für Jahwe im Nordreich. Dort erhält Jakob in der Nacht eine bedeutsame Offenbarung seines Gottes und gelobt daraufhin, an dieser Stelle ein Gotteshaus zu errichten, wenn sein Gott ihm künftig helfend zur Seite stehe.[59]

Die Erzählungen über Jakob, seinen Bruder Esau und seinen Onkel Laban wurden kunstvoll miteinander zu einer umfassenden Familiengeschichte verknüpft (Genesis 25.27–33). Ursprünglich hatte es sich um Einzelsagen des Nordreichs gehandelt, in denen die Hauptfiguren zu Ahnherren der ansässigen Völker wurden: Jakob stand für Israel, der Bruder Esau für die benachbarten

Edomiter,[60] der Onkel Laban für die benachbarten Aramäer,[61] wobei sich der eigentlich nachgeborene Jakob listig gegen seine Verwandten durchzusetzen weiß, sprich: sich das Reich Israel gegen seine – größeren – Nachbarn behaupten kann und soll.[62]

Diese Staatsgeschichte über Jakob traf im Südreich auf ähnliche Erzählungen mit einem vergleichbaren Gottesbild, dem Bild eines friedlichen Schutzgottes, der die Familie durch alle Krisen begleitet. Im Südreich erzählte man sich von einem Nomadenpatriarchen, dem von Jahwe Landverheißungen und Segensversprechungen zugesprochen wurden. Diese Geschichten um Abraham und seinen Neffen Lot waren alle im Südreich und seiner näheren Umgebung lokalisiert (Genesis 13.18–19.21–22). Sie zeichneten Abraham als Ahnherrn der Südreichbewohner, Lot stand für deren Nachbarn in Ammon und Moab.[63] Diese Erzählungen ließen sich dann gut mit den Jakob-Esau-Laban-Erzählungen harmonisieren und zu einer Generationen übergreifenden Erzählung über eine Nomadenfamilie vereinen, die von ihrem Gott begleitet wird. So wurden Abraham, Isaak und Jakob zu den idealisierten Erzeltern der Nation und ihrer Nachbarn, von denen die Menschen im Südreich, Geflüchtete wie Alteingesessene, gerne hörten und erzählten.[64]

Der König und die Flüchtlinge

Im südlichen Reich Juda, wo die Flüchtenden Unterschlupf suchten, regierte König Hiskija. Er musste mit dem gewaltigen Strom von Vertriebenen fertig werden, er musste Siedlungsplätze für sie bereitstellen. Die Hauptstadt Jerusalem war das Ziel vieler Flüchtlinge. Hier errichtete man eilig neue Häuser, verdichtete das Stadtgebiet wo möglich und erweiterte die Stadt, die Hiskija mit einer provisorischen Mauer schützen ließ. Die bislang verschlafene und rückständige Hauptstadt seines Reiches entwickelte sich nun schlagartig zu einem wichtigen Zentrum. Von hier aus koordinierten die Beamten des Königs die Sammlung, Speicherung und Verteilung des Getreides für die Menschen. Neue Gehöfte und Bauerndörfer mussten im Hinterland der Stadt angelegt werden, um Nahrung für die gewachsene Bevölkerungszahl zu erwirtschaften. Verwaltungseinrichtungen und Getreidesilos waren aufzubauen. Dafür ließ Hiskija Beamte ausbilden, die über Kenntnisse des Schreibens und Lesens verfügen mussten, um alle Vorgänge dokumentieren zu können. Sie waren von König Hiskija mit behördlichen Siegeln ausgestattet worden, damit die Rechtmäßigkeit aller Vorgänge bestätigt werden konnte.[65] Der Zustrom von Menschen hatte so eine Verbesserung der Reichsverwaltung bewirkt.

Der König nahm die Flüchtenden auf und er förderte ihre Integration. Denn er benötigte in seinem Staat dringend eine stabile innere Einheit. Von außen nämlich drängten die Feinde weiter heran. Dass die Assyrer ihre Expansion auf Samaria und das Nordreich beschränken und vor der Grenze Judas Halt machen würden, war nicht zu erwarten. Hiskija befürchtete, dass sein Land als nächstes überrollt und ausgeplündert werden würde. Dagegen musste gemeinsam angestanden werden. Deshalb förderte der König wo immer möglich die Einheit zwischen den Vertriebenen aus dem Nordreich und den Alteingesessenen aus dem Südreich. Er benannte sogar einen seiner Söhne nach einem der Stämme des Nordreichs: Manasse, der etwa fünfzehn Jahre nach der Zerstörung Samarias geboren wurde und später Hiskijas Nachfolger werden sollte. Auch Manasses spätere Hochzeit mit einer Frau aus dem Norden konnte der Königshof programmatisch als Symbol der Einheit deuten.[66] Die innere Einheit sollte das Zusammenstehen gegen den äußeren Feind bestärken. Einige Jahre später, Manasse war gerade im Kleinkindalter, war es dann so weit: Der assyrische Großkönig Sanherib ließ Juda die harte Hand des Weltreiches spüren und marschierte mit seinen unbezwingbar erscheinenden Truppen auf Jerusalem zu. Die Soldaten Sanheribs zerstörten Dörfer und Städte, plünderten, raubten, vergewaltigten, legten Feuer. In weiser Voraussicht hatte Hiskija bereits alles, was von Wert war, nach Jerusalem, hinter die Stadtmauern, in Sicherheit gebracht. Natürlich war damit auch die Landbevölkerung zunehmend an Jerusalem gebunden worden, die Rolle der Hauptstadt als Zentrum des kleinen Königreiches war deutlich gestärkt worden. Kulthöhen auf dem Land und Freilichtheiligtümer, an denen Jahwe verehrt wurde, hatte man teilweise abgebaut und entweiht. Die Religionsausübung der ländlichen Bevölkerung hatte sich dadurch vermehrt auf den Tempel in Jerusalem fokussiert, der Tempel war stärker ins Zentrum des alltäglichen Glaubens gerückt. Alle wertvollen Kultgegenstände befanden sich jetzt im Jerusalemer Tempel, um den Assyrern keine wertvollen Raubzüge zu ermöglichen.

Sanheribs Heer durchzog stehlend und mordend das Land und belagerte schließlich Jerusalem. Der assyrische Großkönig zog erst wieder ab, nachdem Hiskija einen schweren Tribut gezahlt hatte.[67] Jetzt hatten sich Hiskijas Vorbereitungen allerdings ausgezahlt: Er hatte in kluger Voraussicht Jerusalems Stadtmauern verstärken und einen Tunnel zur Sicherung der Wasserversorgung im Belagerungsfall graben lassen. Er hatte sogar seine Fühler zu den Erzfeinden der Assyrer ausgestreckt, um sich gegen Sanheribs Angriffe zu wappnen. Deshalb war es zu Verhandlungen mit dem äthiopischen Pharao Schabaka gekommen. In Jerusalem trafen damals die fremdländisch anmutenden Gesandten ein, um auszuloten, wie ägyptenfreundlich der Hofstaat Hiskijas tatsächlich gesinnt sei. Dort nämlich rivalisierten unter den Beratern des Königs zwei Richtungen miteinander: Diejenigen, die Ägypten stark redeten und auf die Unterstützung des Pharao gegen assyrische Angriffe hofften. Und diejenigen, die davor warnten, der Übermacht Assyriens die Stirn zu bieten. Sie alle führten am Hofe die gleichen Diskussionen wie die Höflinge der Nachbarkönige. Überall stellte man sich nämlich die Frage, ob man sich der assyrischen Macht besser unterwerfen oder sich ihr entgegenstemmen sollte. Der König von Aschdod hatte sich entschieden, gegen Assyriens Tributforderungen aufzubegehren. In Aschkalon hatte eine antiassyrische Gruppe gegen den assyrerfreundlichen König geputscht. Und in Ekron war der proassyrische König abgesetzt worden.[68]

Welche Entscheidung sollte man nun in Jerusalem treffen? Zu denjenigen, die vor der Macht Assyriens und der Kraft der assyrischen Truppen warnten, zählte auch ein Mann namens Jesaja, als Angehöriger der Oberschicht Jerusalems im Dunstkreis des Königshofes aufgewachsen: gebildet, diplomatisch befähigt und rhetorisch begabt. Gegen Assyrien aufzubegehren, kam ihm einem Himmelfahrtskommando gleich. Als Ratgeber am Königshof gab er seine Vorschläge zum Besten, wie der König sich auf der außenpolitischen Bühne angemessen verhalten könne. Sein Ratschlag beinhaltete stets die Warnung davor, sich vermeintlich aufstrebenden Mächten wie den Ägyptern oder den Babyloniern anzubiedern.[69] Auch mit letzteren hatte Hiskija einmal Verhandlungen geführt, aber ohne abschließenden Erfolg. Es war letztlich nie zu einer Hilfeleistung für Hiskija aus Babylonien oder aus Ägypten gekommen, die Armeen beider Länder waren einfach zu schwach, um sich gegen den assyrischen Militärstaat behaupten zu können. Damit erwies sich Jesaja als nichts Anderes als ein aufmerksamer Beobachter der Realität, wenn er empfahl, sich Assyrien unterzuordnen, die Vasallenverträge zu erfüllen und auf Jahwes Beistand zu vertrauen.[70] Deshalb riet Jesaja dazu, die ägyptischen Diplomaten Schabakas wieder nach Hause zu schicken, mit der Botschaft, dass Jahwe nicht Vorbereitungen zum Krieg treffe, vielmehr wie die Sommerhitze lähmend über dem Land stehe: »Denn so hat Jahwe zu mir gesprochen: Ich will mir alles betrachten von meinem Platz aus, unbewegt wie die glühende Hitze am Mittag, wie die Dunstwolken in der Hitze des Sommers« (Jesaja 18,4). Jesaja wählte nicht zufällig dieses Bild eines reglos über dem Land stehenden Gottes. Er wusste genau, dass König Hiskija auf seinen Siegeln die geflügelte Sonnenscheibe trug, darüber den Schriftzug »für den König«.[71] Hiskija hatte sich immer gern dieser alten jerusalemischen Tradition eines starken Sonnengottes bedient. Jesaja nahm dies auf und entwarf ein Bild, wonach Jahwe keine Kriegsaktivität anstrebe und das ägyptische Heer keinerlei Durchschlagskraft habe. Jesaja riet zur Ruhe, zum Abwarten: »Nur in Umkehr und Ruhe liegt eure Rettung, nur Stille und Vertrauen verleihen euch Kraft« (Jesaja 30,15). Denn Assyrien sei unschlagbar, wie Sturm und Überschwemmung, die das Land in zertrampeltem Matsch hinterlassen (Jesaja 28,18–19). Seit Jahrzehnten galten die assyrischen Reitertruppen als unbesiegbare militärische Übermacht. Von Ägypten sei hier keine Hilfe zu erwarten: »Weh denen, die nach Ägypten ziehen, um Hilfe zu finden, und sich auf Pferde verlassen, die auf die Menge ihrer Wagen vertrauen und auf ihre zahlreichen Reiter. Auch der Ägypter ist nur ein Mensch und kein Gott, seine Pferde sind nur Fleisch, nicht Geist. Streckt Jahwe seine Hand aus, dann kommt der Beschützer zu Fall, und ebenso fällt auch sein Schützling; sie gehen alle beide zugrunde« (Jesaja 31,1.3). Wiederholt warnte Jesaja davor, sich vertrauensvoll der ägyptischen Unterstützung hinzuwenden und gegen die Assyrer aufzubegehren. Er riet vielmehr zum bewussten militärischen Verzicht, zur Zurückhaltung bei Bündnissen und zum Abwarten auf Jahwes Unterstützung. Jesajas Prophezeiungen und Ratschläge waren von höchstem Vertrauen in den Nationalgott gekennzeichnet. In solcher Hinsicht verkündete der Prophet also durchaus auch Heil – dies unterschied ihn von Amos, der einst ausschließlich den Untergang prophezeit hatte. Nach Jesaja sei der Untergang durchaus zu vermeiden, wenn man sich nur recht und moralisch konsequent verhalte.

Ein etwas jüngerer Zeitgenosse Jesajas war Micha aus dem Dorf Moreschat an der Grenze des Landes. Er ergriff ebenfalls während der Regierungszeit Hiskijas öffentlich das Wort, weil er angesichts sozialer Missstände nicht mehr schweigen wollte. Die Habgier der Reichen und ihr Desinteresse daran, die Lebenssituation der Armen zu verändern, brachten ihn dazu, bittere und beißende Anklagen zu formulieren und offen mit einem Einbruch von Feinden in das Land zu drohen, dem Untergang der judäischen Zivilisation: »Darum wird Zion euretwegen zum Acker, den man umpflügt, Jerusalem wird zu einem Trümmerhaufen, der Tempelberg zur überwucherten Höhe« (Micha 3,12). Dort, wo einst das Zentrum des judäischen Staats war, würde demnächst kein Stein mehr auf dem anderen stehen, würden Bauern die Natur beackern anstatt Menschen in Kultur zusammenleben. Diese Ankündigung, dass die prachtvollen Bauten Jerusalems dereinst zusammenbrechen und verwildern würden, hatte eine ganz besondere Stoßrichtung. Denn die Landbevölkerung, zu der eben auch Micha zählte, wurde von den königlichen Beamten für den Ausbau ebenjener Gebäude zwangsrekrutiert, deren bevorstehenden Verfall Micha voraussagte. Micha sprach provokativ von Blut und Unrecht, mit denen die Umgestaltung Jerusalems bezahlt worden ist. Er benannte Enteignungen und rücksichtsloses Verhalten von Militärkommandanten gegenüber der eigenen Bevölkerung.[72] Er beklagte sich über Richter, die sich bestechen lassen und Recht eben nicht sprechen.[73] Weil seine wenigen Worte prägnant und deutlich waren, behielten die Menschen sie im Gedächtnis, bewahrte man sie auf, erzählte sie weiter und schrieb sie irgendwann nieder. Diese Worte zeichneten das Bild einer zutiefst gespaltenen Gesellschaft unter König Hiskija, in der sich die Abgehängten nicht mehr wahrgenommen fühlten und die Reichen die Bedürfnisse und Nöte der Anderen nicht mehr wahrnahmen.

Nicht zuletzt deshalb entwickelten sich in Hiskijas Reich zunehmend Tendenzen, durch gesetzliche Vorschriften Ordnung zu schaffen und Anordnungen in einem Rechtsbuch zu sammeln. Die von Amos, Hosea und Micha in Gang gesetzte Bewegung der Sozialkritik fand doch allmählich Niederschlag. Nicht nur, dass deren Worte nach und nach niedergeschrieben und bisweilen aktualisiert wurden, ihre Stoßrichtung fand langsam Eingang in eine Art von Gesetzgebung. Die Flüchtlinge aus dem Nordreich hatten ihre Gesetze mitgebracht, sie wurden mit den Vorschriften im Südreich abgeglichen und in einem gemeinsamen Buch gesammelt. In einem kunstvollen Aufbau verfassten geschickte Schreiber nun ein Buch, das Gesetze zum Schutz von Sklaven, Armen und Fremden enthielt, Regelungen zur Schuldsklaverei, Benennung von todeswürdigen Verbrechen, Vorschriften zum Kultrecht und zum Asylrecht und vieles Andere mehr. Hier trafen profane Rechtsvorschriften auf sakrale Gesetze, Sozialgesetze auf Vorschriften zum Umgang mit Kapitalverbrechen. Formuliert war das Ganze als eine Gottesrede an das Volk Hiskijas, der sich jetzt erstmals als König *aller* Jahwe-Verehrer verstand und präsentieren wollte. Zwischen diesen und ihrem Gott war nun ein Vertrag, ein Bund geschlossen. Jene Rechtssammlung, die jetzt unter König Hiskija entstand, bildete so etwas wie ein Bundesbuch, in dem das Verhalten des Volks untereinander und ihrem Gott Jahwe gegenüber beschrieben ist.[74]

Dieses Buch präsentierte seiner Leserschaft Beschreibungen von sehr konkreten juristischen Einzelfällen: Immer wieder wurde zuerst ein exakter Straftatbestand beschrieben oder ein Schaden definiert, anschließend das daraus resultierende Urteil formuliert. Je nach Fall wurden auch detaillierte Unterscheidungen festgelegt. So hieß es beispielsweise: »Wenn ein Rind einen Mann oder eine Frau so stößt, dass der Betreffende stirbt, dann muss man das Rind steinigen und sein Fleisch darf man nicht essen; der Eigentümer des Rinds bleibt aber straffrei. Hat das Rind aber früher schon gestoßen und hat der Eigentümer, obwohl man ihn darauf aufmerksam gemacht hat, auf das Tier nicht aufgepasst, sodass es einen Mann oder eine Frau getötet hat, dann soll man das Rind steinigen und auch sein Eigentümer muss sterben. Will man ihm stattdessen eine Sühneleistung auferlegen, soll er als Lösegeld für sein Leben so viel geben, wie man von ihm fordert. ... Stößt das Rind einen Sklaven oder eine Sklavin, soll der Eigentümer dem Herrn dreißig Silberschekel zahlen; das Rind aber soll gesteinigt werden« (Exodus 21,28–32). In solcherlei Fällen hatten die königlichen Schreiber bisweilen recht exakt Vorlagen übernommen, die sie aus anderen Rechtstexten ihrer Nachbarvölker kannten. Auch im berühmten Codex Hammurapi fanden sich Regelungen zu einem »stößigen Rind« (§§ 250–252): Wenn ein Rind einen Menschen stößt und ihn tötet, erwächst daraus zunächst kein Rechtsanspruch, es sei denn das Rind war als aggressiv bekannt und sein Besitzer hat ihm dennoch nicht die Hörner gestutzt. Dann musste der Besitzer im Todesfall eine Ausgleichszahlung leisten. Handelte es sich bei dem Getöteten um einen Sklaven, war jedoch nur ein Drittel der Summe fällig. Solch bewährte Vorgehensweisen, die von altersher das Zusammenleben in einer agrarisch geprägten Gesellschaft regelten, mussten nicht überarbeitet werden, sondern konnten von den Schreibern am Hofe Hiskijas einfach übernommen und schriftlich festgehalten werden. Und so stellte die Sammlung der Rechtsregelungen im Bundesbuch das Ergebnis einer Fixierung von altem Gewohnheitsrecht in einer übersichtlichen Zusammenstellung dar.[75]

Die Zeit unter König Hiskija war insofern eine Zeit des Umbruchs. Gesellschaftlich musste die Gruppe der Flüchtlinge aus dem Norden integriert werden. Politisch musste die Frage geklärt werden, welche Bündnisse mit mächtigen Nachbarn zukunftsfähig waren. Theologisch entstanden neue Schriften, wie das Bundesbuch, und alte Schriften, wie die Prophetenüberlieferungen oder die Stammelternerzählungen, mussten aktualisiert, überarbeitet und neu zusammengefügt werden.

(K)ein Held der guten alten Zeit

Joab watete durch tiefen Morast, obwohl er sich schon ganz nah an den Hauswänden entlang vorwärts bewegte, um nicht in dem viel tieferen Schlamm in der Straßenmitte zu versinken. Die heftigen Regengüsse der letzten Tage hatten die Wege zwischen den Häusern aufweichen lassen. Direkt vor ihm stapfte David Ben Isai, sein Onkel und sein Anführer, durch den Matsch bergauf. Missmutig wich er den Schafen, Eseln und Ziegen aus, die von ihren Besitzern nicht in die Häuser hineingeholt worden waren. Die kleinen Häuser aus Lehm hatten schmale, nach oben offene Höfe, in denen eigentlich die Tiere gehalten werden sollten. Aber nur wenige Besitzer hielten sich tagtäglich an diese Vorgabe. Als die beiden oben, kurz vor der Hügelkuppe, das aus Steinen erbaute Haus erreichten, kehrten sie in dessen Hof ein. Holzpfosten hielten das strohgedeckte Vordach. Hühner rannten aufgeregt im Hof herum, weil Benaja Ben Jojada aus lauter Langeweile wieder einmal die Tiere als Zielscheibe für die Wurfübungen mit seinen Dolchen missbrauchte. Trotz dessen rabiater Art mochte David diesen streitbaren und skrupellosen Kerl, weil er sich für keine Drecksarbeit zu schade war. »Du bist der Anführer all meiner Männer, die mein Leben bewachen«, pflegte David zu Benaja zu sagen. Neben ihm trieb sich noch Joabs Bruder Asael im Hof herum. Er war nicht von der entschlossenen Brutalität wie Joab, auch bei Weitem nicht so machtgeil. Dennoch gehörte er zum innersten Zirkel von Davids Männern.

David ging zielsicher auf einen breiten Holzstuhl zu und setzte sich auf den verwitterten Thron. Joab fläzte sich auf einen Strohhaufen neben seinen Bruder. Benaja hörte nicht auf, die Hühner aufzuschrecken. Wie so häufig ging es bei den Männern nun darum, einen Plan für die nächsten Tage zu schmieden: Die Bewohner der Stadt erwarteten, dass David ihnen etwas Essbares bereitstellte, sie mit Nahrung ausstattete. Ihre Schalen und Trinkhörner blieben zuletzt immer häufiger leer, seit David mit seiner Bande die Kontrolle in der Stadt übernommen hatte. Jerusalem und die umliegenden Höfe waren zu klein, um alle Einwohner mitsamt Davids Neuankömmlingen, die jetzt überall herumlungerten, zu ernähren. Nur wenige Bauernhöfe und Äcker lagen in der unmittelbaren Nähe, weshalb Davids Blick schon häufig nach Norden gewandert war. Dort, wo die rauen Gebirgszüge endeten, lagen fruchtbare Täler mit ertragreichen Getreidefeldern. David besprach mit seinen Jungs den Plan, die Dörfer und Orte im fruchtbaren Landstrich nördlich Jerusalems aufzusuchen, um dort etwas zu erbeuten.

Entschlossen erhob sich David und rief all seine Männer zusammen. Bewaffnet mit spitzen Dolchen, scharfen Krummschwertern und hölzernen Speeren stiegen jetzt die Banditen den schmalen Hügelkamm weiter hinauf. Auf der Hügelkuppe wendeten sie sich leicht nach Norden und gingen zwischen den beiden schmalen Tortürmen hindurch, die sich unter mächtigen Zedern bückten. Auf dem freien Platz dahinter befanden sich einige Wasserbecken, daneben standen Mazzeben, aufgerichtete Heilige Steine, durch die die Anwesenheit des Göttlichen an dieser Stelle versinnbildlicht war. Kurz vor dem steilen Abhang dahinter stand der aus aufeinander geschichteten Steinen bestehende Altar. Auf diesem Platz hier, unter freiem Himmel hielten die Bewohner Jerusalems regelmäßig ihre Kultfeiern ab. Hier wollte David nun spüren, ob sein Gott dem Plan zustimmen würde, die Dörfer im Norden unter Kontrolle zu bringen. Seit altersher waren Jerusalems Einwohner der Ansicht gewesen, dass der Herrscher ihrer Stadt stets in besonderer Nähe zum Göttlichen stand, seine Herrschaft für die Ewigkeit gemacht sei.[76]

Doch David haderte damit, er fühlte den Zwiespalt zwischen solcher Ewigkeit einer Herrschaft und seiner nach kurzfristiger Beute heischenden Banditenbande. Sein Gott, den er verehrte, war ein auf Kriegszügen unterstützender Gott, ein Gott des Kampfes, den sich David als persönlichen Schutzgott erwählt und mit nach Jerusalem gebracht hatte.[77] Sein Gott war kein Garant der Ewigkeit. In dieser inneren Zerrissenheit stand David umgeben von seinen Männern oben auf der Bergkuppe, in der Mitte dieses Freilichtheiligtums, des Kultplatzes ohne Tempelhaus. Er schaute hinab auf Jerusalem, das nichts anderes war als ein befestigtes Dorf auf einem Hügelkamm und dessen Hängen. Jerusalem war weniger eine Stadt als eine Ansammlung von Hütten und einfachen Häusern, die sich an den Berg schmiegten, auf dessen Kuppe sich jene uralte Kultstätte befand. David hatte sich diesen Ort als Rückzugsplatz gewählt, weil sich von hier aus das dünn besiedelte Umland gut kontrollieren ließ. Hier war er sicher, von hier konnte er schnell jeden Ort erreichen. Jerusalem war nichts anderes als eine kleine Bergfestung mit kaum mehr als tausend Bewohnern. Verwaltungsgebäude, Getreidesilos oder Soldatenkasernen waren hier nicht zu finden, lediglich der heilige Bezirk oben auf dem Hügelkamm machte den Ort zu etwas Besonderem. Aber wirklich weitreichende Macht ließ sich von diesem vergleichsweise kleinen Ort nicht ausüben. Deshalb beschränkte sich Davids Einfluss auf rasche Übergriffe in der näheren und weiteren Umgebung, für die er immer wieder einzelne Kämpfer rekrutierte. Doch über eine richtige Berufsarmee verfügte David nicht, auch nicht über Verwaltungsbeamte, Ordnungsstrukturen oder Arbeitskräfte.[78]

Suche nach den eigenen Wurzeln

Die Zeit und vor allem die Person Davids erweckten fast drei Jahrhunderte nach dem Tod des Helden das Interesse des Königshofes in Jerusalem. Dort war man gerade fieberhaft auf der Suche nach einer Figur aus der Vorzeit, die den Stoff für einen Orientierungshalt vorgeben konnte. Am Hof des Königs Hiskija arbeitete man, wie schon gesehen, an einem umfassenden Gesetzbuch, das sowohl Rechtstraditionen aus dem Nordreich als auch aus dem Südreich aufführen sollte. Hiskija wollte und musste die Flüchtlinge aus dem Nordreich kulturell und gesellschaftlich integrieren, wenn er weiterhin ein geeintes Reich durch die Wirren der Zeit führen wollte. Innenpolitische Spannungen konnte er sich nicht leisten, wenn von außen ständig die Gefahr eines assyrischen Übergriffs drohte. Deshalb musste es dem Beraterstab am Hofe des Königs wichtig werden, Einheit zu demonstrieren und Einheit zu schaffen zwischen Flüchtlingen aus dem Norden und den Einheimischen aus dem Süden. Der gemeinsame Glaube an den Gott Jahwe bot hier einen gewissen Ansatz. Er deutete immerhin an, dass gemeinsame Wurzeln bestehen – diese Wurzeln müssten nur gefunden, ausgegraben und öffentlich gemacht werden. Und so richtete man am Hof Hiskijas erstmals einen vorsichtigen Blick zurück in die Vergangenheit, begab sich auf die Suche nach Ursprüngen, die allen Untertanen im Reich gemeinsam waren.

Hiskijas Hof erstellte jetzt eine Annalensammlung, eine Art Chronik, einen Rückblick in die Geschichte der Könige vor Hiskija. Einige Daten lagen den Schreibern am Hof in zuverlässiger Form vor. Über Hiskijas direkte Vorfahren konnten sie aus eigenem Wissen berichten: über seinen Vater Ahas, dessen Regierungsdaten, dessen Geburt, dessen Grab. Auch über Hiskijas Großvater Joram lagen solche Daten vor oder konnten rekonstruiert werden. Und so arbeiteten sich die Schreiber am Hofe Hiskijas langsam in der Geschichte des Südreiches zurück, verfassten eine Chronik der Könige, in der sie formelhaft die Namen und andere Daten aufführten. Auf diese Weise verfassten sie ein Buch über die Könige, in dem sie für alle Regenten des Südreiches ein beinahe formelhaftes Schema verwendeten, bei dem nacheinander meist folgende Angaben aufgeführt werden konnten: das Alter des Königs bei seiner Thronbesteigung, die Regierungsdauer, der Name der Mutter, schließlich ein Verweis auf ein Annalenbuch, aus dem diese Daten stammen und weitere nachgelesen werden könnten, sowie eine Notiz zu Tod, Grablage und Nachfolger des Königs.[79] Zu Joram beispielsweise, dem Großvater Hiskijas, notierten die Schreiber Hiskijas dann: »Er war fünfundzwanzig Jahre alt, als er König wurde, und regierte sechzehn Jahre in Jerusalem. Seine Mutter hieß Jeruscha und war eine Tochter Zadoks. ... Die übrige Geschichte Jorams und seine Taten sind aufgezeichnet in der Chronik der Könige von Juda. ... Joram aber entschlief zu seinen Vätern und wurde bei seinen Vätern in der Stadt seines Vaters David begraben. Sein Sohn Ahas wurde König an seiner Stelle« (2 Könige 15,33.36.38).

Etwas schwieriger war es für die Jerusalemer Schreiber, die Regierungsdaten der Könige aus dem Nordreich zu rekonstruieren. Sie gaben sich alle Mühe, einige Regierungszeiten aus dem Nordreich mit denjenigen aus dem Südreich zu verzahnen. Da hieß es dann zum Beispiel bei König Hiskija, dass sein Regierungsantritt in das dritte Jahr des Königs Hoschea von Samaria fiel (2 Könige 18,1), oder umgekehrt verfasste man über den Regierungsantritt eben dieses Hoschea den Eintrag: »Im zwölften Jahr des Königs Ahas von Juda wurde Hoschea Ben Ela in Samaria König von Israel« (17,1). Über die Könige des Nordreiches lagen den Schreibern im Südreich die Informationen nicht ganz so detailliert vor wie bei Hiskijas Vorgängern. Deshalb konnten sie in den Aufzählungen der Könige des Nordreiches etwa die Namensangaben der Königsmütter nicht aufführen. Dennoch gelang es ihnen, eine Liste der Könige des Nordreiches sowie deren Regierungsdaten bis hin zum Staatsgründer Omri fast zweihundert Jahre vor Hiskijas Zeit zu erstellen.[80]

Bisweilen gab es allerdings auch Datenlücken, zu denen sich in keinerlei Archiven Informationen ausfindig machen ließen. Dann konnten einige Regierungszeiten nicht mehr exakt bestimmt werden, ja manchmal lagen nicht einmal mehr die Namen der Regenten in den Archiven vor. Man ergänzte sie aus dem Gedächtnis, zur Not mussten sie eben erfunden werden. Und angereichert wurden die trockenen Aufzählungen durch zusätzliche Geschichten, Erzählungen und Legenden. Über Ahas konnten die Schreiber beispielsweise detailliert berichten, wie er von benachbarten Königen unter Druck gesetzt wurde und sich nur durch einen Hilferuf an den assyrischen Großkönig Tiglat-Pileser befreien konnte (2 Könige 16,5–9). Oder auch die Geschichte darüber, wie Ahas den Tempelaltar und das Tempelgelände nach Vorbild assyrisch-aramäischer Architektur modernisieren ließ (16,10–18), diente zur Auflockerung der langatmigen formalen Konigsaufzählung.

Je weiter die Schreiber in der Historie zurückschritten, um so ungenauer wurden die vorliegenden Informationen und um so mehr entschieden sich die Verfasser der Königsbücher, die Erzählungen legendenhaft auszugestalten. Deutlich legten sie zum Beispiel bei der Rekonstruktion des Lebens von König Salomo Hand an. Kurzerhand ließen sie eigene Erfahrungen in ihren historischen Rückblick einfließen. Soeben hatten die Schreiber am Hofe Hiskijas den glanzvollen Besuch einer südarabischen Prinzessin erlebt. Der war Teil der außenpolitischen Aktivitäten König Hiskijas gewesen. Der König pflegte regelmäßig solche Kontakte auf dem diplomatischen Parkett, um am lukrativen Fernhandel teilhaben zu können und Gewinne abzuschöpfen. Der Gewürzhandel mit Arabien versprach dabei besonders hohe Steuer- und Zollgewinne. Die Karawanen der aneinander gebundenen Lasttiere verbanden die fremden Reiche über tausende Kilometer hinweg, hier wollte Hiskija nicht im Abseits stehen. Dies war vor über zweihundert Jahren, zu Zeiten von König Salomo, anders gewesen: Einen Karawanenhandel über weite Strecken gab es damals noch nicht, auch traten in Südarabien damals keine Frauen in herrschenden Positionen auf. Dennoch ließen die Annalenschreiber Hiskijas den soeben erlebten Besuch einer arabischen Prinzessin Pate stehen für ihre Erzählung über den sagenhaften Besuch der Königin von Saba aus Südarabien bei Salomo (1 Könige 10,1–13). Und so staunten die Leser der Königsannalen über einen legendären Besuch einer fremden Königin bei Salomo, der dem soeben selbst erlebten Besuch einer fremden Prinzessin bei Hiskija bemerkenswert ähnelte.[81]

Auch mit Hilfe solcher phantasiereicher Ausstaffierungen in den Annalen bemühten sich die Schreiber Hiskijas an allen Stellen ihres historischen Rückblicks, die Geschichte der Könige zu rekonstruieren, mit Erzählungen und Traditionen zu bereichern und so eine verschränkte Annalenchronik der Könige im Nordreich und im Südreich zu erstellen. Es ging ihnen und dem König des einzig verbliebenen Reiches der Jahwe-Verehrer darum, das Volk aus Flüchtlingen und Einheimischen zu einen, indem man gemeinsame Wurzeln beschrieb, um Einheit und Identität zu stiften, die Gewähr bieten sollten für einen prosperierenden Staat. Diese Vorgehensweise war keine Erfindung der Schreiber am Hofe Jerusalems. Sie war im antiken Orient nicht ungewöhnlich. Auch Ägypter, Assyrer oder Babylonier erstellten an ihren Höfen Annalen, mit deren Hilfe dem Volk die besondere Bedeutsamkeit des herrschenden Königs oder seiner Dynastie oder seines Gottes bewusst gemacht werden sollte. Auch die Könige kleinerer Reiche waren sich der Macht von Worten bewusst, weshalb etwa König Mescha von Moab, einem kleinen Nachbarreich der Israeliten, auf einer Stele die Chronik seiner kriegerischen Erfolge während seiner Amtszeit auflistete, nachdem er Regierungsdauer und Name seines Vorgängers benannt hatte.[82] Die Schreiber Hiskijas hatten die Art, ihre Annalen zu verfassen, bei ihren Nachbarn abgeschaut.

David

Die Schreiber am Hofe Hiskijas verwendeten also erhebliche Mühe darauf, eine Geschichte der Könige des Nordreiches wie des Südreiches zu erstellen und beide miteinander zu verschränken. Trotzdem fehlte ihnen noch die gemeinsame Wurzel, auf die sich die Flüchtlinge aus dem niedergegangenen Nordreich und die Einheimischen aus Hiskijas Reich zusammen beziehen konnten. Das einigende Band fehlte noch. Die Schreiber fanden es in David, jenem legendären Begründer des Südreiches, der gute drei Jahrhunderte vor Hiskijas Zeit gelebt hatte und dessen Leben und Werdegang interessanterweise so viele Parallelen zur Person des Omri aufwies, dem Begründer des Nordreiches. Beide Männer hatten sich als Armeegeneräle mit Hilfe ihrer Truppen an die Spitze ihres Reiches gesetzt, beide hatten anfänglich einen Gegenkönig überwinden müssen, beide hatten eine neue, eigene Hauptstadt für ihr Reich bestimmt und beide hatten das Einflussgebiet ihres Reiches deutlich ausgedehnt.

Am Anfang der Karriere Davids stand eine Räuberhöhle. Vor wem auch immer, David musste jedenfalls vor Verfolgung in die Wüste fliehen und traf dort – in der Höhle Adullam – auf viele andere »Outlaws«: Banditen, Schurken, Wegelagerer, Gauner, Rebellen, Spitzbuben, die aus der Zivilisation fliehen mussten, weil sie sich in irgendeiner Form an der Gesellschaft vergangen hatten. David wurde rasch ihr Anführer (1 Samuel 22,2)[83]. Solche Gruppen gab es im unzugänglichen Bergland Palästinas seit Jahrhunderten zuhauf. Immer wieder hatten sich Menschen gezwungen gesehen, aus den Städten und Ortschaften auszuwandern, sei es um einer Verfolgung zu entgehen, sei es aufgrund einer finanziellen Notsituation, wenn ihnen die Schuldsklaverei drohte. Diese zumeist aus der Unterschicht der Gesellschaft stammenden Menschen zogen sich in die Wälder, Berge und Höhlen Palästinas zurück, lebten ohne Grundbesitz am Rande der Gesellschaft und versetzten die Städte, die Dörfer und die Reisenden durch ihre gelegentlichen oder regelmäßigen Überfälle in Angst und Schrecken. Stadtfürsten Palästinas warnten immer wieder vor diesen gefährlichen Plünderern.[84]

David anerkannte niemanden als seinen Herrn, wechselte willkürlich von der einen Seite auf die andere, je nachdem, wo der Profit für ihn und seine bewaffnete Bande am höchsten erschien, damit sie weiter überleben, oder besser: sich durchschlagen, konnten. So entwickelte er sich zu einem Söldnerführer, der sich von wechselnden Herren beauftragen ließ, im Land des jeweiligen Feindes Unruhe zu stiften (1 Samuel 27,6.8–9; 30,26). Davids Guerillatruppe war verwegen, gefährlich, brutal, unberechenbar bis illoyal, aber dennoch bei den ungeschützten Bewohnern des südpalästinischen Berglandes beliebt, weil David seine Beute bisweilen an sie verteilte oder ihre Weiler gegen fremde Banden von Plünderern oder gegen Soldaten verteidigte, bevor er sich wieder in seine Verstecke zurückzog (23,5.13). Auf diese Weise hielt er sich bei den Bauern und den armen Menschen des Berglandes den Rücken frei und formte sich eine Art Operationsbasis. Wehe jedoch dem, der sich gegen die Bande auflehnte, wenn David seinen »Schutzzoll« einforderte. Dann konnte es passieren, dass der verwegene Banditenführer rücksichtslos Gewalt anwendete, vor Mord und Totschlag nicht zurückschreckte und sich gar die frische Witwe zur Frau nahm (25,4–13). Man muss sich den jungen David wie eine Mischung aus Billy the Kid, Robin Hood und Klaus Störtebeker vorstellen.

Der »junge Wilde« wurde älter, aus dem unsteten Banditenchef wurde ein umsichtiger, sein Macht- und Einflussgebiet ständig vergrößernder Truppenführer. Zunächst wählte er das Dorf Hebron in den palästinischen Bergen als Machtzentrum. Er schmiedete Koalitionen, von einem Abkommen mit den benachbarten Philistern profitierten er und die Philister gleichermaßen.[85] In dem dünn besiedelten Bergland war es für einen beherzten Befehlshaber, der eine loyale Bande anführte, nicht schwierig, mit wenigen treuen und gut bewaffneten Söldnern Macht und Einfluss zu erlangen und zu halten. Davids Blick richtete sich bald gegen Norden und fiel auf die bedeutende Stadt Jerusalem: strategisch günstig gelegen, mit einer befestigten Zitadelle garniert und durch eine stetige Quelle ständig mit Frischwasser versorgt. Jerusalem war von altersher politischer und auch kultischer Mittelpunkt des südlichen Berglands Palästinas. Der Name dieser uralten Stadt wies sie als »Gründung des Gottes Salem« aus, einem syrischen Sonnengott, der hier schon seit langer Zeit in einem Kult verehrt wurde. Von dieser Stadt ließ sich das umliegende Bergland gut und erfolgversprechend kontrollieren. David eroberte mit seinen Männern die Stadt und verlagerte nun seine Operationsbasis dorthin.[86] Seine besten Soldaten, seine fähigsten Berater nahm er mit in die Stadt, die er sich zu eigen machte (2 Samuel 8, 16.18; 23, 24.39). Von hier aus regierte David nun über ein Territorium, deren Einwohner er durch Einschüchterung und gewalttätige Übergriffe gefügig machte.[87]

Ein solcher Aufstieg eines beherzten Bandenführers zu einem Regionalherrscher war nicht unbedingt ungewöhnlich. Die ägyptischen Archive wissen von einem Warlord namens Abdi-Aschirta zu berichten, der von einem Bergdorf aus als Guerillabandit Raubzüge unternahm, sein Einflussgebiet immer weiter vergrößerte, später ganze Städte eroberte und schließlich seinem Sohn Aziru ein lokales Reich hinterließ, das wechselnde Koalitionen mit den Ägyptern und den Hethitern einging.[88] David reihte sich also in eine Reihe vergleichbarer Herrscher ein. Und Omri verhielt sich später nicht anders. Auch er vergrößerte ständig sein Einflussgebiet, das er von dem Hügel Samaria aus, wohin er seine neue Hauptstadt verlegt hatte, kontrollierte.

Mit der Eroberung Jerusalems dürfte sich David noch nicht zufrieden gegeben haben. Der Hunger nach Ausdehnung des Machtbereichs blieb ungestillt. Doch im Osten seines Reiches bildete das Tote Meer eine natürliche Grenze, im tiefen Süden die Wüsten und Halbwüsten, und im Westen hatte seine Guerillatruppe gegen die gut befestigten Städte der Küstenebene wenig Möglichkeiten, erfolgreiche Beutezüge zu starten. Aber die Dörfer und die kleinen Städte nördlich Jerusalems, in den fruchtbaren Tälern und auf der weiten Hochebene, die sich im Norden erstreckte, gelegen, boten für David ein lohnenswertes Ziel. Dort regierte Ischboscheth Ben Saul (2 Samuel 2, 8–9).[89] Ihm machte David die Ortschaften und Landstriche mehr und mehr durch seine bewährte Taktik streitig, es kam zu Konflikten und Auseinandersetzungen, bis sich Davids Einflussbereich immer weiter in den Norden erstreckte. Selbstverständlich gingen dann umgekehrt von dort auch einige Aufstände gegen Davids räuberische Herrschaft aus. Zunehmend verzichtete David nämlich auf seinen Rückhalt bei Bauern und Armen in den Dörfern, die er einst am Gewinn seiner Raubzüge beteiligt hatte, und benahm sich stattdessen wie ein fürstlicher Gutsherr, der sich von seiner Basis entfremdet hat. Dies erzeugte Widerstand, beispielsweise bei einem Rebell namens Scheba oder auch bei Davids eigenem Sohn Abschalom (15, 10.12). Jedoch konnte David solcherlei Aufruhr stets erfolgreich zerschlagen. Als Anführer eines Clans, dessen Einflussbereich schließlich einen sehr weiten Zirkel umfasste, starb David in Jerusalem (1 Könige 2,10).

Früher war alles besser

Dieser David bot sich für die Annalenschreiber des Hiskija an, um von einer glanzvollen Zeit zu erzählen, in der Südreich und Nordreich unter einem einzigen Herrscher vereinigt waren, und Hiskija als Nachfolger dieses glorreichen

Herrschers zeichnen zu können. Über Annalen aus jener längst zurückliegenden Zeit verfügten sie leider nicht mehr[90] – jedoch: eigentlich waren sie glücklich über die schlechte Quellenlage. Denn sie eröffnete ihnen die Möglichkeit, Symbole und Ideale in jene Zeit einzutragen. Sie wussten nicht, wie lange David regiert hatte. Aber ein idealer und glorreicher König muss eine lange Zeit geherrscht haben! Also gaben sie die Regierungsdauer Davids mit vierzig Jahren an (1 Könige 2,11) – eine runde, ideale und symbolträchtige Zahl an Jahren, mit der sie die Regierungsdauer einer ganzen Generation zu veranschaulichen gedachten. Die Schreiber wählten diese Zahl als Hilfskonstrukt, um die fehlende Überlieferung zu überspielen – nicht um auf diese Weise zu betrügen und die Vergangenheit zu verfälschen, sondern sie setzten so ein Zeichen, dass Davids Herrschaft lang und auf eine ganze Generation wirkend währte.[91]

Die Schreiber am Hofe Hiskijas, die die Geschichte ihres Reiches in einem Rückblick rekonstruieren wollten, wiesen sogar eigens darauf hin, dass sie im Falle Davids nicht auf Informationen aus Annalen zurückgreifen konnten. Während sie bei anderen Königen des Nordreiches wie des Südreiches immer wieder anmerkten, dass weitere Taten des jeweiligen Königs in den »Büchern der Annalen der Könige Israels bzw. Judas« zu finden seien, verzichteten sie bei David auf solch einen Ausdruck. Dass ihnen über Davids Regierung keine chronistischen Überlieferungen vorlagen, ist verständlich, wenn es sich bei David um einen lokalen Häuptling oder Banditenführer handelte, der keine königliche Verwaltung aufgebaut hatte.

Vielmehr war es so, dass Davids Lebensgeschichte und seine mutigen Handlungen zunächst mündlich von Generation zu Generation weitergegeben wurden. Dabei blieben die Erzählungen nicht unverändert, beim Weitererzählen wurden Einzelheiten ausgeschmückt, Elemente übertrieben, Ausschnitte fallengelassen. Es mischten sich zuverlässige Erinnerungen und authentische Angaben mit sagenhaften Legenden und volkstümlichen Heldengeschichten,[92] bis nach etwa zweihundert Jahren zumindest die Oberschicht des Landes mehrheitlich des Schreibens und Lesens kundig war und die alten Erzählungen über den legendären König David endlich schriftlich festgehalten wurden.[93] Dies geschah am Hof des Königs Hiskija, der aus bekannten Gründen daran interessiert war, die Geschichte seines Reiches und des benachbarten, aber untergegangen Nordreiches schriftlich festzuhalten und Gemeinsamkeiten zu betonen. Eine nationale Chronik sollte die beiden Teile der Gesellschaft im Reiche Hiskijas zu einer Einheit zusammenbinden. Aus Flüchtlingen des Nordens und Einheimischen des Südens sollte das eine Volk Jahwes unter dem einen König Hiskija werden.

Der Aufstieg des einfachen Banditenführers David – einem Mann des Volks, der sein Schicksal mutig in die Hand genommen hatte, mit Entschlossenheit das Beste aus seiner Situation gemacht hatte und über den viele Legenden im Umlauf waren – eignete sich bestens, um den Menschen in Hiskijas Reich eine beeindruckende Führungsgestalt aus ihrer Vergangenheit vorzustellen. Und noch dazu: Hiskija konnte sich zum Nachfahren dieses Vorbilds zählen, er war Teil der davidischen Dynastie. Zumindest gaben dies die Recherchen seiner Schreiber am Hof her. Auf den Dynastiegründer, der über zweihundert Jahre vor Hiskija Herrscher über Jerusalem gewesen ist, konnte und wollte sich Hiskija zurückbeziehen. Dieser Vater der königlichen Dynastie sollte von den Schreibern am Königshof in einem Gründungsepos des Staates als Held des Anfangs gezeichnet werden.[94] Dadurch konnte Hiskija seinem Machtanspruch, König aller Jahwe-Gläubigen zu sein, einen schillernden Anstrich verleihen. Dem König gelang auf diese Weise eine Art von historischer Legitimierung seines Amtes und dies letztlich in Form einer gewissen Selbstdarstellung, da David von Hiskijas Schreibern schließlich als Urahne des amtierenden Königs geschildert wurde. Und dieser Urahn sollte einst von Jerusalem aus über das Südreich und das Nordreich – oder zumindest Teile davon – regiert haben.

So hatte man zu Hiskijas Zeiten also in David das Ideal des Königs gefunden und als gemeinsame Wurzel von Nordreich und Südreich beschrieben. Hinter den seit langer Zeit mündlich weitergetragenen und nun schriftlich fixierten Legenden und Geschichten über David trat der Staatsgründer des Nordreiches, Omri, der etwa eineinhalb Jahrhunderte vor Hiskija gelebt hatte, begreiflicherweise zurück – verständlich aus der Perspektive der Schreiber des Hiskija, die im Südreich und in Jerusalem verortet waren; aber unbegreiflich für die Flüchtlinge aus dem Norden. Deren Traditionen, Überlieferungen und Erzählungen mussten ebenso bei den Schreibern des Hiskija Berücksichtigung finden, wenn sich der König als Herrscher auch für diesen – neuen – Teil seines Volks legitimieren wollte. Und deshalb erhielt David von den Verfassern des judäischen Staatsepos einen weiteren König vor-gesetzt: Saul. Seine Geschichten in der Bibel spielen an Schauplätzen, die im Nordreich zu verorten sind. Historisch betrachtet war Saul ein Stammesführer oder Häuptling im Bergland Mittelpalästinas gewesen. Im Laufe der Generationen war er im Gebiet des Nordreiches zu so etwas wie einer legendären Gestalt geworden,[95] gegen die sich David natürlich durchgesetzt haben musste, wenn er über ein geeintes Reich geherrscht haben soll. So konstruierte man am Hof Hiskijas die Erzählung des David, der aus dem Süden stammend ein Reich in Nord und Süd errichtet hatte, das die Wurzel der beiden später nebeneinander existierenden Königreiche darstellte. Der wirkliche David, dessen einstige tatsächliche Bedeutsamkeit an die Geschichten der Schreiber nicht heranreichte, war nun hinter einem Schleier verborgen, der die Zukunft des Reiches von Hiskija sicherte und die Vergangenheit ein wenig zurechtrückte.

Hinter den legendären David und seinen Sohn Salomo setzten die Schreiber Hiskijas in ihrer aufgehübschten Staatschronik die Teilung des Davidreiches in zwei Gebiete an und erklärten damit die getrennte Geschichte von Nordreich und Südreich, die erst wieder nach der Flucht vieler Bewohner des Nordreiches in den Süden unter Königs Hiskija zu einer gemeinsamen Geschichte wurde.

Entwurf des idealen Königs

Gute achtzig Jahre nach Hiskija regierte dann König Joschija in Jerusalem. Für die nun im Königreich Juda lebenden Menschen, die gerade die Gesetze Jahwes kennengelernt hatten, mussten die Geschichten von David aktualisiert werden. Erneut nahm man am Königshof die Idee auf, den Blick in die Vergangenheit zu richten und die Vergangenheit des eigenen Königreiches zu beschreiben, um den gegenwärtig lebenden Menschen eine aktuelle Botschaft zu vermitteln. Der Blick zurück hatte also nicht die Absicht, Vergangenes und Zurückliegendes aufzuzählen, sondern sollte die Gegenwart deuten.

Die Schreiber des Königs Hiskija hatten ihre Annalen mit der Absicht verfasst, der in zwei Gruppen gespaltenen Gesellschaft des Südreiches eine einigende Staatschronik zu schenken, die David als legendären Gründer der Dynastie an den Anfang stellte. Die Hofschreiber des Königs Joschija überarbeiteten nun diese Staatschronik aus der Perspektive der enthusiastischen Jahwe-allein-Verehrer. Wie schon gesehen, hatten diese Jahwe-allein-Verehrer ihr Programm in einer Schrift zusammengefasst.[96] Sie waren der euphorisierten Überzeugung, dass Glück und Erfolg des Reiches, des Königs wie auch des Einzelnen garantiert seien, wenn man nur die in dieser Schrift aufgezeichneten Gesetze Jahwes befolge.

Aus dieser Weltsicht heraus richteten die Schreiber Joschijas jetzt ihren Blick zurück auf die Könige der Vergangenheit und bewerteten sie danach, wie sehr sie sich in der Förderung des Jahwe-Kults und der Beachtung der Gesetze Jahwes hervorgetan hatten oder vermeintlich hatten. Deshalb fällte man nun Urteile über die Könige aus der überlieferten Chronik Hiskijas. Je glorreicher und glänzender ein König regiert hatte, desto stärker musste er doch unter dem Schutz Jahwes gestanden haben und desto treuer musste er Jahwe ergeben gewesen sein. Je stärker also ein König vermeintlich die Gesetze Jahwes befolgt hatte, desto glänzender stellte sich seine Geschichte dar, und umgekehrt: je größer der Ungehorsam gegenüber Jahwe, desto größer das Unheil für König und Volk. Über Joschijas Vater, König Manasse, zu dessen Zeit die fremden assyrischen Kultrituale in Jerusalem viel Anklang gefunden hatten, schrieb man deshalb: »Er tat, was böse war in den Augen Jahwes« (2 Könige 21,2). Und zu Hiskija hingegen notierten die Schreiber: »Genau wie sein Vater David tat er, was Jahwe gefiel« (2 Könige 18,3). Gehorsam, Demut und Gerechtigkeit belohnt Jahwe mit glanzvoller Zeit, so die Botschaft. Der Dynastiegründer David wurde dabei als Referenzgröße bestimmt. An dessen idealisierter Frömmigkeit wurden die Könige gemessen. Wurde das Reich von einem glanzvollen König wie David geführt, war es in den Augen der Schreiber groß und mächtig. Und deshalb schmückten die Hofschreiber Joschijas die Regierungszeit Davids mit beeindruckenden Geschichten und Erzählungen weiter aus, um zu verdeutlichten, dass bereits David vor mehr als drei Jahrhunderten ein gottgefälliges Leben geführt habe und er der von Jahwe erwählte Herrscher der Israeliten gewesen sei, der einen idealen König abgegeben habe.

Zu einer der beliebtesten und zweifellos bekanntesten Geschichten zählte die Erzählung von David und Goliat. Den Schreibern des Joschija lag dazu einst die alte Notiz vor, dass ein mit mächtiger Lanze bewaffneter Philister namens Goliat in einem Kampf besiegt worden ist, und zwar von einem Krieger Davids, der den Namen Elhanan Ben Jair trug (2 Samuel 21,19).[97] Diese knappe und einfache Notiz, die man in der Phantasie natürlich hübsch ausmalen konnte, nutzten die Schreiber am Hofe Joschijas als Grundlage, um sie zu einer breiten Erzählung auszubauen, in der Goliat zu einem nahezu unbezwingbaren Riesen wurde. Und der mutige Held hieß in der Geschichte nicht mehr Elhanan, sondern David, der in seiner Jugend den Riesen auf wunderbare Weise getötet hat (1 Samuel 17).[98] Bei der Beschreibung der Rüstung des Riesen blieben Joschijas Schreiber allerdings in ihrer eigenen Zeit verhaftet und machten sich nicht die Mühe zu recherchieren, wie die Soldaten dreihundert Jahre zuvor zu Zeiten Davids ausgerüstet waren. Der Riese trägt in ihrer Geschichte Helm, Brustpanzer und Beinschienen aus Metall, was deutlich die Soldatenausrüstung des siebten Jahrhunderts widerspiegelt.[99] Und um Davids besonderes Gottvertrauen hervorzuheben, arbeiteten Joschijas Schreiber in ihre ausgestaltete Geschichte immer wieder Hinweise auf das Vertrauen ein, das David in seinen Gott Jahwe gesetzt habe. Deshalb ließen sie David in ihrer Erzählung dem siegessicheren Riesen gegenüber die Überzeugung aussprechen, sein Gott werde ihm bedingungslos helfen: »Du kommst zu mir mit Schwert, Speer und Sichelschwert, ich aber komme zu dir im Namen von Jahwe Zebaoth, des Gottes der Schlachtreihen Israels, den du verhöhnt hast. Heute wird dich Jahwe mir ausliefern. ... Alle, die hier versammelt sind, sollen erkennen, dass Jahwe nicht durch Schwert und Speer Rettung verschafft; denn es ist ein Krieg Jahwes und er wird euch in unsere Hand geben« (1 Samuel 17, 45–47). Auf solche und ähnliche Weise wuchsen die Hiskijanischen Annalen an vielen Stellen an und wurden am Hof Joschijas erweitert um zusätzliche Berichte, die deutlich machen sollten, inwieweit sich die Könige nach David an Jahwe orientierten.

Die Schreiber am Hof Joschijas »theologisierten« die ihnen vorliegenden David-Geschichten: Sie zeichneten David als demütig gegenüber Jahwe, als einen Gesalbten Gottes, als gerechten Herrscher. Wenn sie David, den legendären Dynastiegründer, als einen Jahwe treuen König darstellten, dann verfolgten sie damit das Ziel, ihren König Joschija als würdigen Nachfolger des Idols David zu skizzieren und zu legitimieren. Wie David den übermächtigen Goliat mit Vertrauen auf Jahwes Kraft besiegen konnte, so könne sich Joschija mit Jahwes Kraft gegen die militärisch überlegenen, übermächtigen Weltreiche Ägyptens oder Assyriens behaupten – dies war es, was die Schreiber ausdrücken wollten. Jahwe stand uneingeschränkt an der Seite des kleinen David. So werde Jahwe auch uneingeschränkt an der Seite eines frommen und treuen Königs stehen. Deshalb schilderten Joschijas Schreiber ihren König auch als den frömmsten und am meisten gottesfürchtig handelnden König seit David: Er handle wie einst sein Vorfahre David, »ohne nach rechts oder links abzuweichen« (2 Könige 22, 2). Und so wuchs die Hoffnung zu Zeiten Joschijas, dass Juda das assyrische Joch ablegen könne und zu eigener Größe wachsen könne, eine Größe wie sie die Schreiber in ihrem Geschichtswerk benannten: »von Dan bis Beerscheba« (2 Samuel 3,10), von der Grenze zum Libanon im Norden bis zu den Wüstengebieten im Süden Palästinas.

Aber Joschijas Schreiber übersteigerten die Idealfigur David nicht ins Unermessliche. Sie zeigten nicht nur ideale Seiten Davids auf, sie konnten durchaus auch weniger gute Charakterzüge Davids beschreiben. In der so genannten Thronfolgegeschichte[100] (im Wesentlichen ab 2 Samuel 9) finden sich Erzählungen über den Ehebruch Davids mit einer verheirateten Frau und den anschließenden Auftragsmord an ihrem Ehemann, über Gewaltexzesse unter den Kindern Davids, über Davids unnachsichtigen Umgang mit Gegnern, Widersachern und Rebellen oder über eine verworrene Thronfolge. Hier zeichneten die Hofschreiber einen David mit Macken und Fehlern, der mit Schicksalsschlägen unterschiedlich umzugehen wusste, manchmal angemessen, manchmal unbedacht. Die Erzählungen schilderten Morde, Familienzwiste und Gewalttaten, stellten David oft in ein eher ungünstiges Licht, beschrieben aber auch seine Liebe, Zuneigung und Trauer. Sie stellten David als tragische Figur mit Potential zum Mitfühlen dar – eben als Menschen. Mit diesem Erzählkomplex charakterisierten Joschijas Schreiber David als Mensch – mit schmerzhaften Schwächen wie wir alle sie haben. Aber gerade darin zeigte sich die theologische Absicht der Verfasser: Wer sich Jahwe gegenüber demütig zeigt und ihn als seinen Gott anerkennt, kann trotz Verfehlungen auf seine Unterstützung hoffen. Und wie groß muss diese Unterstützung erst sein, wenn ein König wie Joschija solcherlei Verfehlungen nicht zeigt und sich umfänglich an die Gesetze Jahwes hält – diesem König steht doch dann die Welt offen! So die Aussageabsicht der königlichen Schreiber im siebten vorchristlichen Jahrhundert.[101]

Die Hofschreiber Joschijas hatten ganze Arbeit geleistet. Ihre Geschichten über Davids Aufstieg vom einfachen Hirtenjungen zum König der Israeliten und über die Ereignisse am Hof in Jerusalem, über Hoffnungen und Leidenschaften, glückliche Wendungen, Treue, Verrat, Intrigen, Mord, Ehebruch boten alles, was eine gute Saga benötigt, um spannend zu fesseln und die Herzen der Leserschaft zu bewegen (1 Samuel 16 bis 1 Könige 2). Dieses erzählerische Kunstwerk war und blieb beeindruckend eindringlich, kraftvoll in der Abfolge des Plots, dichterisch bestechend. In diesen Erzählungen wurde David zum Helden einer Geschichte über den Retter Israels und über den israelitischen Glauben an den Gott Jahwe, dessen Tempel als heiliges Zentrum in Jerusalem steht. Nach der Überarbeitung der alten Geschichten erschien David in den neuen Erzählungen nicht mehr als der Bandenführer aus den palästinischen Bergen, sondern als ein Ideal an vorbildhafter Religiosität.

Dieser Rückblick auf die Anfänge der David-Dynastie wollte keine historischen Fakten schaffen, sondern Heilsgeschichte niederschreiben. Die Erzählungen waren nie als Geschichtsbuch gedacht, sondern waren religiöse Literatur zu Propagandazwecken. Sie dienten der Versicherung einer Anwesenheit Gottes und der Hoffnungsstiftung. Der Blick wanderte in eine neue Richtung. Der Rückblick in die Vergangenheit stiftete nun Hoffnung für die Gegenwart und die Zukunft. Eine Orientierung an der Idealfigur des Dynastiegründers David bot den Menschen Klarheit für das eigene Verhalten und sicherte die bleibende Verbundenheit mit Jahwe. Mehr und mehr wurde dadurch die Hoffnung auf die Rückkehr eines Davids lebendig, der den Fortbestand des an Jahwe glaubenden Volkes sichern könnte.[102]

586

Zweiter Teil – Geschichte des Ersten Testaments

Wer trägt die Schuld am Untergang?

Es waren inzwischen sechsunddreißig Jahre vergangen, seit jene Schriftrolle während der Renovierungsarbeiten im Jerusalemer Tempel aufgefunden worden war. Längst maß man die Zeit nicht mehr nach den Regierungsjahren der assyrischen Großkönige. Ihr Reich, ihr unbesiegbar erscheinendes Heer, war untergegangen. Die Babylonier waren jetzt für die Einwohner Jerusalems und der Umgebung das Maß aller Dinge geworden.

Zerstörung und Untergang

Im Sommer des neunzehnten Regierungsjahres von König Nebukadnezar von Babylonien fand sich Jeremia plötzlich in einer dunklen Zisterne wieder, die jetzt in der heißen, trockenen Zeit zwar leer war, aber dennoch feucht und klamm. Der Boden unter seinen Beinen war schlammig, die Luft stank nach Moder und Fäulnis. Er und seine Mitgefangenen in diesem grob in den puren Felsen hineingeschlagenen Raum litten entsetzlichen Hunger. Der beißende Gestank von Schweiß, Urin und Kot machte ihn schwindlig. Hier darbte er seit Tagen. Draußen tobte der Kampf der Jerusalemer Bevölkerung gegen die babylonischen Truppen vor den Stadtmauern. Warum nur war er in dieses Loch gekommen? Hatte er zu viel gewagt, als er prophezeit hatte, dass in der Stadt nur überleben wird, wer zu den Belagerern hinausläuft und sich ihnen ergibt? Dass alle, die in Jerusalem weiterhin die Mauern verteidigen, umkommen würden?[103]

Zidkija, der Jerusalemer Vasallenkönig, Sohn des schon legendären Joschija, hörte in seinem Palast davon, dass der Prophet Jeremia in jenem schrecklichen Loch einsaß. Er hatte selbst veranlasst, die Zisterne hinter dem Haus seines Beamten Jonatan so umzufunktionieren, dass dort Verräter eingesperrt werden konnten. Verräter, die sich während der Belagerung einer Kollaboration mit den Babyloniern verdächtig gemacht hatten. Dennoch ließ Zidkija den aufmüpfigen Jeremia holen, um ihn bei sich im Palast festzuhalten. Bewacht von den königlichen Leibwachen wurde Jeremia fortan bei Hofe gefangen gehalten, erhielt immerhin täglich ein Fladenbrot direkt aus der Bäckergasse – ein besonderes Privileg in der belagerten und von Hunger und Mangel gebeutelten Stadt, die von Geflüchteten vollkommen überfüllt war, und für Jeremia eine Wohltat nach der Zeit in der dunklen Zisterne.

Aber es dauerte nicht mehr lange, da durchbrachen die mit den besten Waffen ausgerüsteten Babylonier die äußere Stadtmauer. Ihr Durchkommen war lange befürchtet, aber so plötzlich doch nicht erwartet worden. Ihr Erscheinen bewirkte Entsetzen überall. Die fremden Uniformen, die wütenden Gesichter, die blutbespritzten Waffen sorgten für panischen Schrecken in der Stadt. Bis zum Palast hinauf drangen die verzweifelten Schreie der Jerusalemer. Alte Männer rannten wie nie gesehen, Frauen rafften ihre Kleider, Kinder stolperten und wurden von der Menge niedergetrampelt. In einem großen Chaos flüchteten diejenigen, die es noch konnten, hinter die zweite Mauer, deren Tore schnell geschlossen wurden. Nicht alle Jerusalemer hatten es geschafft durchzuschlüpfen. Vor den Toren wurden die Ausgesperrten von den babylonischen Soldaten in ihrer eigenen Stadt gejagt. In letzter Verzweiflung dienten sich einige von ihnen den Soldaten an, wollten Informationen verkaufen für ihr Leben.

Hinter der zweiten Mauer war es still. Die Verletzten stöhnten leise. Hoffnungslose Gesichter starrten in die Leere. Zusammengepfercht auf den letzten Quadratmetern der einst so stolzen Stadt saßen sie da und warteten auf das Unvermeidliche.

König Zidkija entschloss sich des Nachts, klammheimlich durch den königlichen Garten und das von den Babyloniern in die Mauer gerissene Loch zu fliehen und in Sicherheit zu bringen. Die Stadt war damit endgültig führungslos. Die fremden Soldaten überwanden bald auch das letzte Hindernis. Gasse für Gasse, Haus für Haus kämpften sie sich bis zum Palast und zum Tempel vor. Von dort oben konnte Jeremia beobachten, wie die babylonischen Soldaten in den Hof des Hauses von Jonatan eindrangen. Sie schrien Befehle in einer Jeremia unverständlichen Sprache. Die Hausbewohner hatten die schwere Holztür von innen verriegelt. Die Soldaten beschossen sie mit ihren Pfeilen. Das Schwirren machte unwirkliche Melodien. Pfeile bohrten sich in das Holz, andere prallten von der Hauswand ab, klackend fielen die dreikantigen bronzenen Pfeilspitzen der Babylonier auf die weißen Kalkplatten des Hofs. Aus dem Haus drangen Verzweiflungsschreie, Jahwe wurde gleichzeitig angefleht und verflucht. Dann rückten die Soldaten mit einem Rammbock an. Holz zersplitterte krachend. Es entbrannte ein Schwertkampf Mann gegen Mann, der nur kurz währte, weil die kampferprobten Babylonier schnell siegten. Tote blieben auf dem Hof zwischen langen verbogenen Pfeilspitzen aus Metall liegen. Es brannte. Jeremia sah mutlos zu, wie die Dachbalken des Hauses krachend einstürzten. Zusammen mit den fein geschnitzten Möbeln und den verzierten Wandverkleidungen wurden sie vom Feuer verzehrt.

Irgendwann brannte es überall in Jerusalem. Man konnte die babylonischen Soldaten sehen, wie sie die breiten Stadtmauern schleiften. Auch der Palast stand in Flammen. Jeremia wurde von kräftigen Soldaten gepackt und gefesselt. Er musste sich einreihen in die Schlange seiner Landsleute, die nun den schweren Gang in die Deportation nach Babylonien vor sich hatten. Der babylonische König Nebukadnezar hatte entschieden, alle gebildeten und tatkräftigen Männer aus Juda in seinem Land anzusiedeln: die königlichen Beamten, die Priester, die Fachhandwerker. Der Zustand der nun Heimatlosen war jämmerlich, von Wunden gezeichnet, die Gesichter blutbespritzt, die Haare grau von Asche, alte Männer, schwache Frauen, kleine Kinder, allesamt zu erschöpft, um noch zu sprechen. Ein mürrisch dreinschauender Offizier der Babylonier erkannte Jeremia, der ja niemals einen Hehl aus seiner probabylonischen Einstellung gemacht hatte, und ließ ihn überraschend frei.

Der Offizier erzählte Jeremia vom Schicksal dessen Königs Zidkija: Nach der Flucht aus Jerusalem war ihm der Weg nach Süden verschlossen gewesen, weil dort die Edomiter, Verbündete der Babylonier, alle Flüchtlinge aus Juda aufgriffen und sie an die Babylonier überstellten.[104] Also hatte sich der König nach Osten gewendet, begleitet von seinen Söhnen und seinen Leibwachen. Aber nach ihrer erfolgreichen Flucht aus der Stadt im Schutz der dunklen Nacht kamen sie doch nicht weit. Die Babylonier entdeckten die auffälligen Streitwagen. Bei Jericho stellten sie den judäischen König, legten den 32-Jährigen in Ketten und schleiften ihn wie seine Familie in das Hauptquartier Nebukadnezars. Bitter enttäuscht über das aufsässige Verhalten seines ehemaligen Günstlings, den er vor über einem Jahrzehnt persönlich zum König von Jerusalem gemacht hatte,[105] sprach Nebukadnezar ein grausames Urteil: Zidkija wurde geblendet, nachdem seine Augen als letztes hatten mitansehen müssen, wie seine noch nicht volljährigen Söhne brutal ermordet wurden. Für den ehemaligen König hatte Nebukadnezar ein Ende bestimmt, das sich deutlich länger hinziehen und dauerhaft bestialisch sein sollte. Den Rest seines Lebens hatte Zidkija in einem dunklen Gefängnis in Babylonien zu fristen.

Jeremia wusste nicht, wohin er sich nun wenden sollte. Die Stadt war zerstört, Freunde und Verwandte waren tot oder nach Babylonien deportiert, aber das schlimmste Schauspiel stand ihm und allen Anderen noch bevor: Weil Nebukadnezar die Jerusalemer Tempelpriester als Keimzelle des Widerstands gegen seine Herrschaft ausgemacht hatte, gab er nach einigen Wochen den Befehl, Tempel und Stadt restlos zu zerstören. Jeremia hatte die Priester immer davor gewarnt, zu behaupten, Jahwe auf dem Zionberg sei der unüberwindbare Beschützer der Stadt. Immer wieder hatte er gewarnt, sich gegen die babylonische Herrschaft aufzulehnen. Aber Zidkija hatte einfach nicht auf ihn hören wollen. Und nun wies Nebukadnezar die Tempeltheologen in die Schranken, weil er dieses Widerstandsnest endgültig ausrotten wollte.[106]

Und so musste Jeremia tatenlos zusehen, wie die babylonischen Soldaten plündernd den Zionberg hinaufzogen. Sie rissen die Mauern um das Tempelareal ein, stießen die Altäre um, steckten das Tempelgebäude in Brand. Sie warfen die beiden riesigen Säulen aus Bronze vor dem Tempeleingang um und luden sie auf Wagen. Genauso stahlen sie die Schalen, Leuchter, Kultpfannen, Kessel und Kupfergeräte sowie das Gold und das Silber aus den Schatzkammern des Tempels. Sie verluden alles auf Karren und zogen triumphierend und grölend wieder hinab. Die Beute nahmen sie mit nach Babylonien. Den Tempel ließen sie in Schutt zurück, darüber legte sich eine dünne Schicht schwarzer Asche.[107]

Der prachtvolle Bau zu Ehren Jahwes war nicht mehr zu erkennen. Jeremia fragte sich, wie man künftig noch auf den Schutzgott vertrauen könnte. Da kam ihm plötzlich die Bibliothek im Tempel in den Sinn. Die wertvollen Schriften mussten gerettet werden: die Annalen des Königshofs, die Worte und Sprüche von Amos, von Hosea, von Micha und von Zefanja, das Bundesbuch mit den göttlichen Rechtsvorschriften aus Hilkijas Zeiten, die Urkunde mit den Geboten Jahwes aus der Zeit von Joschijas Tempelrenovierung, die Schriftrollen mit den Erzählungen von Mose, von Jakob oder von Abraham und die mit den Reden des Propheten Jesaja. In der stickigen Hitze irrte Jeremia durch die eng bebaute, brennende Stadt. Menschen klammerten sich an ihre wenigen Habseligkeiten. Es waren die übrig Gebliebenen, die nach den Deportationen der Elite noch in der Stadt verblieben waren. Jeremia suchte nach etwas besonders Wertvollem: den Worten Jahwes. Je weiter sich Jeremia vorkämpfte, desto mehr waren die Gassen mit Schutt und Steinen verstopft. Von irgendwo hörte er ein Krachen, ein Haus war eingestürzt und begrub Leben und Hoffnung.

Jeremia musste der Zerstörung seiner Welt tatenlos zusehen. Er konnte den Untergang nicht aufhalten. Er überlegte sich: Es muss unbedingt festgehalten werden, was mir hier widerfahren ist. Wie es zu dieser Katastrophe kommen konnte. Was wir falsch gemacht haben. Als Warnung für die nachfolgende Generation, die es besser machen müsste. So dachte Jeremia, während er fassungslos zuschauen musste, wie die Welt unterging, die er gekannt hatte.

Klagelieder

Das Leben der Wenigen, die in den Ruinen Jerusalems zurückblieben, war geprägt von Hunger, Leid und Schmerzen. Die Stadt und ihr Umland gaben wegen der monatelangen Belagerungen und Zerstörungen kaum noch Essbares her, die Äcker waren verödet, die Weideplätze zerstört. Tagtäglich mussten sich die Verbliebenen auf die Suche nach Brot, Honig und Obst begeben. Der Hungerschmerz quälte Junge wie Alte. Die Preise auf dem Schwarzmarkt für die wenigen verfügbaren Lebensmittel explodierten. Für Trinkwasser und Feuerholz verlangten die Babylonier auch noch Steuern.

Häuser und Wohnungen waren zerstört. Die Jerusalemer hausten in Baracken und Hütten, suchten Unterschlupf in notdürftigen Zelten oder in den Höhlen. Die wenigen noch bestehenden Immobilien waren von den Babyloniern als Unterkünfte für ihre Soldaten konfisziert worden. Für sie mussten die Einwohner der Stadt tagtäglich Fronarbeiten leisten, ohne Pause, ohne Verpflegung, ständig in Angst vor Schlägen, Missbrauch und Verschleppung. Immer wieder verschwanden Menschen, Männer, Frauen wie Kinder, plötzlich und spurlos. Vom Schwert getötet oder in Ketten abgeführt, kehrten sie nicht mehr nach Jerusalem zurück. Diejenigen, die übrig geblieben waren, fristeten ihr Dasein verzweifelt, hoffnungslos und depressiv. Die Menschen hockten zwischen den Trümmern im Staub und im Dreck und wussten nicht, wie sie den Tag überleben sollten. Manche verendeten einfach auf den Straßen der Stadt. In den Gassen und auf den Plätzen brüllten Säuglinge ihren Müttern ins Ohr, weil sie an Hunger litten, bis sie verstummten und im Arm der Mutter verstarben. In purer Verzweiflung wurde das junge Fleisch verzehrt.[108]

Die einst stolze Stadt Jerusalem stand jetzt offen und ungeschützt da. Die Tore waren zersprengt, die Mauern geschleift. Auf dem Zionberg ragten die Trümmer des Tempels wie Mahnmale empor, zwischen denen das Unkraut spross. Die Natur überwucherte schon die Ruinen, in denen jetzt wilde Tiere hausten. Dennoch trafen sich Judäer hier vereinzelt für kleine Zeremonien. Sie versammelten sich hier, um in Klageritualen ihrem Leid Ausdruck zu verleihen. Die Verzweifelten und Leidgeprüften dichteten Klagelieder.[109] Darin schilderten sie sehr anschaulich die Lebenslage in den Ruinen Jerusalems, realitätsnah und ohne Umschweife gaben sie dem unendlichen Leid Ausdruck, das sie in Jerusalem unmittelbar nach der Zerstörung erleben mussten. Allerdings beschränkten sich die Menschen in den Klageliedern nicht auf das Bejammern ihres Zustands, sondern versuchten zugleich, eine Erklärung für diesen bejammernswerten Zustand zu finden. Viele Menschen brachen in penetrante Klagen gegenüber ihrem Gott Jahwe aus, dem Schutzgott ihrer Stadt Jerusalem: »Jahwe, sieh doch und schau: Wem hast du solches getan?« (Klagelieder 2,20). In aller Schärfe formulierten sie die Forderung an ihren Gott, sich das durch ihn verursachte Leiden anzuschauen und sich ihnen endlich wieder schützend zuzuwenden. Aber die Leidenden gingen auch dazu über, eine Erklärung für das Geschehene zu suchen. Sie überwanden das Stadium der reinen Anklage und fügten in die Klagelieder die Einsicht ein, dass Jahwe den Untergang zugelassen habe, ja: selbst herbeigeführt habe, weil seine Anhänger in Juda eine Vielzahl an Verfehlungen angehäuft haben: »Schwer gesündigt hatte Jerusalem, deshalb ist sie zum Abscheu geworden« (Klagelieder 1,8), »Jahwe, sieh an, wie mir angst ist! Mein Inneres glüht; mir dreht sich das Herz im Leibe, weil ich mich so heftig widersetzt habe« (1,20). Die Leidenden fügten also eine Art Sündenbekenntnis zu ihren Klagen hinzu, ermöglichten so den Gedanken an ein erneuertes Verhältnis zu ihrem Gott Jahwe, dem künftig wieder Vertrauen entgegengebracht werden könnte, wenn man denn nur das eigene Verhalten überdenkt und ändert. Auf diese Weise konnten die Menschen in Jerusalem trotz aller Leidenserlebnisse an ihrem Gott Jahwe festhalten, sich in Gebeten wieder oder weiterhin ihm zuwenden: »Prüfen wir unsre Wege, erforschen wir sie und kehren wir um zu Jahwe! Erheben wir unser Herz samt den Händen zu Gott im Himmel! Wir haben gesündigt und uns widersetzt« (Klagelieder 3,40–42). Ganz vorsichtig war den Jerusalemern so der Weg geebnet, trotz der erfahrenen Katastrophe und des fehlenden Beistands Jahwes an einem Verhältnis zu ihrem Schutzgott festzuhalten, die Schuld für den Untergang beim eigenen Verhalten zu suchen und Vertrauen zu Jahwe wieder aufzunehmen: »Lass du, Jahwe, uns zurückkehren zu dir, dann kehren wir um« (Klagelieder 5,21).[110]

Der Prophet Jeremia

Wie war es zu dieser Katastrophe des Untergangs und der Zerstörung Jerusalems gekommen? – Ein Blick zurück: Wenige Jahre bevor unter König Joschija der Jerusalemer Tempel renoviert worden war, wurde im Dorf Anatot vor den Toren Jerusalems dem dortigen Priester Hilkija ein Sohn geboren, den er Jeremia nannte. Hilkija war einer der Priester des lokalen Höhenheiligtums, in dem Kultrituale für Jahwe praktiziert wurden. Sein Sohn studierte die Worte des Propheten Hosea, der einst im Nordreich, als es noch existiert hatte, gern die Metapher der Ehe zur Beschreibung des Verhältnisses von Jahwe zu seinen Gläubigen benutzt hatte. Jeremia allerdings engte die Metapher lieber ein auf Jahwe und Jerusalem. Die Ehe des Gottes mit der Stadt des Tempels sah Jeremia als gefährdet an, weil sich Jerusalem immer wieder als treulos erwies und immer wieder wechselnde Partner hatte, mit denen es Bündnisse einging: »Was nützt dir jetzt der Weg nach Ägypten, ... und was nützt dir jetzt der Weg nach Assur?« (Jeremia 2,18). »Wie kannst du nur so leicht bereit sein, deinen Weg zu wechseln?« (2,36). Jeremia hielt nichts davon, dass sich das kleine Reich Juda auf wechselnde Partner verlässt, und vertrat die Ansicht, es sei notwendig, sich den Babyloniern, den neuen mächtigen Herrschern der Welt, zu unterwerfen. Im Todesjahr Joschijas, unter dem neuen König Jojakim, trat Jeremia als Achtzehnjähriger zum ersten Mal öffentlich mit seiner Botschaft im Tempel auf.[111]

Jojakim war in der unruhigen Zeit nach der Ermordung seines Vaters an die Macht gekommen, weil Pharao Necho ihn als neuen König von Juda eingesetzt hatte. Zwar hatte das Volk zuerst Jojakims jüngeren Halbbruder Schallum Joahas zum neuen König ausgerufen. Aber der ägyptische Pharao machte seine Herrschaftsansprüche über das Gebiet des Südreiches sofort deutlich, indem er einen König von seinen Gnaden bestimmte. Kurzerhand hatte er Joahas abgesetzt und lebenslänglich in Ägypten inhaftiert, den älteren Bruder Jojakim stattdessen auf den Thron gesetzt und eine Tributzahlung eingefordert. Ein deutlicheres Zeichen seines Anspruchs, Macht über Juda auszuüben, war kaum denkbar.[112]

Doch am Horizont tauchte schon ein neues, stärkeres Militärreich auf: Die Babylonier erwachten, das uralte Kulturvolk, das Gesetzessammlungen wie den Kodex Hammurapi hervorgebracht hatte, und mythische Erzählungen wie Enuma Elisch, den Mythos über die Weltschöpfung durch den babylonischen Gott Marduk, der die Chaosmächte besiegt und gezähmt hatte und anschließend den Menschen erschaffen hatte. Die Babylonier traten sehr rasch das Erbe des implodierenden Weltreichs der Assyrer an: Ihr König Nabopolassar zerstörte zunächst Ninive, die Hauptstadt der Assyrer. Sieben Jahre später, in dem Jahr, als Jojakim König von Juda wurde, vernichtete der babylonische Kronprinz Nebukadnezar bei Karkemisch in Syrien in einer der verheerendsten Schlachten der Antike eine Allianz aus Ägyptern und Assyrern. Das Reich der Assyrer war damit ausradiert, Ägypten war zurechtgestutzt. Die Babylonier waren die neuen Herren der Welt. Pharao Necho musste sich zurückziehen. Palästina und damit auch das Königreich Juda bildete nun die Grenzregion zwischen Ägypten und Babylonien. Jojakim wurde notgedrungen zu einem Vasall Babyloniens, doch immer wieder flammten am Königshof Diskussionen darüber auf, wer die kommende Weltmacht bilden würde und ob man sich nicht besser den Ägyptern zuwenden sollte, indem man die Tributzahlungen an Babylonien einstellte.[113]

Jeremia war der Überzeugung, dass ein Aufstand gegen die Babylonier nichts anderes war als ein Aufstand gegen Jahwe. Denn Jeremia betrachtete Nebukadnezar als ein Werkzeug Jahwes, das eingesetzt sei, um die Judäer für ihre Vergehen in der Vergangenheit zu strafen. Damit brachte Jeremia einen vollständig neuen Gedanken hervor: Es ist Jahwe, der Gott der Jerusalemer, der die Welt lenkt. Dieser Jahwe ist bei Jeremia nicht mehr allein der Beschützer Jerusalems oder des Südreiches, sondern dieser Jahwe ist in Jeremias Sicht der überragende Gott, der nach Belieben die Mächtigen der Welt gebrauchen kann, um seinen Willen durchzusetzen. Dieser mächtige Jahwe konnte die Könige der Welt als seine Marionetten verwenden. Von Jeremia wurde Jahwe erstmals als souveräner Herr über Welt und Geschichte gezeichnet. Dieser Herr strafte, wenn er eine Strafe für notwendig hielt. Und deshalb mutete Jeremia seinen Hörern und Zuschauerinnen verstörende Bilder einer düsteren Zukunft zu. Wegen all der vergangenen Verfehlungen der Jahwe-Verehrer sei eine Strafe durch die Babylonier unumgänglich: »So spricht Jahwe: Siehe, ein Volk zieht vom Nordland heran, eine große Nation bricht auf von den Grenzen der Erde. Sie kommen mit Bogen und Sichelschwert, grausam sind sie und ohne Erbarmen« (Jeremia 6,22f). Jeremia beschränkte sich nicht auf beunruhigende Worte. Mit Zeichenhandlungen verlieh er seiner bedrohlichen Verkündigung zusätzlichen Nachdruck. Einmal zerschmetterte er in aller Öffentlichkeit einen Tonkrug, um damit die bevorstehende Zerstörung Jerusalems sinnbildlich zu veranschaulichen (19, 10f). Immer wieder machte Jeremia davon Gebrauch, seine unheilvollen Worte mit dramatischen Handlungen zu garnieren, um seine Zuhörerschaft unmittelbar zu packen. Selbstverständlich wollte nicht jeder solche Botschaften hören. Natürlich provozierte Jeremia damit den Widerspruch anderer Propheten Jahwes, wie zum Beispiel des hochrangigen Tempelpriesters Paschhur. Dieser demütigte Jeremia eines Tages öffentlich vor den Passanten, als er ihn am Tor für einen Tag und eine Nacht in den Block spannen ließ (20,1–3). Paschhur, der einen ägyptischen Namen trug, vertrat die Gegenposition zu Jeremia. Er prophezeite dem Volk des Südreiches Heil, wenn es sich nur von den Babyloniern abwende und den Ägyptern zuwende.[114] Diese ägyptenfreundliche Position fand am Hof des Königs Jojakim viel Gehör, denn der König war es leid, ständig horrende Tributzahlungen nach Babylonien zu senden.

Um seine Ankündigungen erneut öffentlichkeitswirksam zu präsentieren, nahm sich Jeremia bald vor, seine Worte den Menschenmassen im Tempel zu-

zurufen. Allerdings scheute er vor einem persönlichen theatralischen Auftritt zurück. Stattdessen beauftragte er einen der professionellen Schreiber, die seit einiger Zeit in Jerusalem ihre Dienste anboten. Er suchte Baruch Ben Nerija auf, diktierte ihm seine dramatischen Worte und schickte ihn hinauf in den Tempel, um dort die Texte vorzutragen. Jeremia hatte eine imposante Stelle ausgesucht, von der aus Baruch die Menschen erreichen konnte. Glücklicherweise stand Jeremia nämlich in Kontakt zu einflussreichen Beamtenfamilien, die ihm Zugang zu nichtöffentlichen Tempelarealen gewähren konnten. Gemarja, der Sohn desjenigen Schafan, der einst unter König Joschija höchster Beamter gewesen war, stellte ein Zimmer im Obergeschoss der Tempelgebäude zur Verfügung. Es lag am Tempeltor und war zum belebten Tempelplatz hin offen, von dort oben konnte Baruch gut hörbar und weithin sichtbar zur Menge herabsprechen.[115]

Jeremias Botschaft eines drohenden Untergangs, nahezu staatszersetzend und vaterlandsverratend, konnte bei König Jojakim nicht gut ankommen. Er schickte Beamte, die ihm die Schriftrolle von Baruch herbeibringen sollten. Ein Beamter musste sie mit zitternder Stimme dem entrüsteten König vorlesen. Entsetzt blickte Jojakim zunächst starr in das Feuer, das seinen Thronsaal erwärmte, in dem er stolz seine ägyptischen Luxusmöbel ausstellte. Während des Lesens stand er auf, schnitt mit einem Messer die soeben vorgelesenen Zeilen immer wieder ab und warf sie ins Feuer. Genüsslich zelebrierte er dieses Schauspiel weiter und weiter. Wann immer ein paar Zeilen vorgelesen waren, zückte er sein Messer, schnitt einen Teil der Schriftrolle ab und ließ die Worte im Feuer verbrennen.[116] Ganz anders hatte noch sein Vater reagiert, als ihm einst Schafan das Buch vorgelesen hatte, das man im renovierten Tempel gefunden hatte. Joschija war hysterisch geworden und hatte erkannt, dass etwas zu tun war. Er hatte sich rastlos für eine Erneuerung des Kults um Jahwe eingesetzt. Jojakim hingegen ließen die Worte kalt. Mit gefrorenem Lächeln befahl er, Jeremia zu verhaften.

Wie sehr Jeremia angesichts seiner Verkündigungsinhalte in Todesgefahr schwebte, zeigte ihm das Beispiel des Propheten Urija, der ähnliche Prophezeiungen wie Jeremia ausgesprochen hatte. Auch Urija hatte den Untergang von Stadt und Tempel angekündigt, hatte König und Priester aufgeschreckt, weshalb Jojakim Urija hinrichten lassen wollte. Rechtzeitig hatte Urija das Land verlassen und nach Ägypten fliehen können. Doch dank seiner guten diplomatischen Verbindungen zum ägyptischen Hof hatte Jojakim den Propheten im Ausland ausfindig machen können und zurückholen lassen. Kurzerhand ließ er an Urija doch noch das Todesurteil vollstrecken.[117] Auch gegen Jeremia liefen Vorbereitungen, ihn zu töten. Selbst Menschen, die ihm seit langer Zeit persönlich bekannt waren, wendeten sich jetzt von ihm ab und wollten ihm an den Kragen gehen.[118] Doch glücklicherweise stand Jeremia mit seinen Ansichten nicht vollkommen allein. Am Hofe Jojakims gab es immer noch einen einflussreichen Kreis der ägyptenkritischen Partei. Zu ihnen zählten die Nachkommen des Schafan. Dessen Söhne und Enkel beschützten Jeremia in vielfältigen Situationen und hielten ihre Hände immer wieder rettend über ihn.[119]

Im Winter des neunten Regierungsjahres von Jojakim war es dann so weit: Die proägyptische Partei am Hof Jojakims konnte sich endgültig durchsetzen. Der König von Juda stellte die regelmäßigen Tributzahlungen an den König von Babylonien, Nebukadnezar, ein. Dieser war vor vier Jahren seinem Vater auf den Thron gefolgt. Den Anlass zur Aufkündigung der Tribute bildete eine Schlacht an der Grenze Ägyptens, bei der das Heer des Pharao Necho überraschend den babylonischen Truppen die Stirn hatte bieten können. Jojakim hatte jetzt das Gefühl, auf die Ägypter setzen zu können, und ging davon aus, dass sie die künftige Weltmacht darstellen würden. Jeremia wendete sich sofort mit heftigen Worten gegen die ägyptenfreundliche Politik. Er legte drastisch dar, wie sehr Ägypten den Babyloniern unterlegen sei (Jeremia 46,20–24) und dass nur eine Unterwerfung unter die Babylonier die Zukunft Judas sichern könne.[120] Tatsächlich blieb jede Hilfe und Unterstützung seitens Ägypten für Juda aus. Jojakim hatte auf den Falschen gesetzt. Zwei Jahre später zog Nebukadnezar mit seinem Heer nach Jerusalem. Die Grenzregion zu Ägypten war ihm als Außenposten wichtig, ein revoltierender Vasall dort konnte gefährlich werden und die Ägypter ermutigen. Dem wirkte er entgegen, indem er Jerusalem seine ganze militärische Kraft spüren ließ.

Jeremias Rat, sich an Babylonien anstatt an Ägypten zu halten, erwies sich in der dreimonatigen Belagerungszeit als richtig. Während dieser Zeit fiel König Jojakim einem Anschlag zum Opfer. Sein achtzehnjähriger und in politischen Dingen vollkommen unerfahrener Sohn Jojachin folgte ihm auf dem Thron. Ihm fiel nun die undankbare Aufgabe zu, kapitulieren zu müssen und vor Nebukadnezar in den Staub zu fallen, um die Stadt zu retten. Jeremia weissagte dem jungen Jojachin, dass er mit seiner Mutter deportiert werde und in der Fremde sterben müsse.[121] So kam es dann auch. Glücklicherweise rechnete Nebukadnezar dem jungen König an, dass er für den Aufstand Jerusalems gegen die Macht Babylons nicht verantwortlich war und die Stadt rechtzeitig übergeben hatte. Dennoch wurde jetzt der junge Mann an Stelle seines Vaters bestraft: Man verschleppte ihn – den noch Kinderlosen – mit seiner Mutter und mitsamt der Elite Judas nach Babylon. Tausende wurden aus Juda zusammen mit dem König deportiert. Jojachin wurde in Geiselhaft genommen, allerdings wurden er und seine Familie gut mit Lebensmittelrationen versorgt und 37 Jahre später sogar rehabilitiert, aber nach Jerusalem zurückkehren durfte er Zeit seines Lebens nicht mehr.[122]

Nebukadnezar bestimmte jetzt selbst darüber, wer von nun an in Jerusalem auf dem Thron sitzen sollte. Als vertrauenswürdigen Partner wählte er Mattanja, einen Onkel Jojachins und weiteren Sohn Joschijas. Nebukadnezar verlieh ihm einen neuen Namen, der neue König in Jerusalem hieß nun Zidkija. Er wurde mit hartem Tribut für Babylonien belegt, was der ägyptenfreundlichen Partei am Jerusalemer Hof wiederum Zulauf bescherte. Die höfische Diskussion, ob man den Babyloniern nicht entgegentreten und auf ägyptische Unterstützung setzen sollte, war also mit Nebukadnezars Einschreiten immer noch nicht beendet. Deshalb blieb Jeremia nichts Anderes übrig, als weiterhin mit Worten und Zeichenhandlungen darauf hinzuweisen, dass es Jahwes Wille sei, an den Verträgen mit Babylonien festzuhalten. Eines Tages versammelten sich bei König Zidkija Diplomaten der benachbarten Königreiche Moab, Edom, Ammon, Tyrus und Sidon, um über eine gemeinsame Strategie gegenüber Babylon zu beratschlagen. Um die Aufmerksamkeit der Gesandten zu erheischen, legte sich Jeremia ein hölzernes Joch, wie es für Zugochsen gedacht war, um den Hals und verkündete lauthals eine Botschaft Jahwes: dass sich all diese kleinen Reiche den mächtigen Babyloniern unterzuordnen hätten. König Nebukadnezar von Babylonien sei der von Jahwe erwählte Herrscher der Welt. Völkern, die sich ihm widersetzen, werde Unheil widerfahren. Jeremia rief ihnen zu: »Beugt euren Nacken unter das Joch des Königs von Babel und dient ihm und seinem Volk; dann werdet ihr leben« (Jeremia 27,12). Damit noch nicht genug Aufsehen erregt, ging Jeremia noch einen Schritt weiter und bezichtigte alle Tempelpriester und Propheten der Lüge, die im Namen Gottes etwas Anderes weissagten. Jeremia drohte, dass außer den heiligen Gerätschaften, die Nebukadnezar nach der Kapitulation Jojachins aus dem Tempel entwendet und nach Babylon mitgenommen hatte, auch die verbliebenen letzten Kultgeräte weggebracht würden. Stets hatten die Tempelpriester argumentiert, die Babylonier würden die gestohlenen Gegenstände bald wieder zurückgeben. Solche Hoffnung wollte Jeremia vollends auflösen.[123]

Jeremias Botschaft saß und verunsicherte. Sie forderte seitens der proägyptischen Kreise eine Reaktion heraus. Aus deren Mitte trat der Prophet Hananja Ben Asur hervor. Er weissagte die entgegengesetzte Botschaft, versprach die Rückgabe aller Tempelgeräte und das Ende des babylonischen Jochs innerhalb der nächsten zwei Jahre. Er prophezeite im Namen Jahwes eine Heilsbotschaft, die von den Menschen gerne gehört wurde. Hananja nahm Jeremia das hölzerne Joch ab und zerbrach es bedeutungsschwer vor der Menge. Jeremia schwieg peinlich, hatte spontan keine schlagfertige Reaktion bereit. Hilflos stand er vor den Trümmern seines Symbols. Hananja kostete seinen Erfolg vor der Menge aus. Jeremia war blamiert. Er musste eine Niederlage einstecken. Doch er kehrte bald zurück mit der an Hananja gerichteten Drohung: »Jochstangen aus Holz hast du zerbrochen, dafür aber musst du nun Jochstangen aus Eisen machen« (Jeremia 28, 13). Jeremia sprach ihm die Schuld dafür zu, dass das nächste Joch, der nächste Strafzug Nebukadnezars, schlimmer werde als der letzte.[124]

Auch Hananja berief sich in seinen Weissagungen auf Jahwe. Auch er prophezeite im Namen Jahwes. Er ging im Tempel ein und aus, verkündigte dort seine Botschaften, hielt engen Kontakt mit den Tempelpriestern. Die Zahl der Anhänger solcher Propheten, die Jahwes Macht stärker einschätzten als die der Babylonier, war hoch. Auch solche Worte und theologischen Überzeugungen wurden in Jerusalem schriftlich festgehalten und bewahrt. Elemente davon gingen in gottesdienstliche Lieder ein. So wurde beispielsweise die Uneinnehmbarkeit Jerusalems besungen, weil die Stadt unter dem Schutz Jahwes stehe, der im Tempel auf dem Berg Zion thront. Solche Worte dürfte Hananja gesprochen haben: »Wie wir's gehört haben, so sehen wir's an der Stadt des Jahwe Zebaoth, an der Stadt unsres Gottes: Gott erhält sie ewiglich. ... Ziehet um den Zion herum und umschreitet ihn, zählt seine Türme; habt gut acht auf seine Mauern, durchwandert seine Paläste, dass ihr den Nachkommen davon erzählt: Dieser ist Gott, unser Gott für immer und ewig. Er ist's, der uns (sicher) führet« (Psalm 48, 9. 13–15)[125]. Hananja und dergleichen waren zutiefst überzeugt, dass Jahwe die Stadt Jerusalem, erhaben auf einem weithin sichtbaren Berg gelegen (V. 3), seit ewigen Zeiten und bis in alle Ewigkeit beschütze. Noch nie sei Jerusalem von fremden Königen erobert worden (V. 5–9). Das war auch nicht ganz falsch. Jerusalem lag tatsächlich gut geschützt zwischen den Bergen. Und die Ereignisse unter König Hiskija vor über hundert Jahren schienen die These der Unbezwingbarkeit Jerusalems zu bestätigen. Damals hatte der assyrische Großkönig Sanherib Jerusalem zwar lange belagert, aber sein Heer schließlich ohne eine Erstürmung der Stadt abgezogen. Dass Hiskija dafür einen riesigen Tribut zahlen musste, spielte jetzt keine Rolle mehr für die extremen Verteidiger der Ansicht, Jerusalem stehe unter dem absoluten Schutz Jahwes. Auch die jüngste Erfahrung der Belagerung durch Nebukadnezar führte sie nicht zu einer anderen Ansicht. Vielmehr sahen sie die Ursache der damaligen Kapitulation in der Unerfahrenheit des jungen Königs Jojachin, der den Königsthron an seines Vaters Stelle übernehmen musste und vorschnell die Tore der Stadt geöffnet habe.

Jeremia oder Hananja? Wer von beiden war nun der wahre Prophet Jahwes? Eine große Gruppe von Propheten und Priestern einte die Überzeugung, dass Jerusalem unter dem Schutz Jahwes stehe und uneinnehmbar sei.[126] Jerusalem müsse sich niemandem beugen, könne für sich allein bestehen. Für Jeremia hingegen bildete eine politische Unabhängigkeit nicht die Voraussetzung, um Jahwe treu verehren zu können. Er blieb dabei: Ein Aufbegehren gegen die babylonische Herrschaft sei nicht der Wille Jahwes. Jeremia schrieb sogar einen Brief an die Deportierten in Babylonien, in dem er sie aufforderte, auch vor Ort in Babylonien die Loyalität der Judäer gegenüber Nebukadnezar zu beteuern. Die Deportierten sollten die Hoffnung begraben, bald nach Hause zurückkehren zu dürfen, sich vielmehr auf einen langen Aufenthalt in der Fremde einrichten. Sie sollten Häuser bauen, Gärten bepflanzen, Familien gründen und zum Segen für die fremden Gastgeber werden. Natürlich traf Jeremia bei den Deportierten im babylonischen Exil nicht auf freundlichen Widerhall. Der dort lebende Prophet Schemaja wendete sich wiederum in einem Brief an die Jerusalemer Tempelpriesterschaft, sie solle doch gegen Jeremia einschreiten und ihn endlich mundtot machen.[127]

Trotz aller Warnungen Jeremias gewann die babylonkritische Partei in der Politik ein weiteres Mal die Oberhand. Neun Jahre nach Jojachins Kapitulation stellte der Marionettenkönig Zidkija die Tributzahlungen an Babylonien erneut ein. Wieder vertraute man am Hof auf Ägypten, das unter den Pharaonen Psammetich II. und Apries zunehmend mächtiger geworden war.[128] Erneut brachte dieses Vertrauen nichts ein, Unterstützung aus Ägypten für Jerusalem blieb ein weiteres Mal aus. Zidkijas Hoffnungsschimmer war allein das Vertrauen seiner Propheten, dass Jahwe Jerusalem doch immer gerettet habe, dass Jerusalem noch nie gewaltsam erobert worden sei. Zidkija vertraute Jahwe, Zidkija fühlte sich sicher. Zwei Jahre später rückte erneut ein Heer Nebukadnezars zur Belagerung heran. Jerusalem wurde mit einem undurchdringbaren Wall von Soldaten vollständig umschlossen. Zidkijas Vertrauen schwand nun zunehmend. Unsicherheit breitete sich in seinem Inneren aus. Eine gewisse Sympathie, eine zunehmende Zustimmung für Jeremia konnte er nicht verhehlen. Immer wieder bat er den Propheten, vor Jahwe für ihn zu beten. Oder er ließ ihn holen und bat um Ratschläge. Doch konnte er sich nicht dazu durchringen, auch Jeremias Rat zu folgen. Der schwache König fühlte sich zwischen den Parteien hin und hergerissen. Allem Zaudern und den Fehlentscheidungen Zidkijas zum Trotz richtete Jeremia eine letzte heilvolle Prophezeiung an den König. Wenn er sich doch nur endlich den Babyloniern unterwerfe![129]

Dann geschah plötzlich das Unerwartbare. Das babylonische Heer musste kurzfristig von der weiteren Belagerung Jerusalems absehen und einem ägyptischen Heer entgegentreten, das an der Grenze für Unruhe sorgte.[130] Dies gab natürlich denjenigen Auftrieb, die schon immer die Uneinnehmbarkeit Jerusalems vertreten hatte. Sie feierten Jahwe und freuten sich über sein Eingreifen. Sie verfassten Propagandaschriften, die nochmals den Schutz Jahwes betonten, unter dem Jerusalem stehe. Sie erinnerten an König Hiskija und die lange, aber letztlich erfolglose Belagerung Jerusalems durch den assyrischen König Sanherib. Sie suchten die alten Annalen, die einst unter Joschija verfasst wurden, und fügten einen wortreichen Bericht über den damaligen Erfolg als wunderbares Eingreifen Jahwes ein.[131] Ähnlich wunderbar erschien ihnen jetzt der Abzug des babylonischen Heeres. Doch die Armee sollte dieses Mal rasch wieder zurückkehren.

Während dieser Belagerungspause wollte Jeremia Jerusalem verlassen, um in seinem Heimatdorf eine Erbschaft zu regeln, weil es im Gefolge der Kämpfe mit den babylonischen Soldaten zu einem Todesfall in seiner Familie gekommen war. Er wandte sich zum nördlichen Stadttor, wo der Torwächter Jirija Ben Schelemja Dienst hatte. Der hinderte Jeremia daran, die Stadt zu verlassen, weil er vermutete, der Prophet wolle zum Feind überlaufen. Der Torwächter packte Jeremia und zerrte ihn vor die königlichen Beamten. Jeremia verteidigte sich, er wolle die Erbschaft regeln, doch schenkten ihm die Beamten keinen Glauben und ließen ihn schlagen, wie man es mit Kollaborateuren und Landesverrätern machte, um sie wieder zurechtzubiegen. Jeremias Verkündigungsworte wurden ihm als Feindpropaganda zur Last gelegt. Er nehme dadurch den verbliebenen Verteidigern der Stadt den Mut zum Widerstand gegen die babylonischen Truppen, die zwischenzeitlich wieder zurückgekehrt waren. Schließlich warfen sie Jeremia in die dunkle, schlammige Zisterne, die im Hof des Beamten Jonatan in den Felsen gehauen worden war. Dem Tode nah, sehnte Jeremia ebendiesen herbei.

Heimlich ließ Zidkija den Propheten aus dem Loch holen. Heimlich deswegen, weil Zidkija zu schwach war, um sich gegen die Position der Babylonienkritiker durchzusetzen. Dennoch neigte er verstärkt den Probabyloniern zu. Aber er scheute davor zurück, auf Jeremia zu hören. In dem zunehmenden Chaos in der überfüllten und desorganisierten Stadt war der schwache König nicht mehr in der Lage, deutliche Befehle abzusetzen.[132] Diese tragische Königsfigur musste nun den Untergang ihrer Stadt mit ansehen. Schonungslos ging Nebukadnezar mit Zidkija um, nachdem er ihn gefasst hatte.

Ezechielbuch und Jeremiabuch

Jeremia war nicht der einzige Prophet, der sich im Namen Jahwes für eine Unterwerfung unter die Babylonier aussprach. Einer seiner Zeitgenossen war Ezechiel, ein ebenfalls öffentlich auftretender Prophet, der das Unheil über Jerusalem hereinbrechen sah. Jeremia und Ezechiel kannten sich allerdings nicht. Das lag zum einen an ihrer unterschiedlichen sozialen Herkunft. Ezechiel war Sohn eines Tempelpriesters, gehörte als solcher zur Oberschicht Jerusalems, die wenig Kontakt zu den niederen Priestern der umliegenden Höhenheiligtümern hatte, wo Jeremias Vater einst Priester gewesen war. Zum anderen gehörte Ezechiels Familie als Teil der Elite Jerusalems zu denjenigen bejammernswerten Gestalten, die nach der ersten Belagerung durch Nebukadnezar gemeinsam mit dem Kurzzeit-König Jojachin nach Babylonien verschleppt wurden. Als erniedrigte Gefangene waren sie zum Triumph Nebukadnezars durch die Straßen Babylons getrieben worden. In seiner Güte hatte der Großkönig die Verschleppten nicht versklavt, sondern ihnen verfallene Siedlungen zugewiesen, die sie neu beleben sollten. Ezechiel musste sich mit mehreren anderen Familien eine Existenz auf einem Hügel zwischen den Großstädten Babylon und Uruk aufbauen. Der wiederbelebte Ort sollte eine neue Zwischenstation auf der Verbindungsstraße zwischen den beiden Großstädten bilden.[133] Dort hatten sich die Verbannten niederzulassen und Grundbesitz zu bewirtschaften, viele von ihnen waren als Fachhandwerker im Land gefragt. Ihre Bräuche und Gewohnheiten behielten sie in ihren Familien bei.[134] Angesehene ehemalige Priester oder Königsbeamte übernahmen wieder Führungsrollen in den Gruppen der Deportierten. Auch Ezechiel stellte als Nachkomme eines Kultpriesters eine Autoritätsperson dar, die man um Rat fragte. Insofern stand er etabliert in der Gesellschaft, war für die anderen Deportierten priesterliches Vorbild. Er war kein Außenseiter wie Jeremia in der Heimat, in Jerusalem.[135]

Ein umstrittenes und daher vielfach diskutiertes Problem der Deportierten in Babylonien war die Frage, ob ihr Gott Jahwe für sie überhaupt noch begleitend da sei. Das war für die entwurzelten Judäer eine existentielle Grundfrage. In Jerusalem hatten sie einst von den Tempelpriestern stets gehört, dass Jahwe im Tempel anwesend sei. Dort residiere ihr Gott, bereit, schützend seine Hand über sie, ihren König und ihr Land zu halten. Die in Jerusalem verbliebenen Menschen schleuderten den Verschleppten die Ansicht entgegen, nicht mehr unter Jahwes Einzugsbereich zu stehen: »Ihr seid fern von Jahwe«, behaupteten sie.[136] Der Nationalgott sei für die Menschen, die fernab lebten, nicht zuständig, propagierten sie. Dagegen ging Ezechiel an, mit neuen Ratschlägen. Er dachte Jahwe nicht mehr als den lokalen Gott Jerusalems oder Judas oder Israels, nicht mehr als auf Jerusalem begrenzten Stadtgott. Ja, Jerusalem war und blieb sicherlich die besondere Gottesstadt, in der sich Jahwe verehren ließ, aber Jahwe ließ sich nicht auf einen Stadtgott beschränken.[137] Ezechiel erinnerte an die alten Sagen von Mose und von Abraham. Darin trat Jahwe als ein Gott auf, der die Menschen auf ihren Wanderungen begleitete. Ezechiel verstand Jahwe als den begleitenden Gott. Die Deportierten in Babylonien waren für Ezechiel keineswegs fern von Gott, Jahwe begleitete sie, auch in der Ferne, auch in der Fremde. Deshalb forderte Ezechiel seine Landsleute auf, die traditionellen Gesetze aus der Heimat auch künftig einzuhalten: »Der nach meinen Gesetzen lebt und meine Gebote hält, dass er treu danach tut: das ist ein Gerechter, der soll das Leben behalten, spricht der Gott Jahwe« (Ezechiel 18,9)[138]. Ezechiel wollte den Fortbestand der judäischen Jahwe-Kultur in Babylonien sichern, die Identität der Exilanten in der Fremde bewahren. Auf diese Weise versicherte Ezechiel seinen Landsleuten im Exil, dass Jahwe weiterhin bei ihnen gegenwärtig ist und nicht nur im Jerusalemer Tempel anwesend sei.

Als die Zeit des Exils bereits fünf Jahre andauerte, begann Ezechiel im Alter von 30 Jahren vor vielen Menschen öffentlich aufzutreten und seine Überzeugungen zu verkündigen.[139] Er hielt eine unheilvolle Botschaft für seine Hörerschaft bereit. Er prophezeite den endgültigen Untergang für Jerusalem. Dessen Einwohner würden von Jahwe für deren seit Generationen bestehende Verfehlungen bestraft werden. Und das Werkzeug der Bestrafung sei Nebukadnezar. Im Namen Jahwes sprach Ezechiel: »Die vom Haus Israel waren widerspenstig gegen mich ... Sie gingen nicht nach meinen Satzungen und verachteten meine Rechtsentscheide« (Ezechiel 20,13). Das Volk habe das Unheil und den Untergang verdient, dies sei unabwendbar und werde unwiderruflich über das Volk hereinbrechen. Seine einschneidenden Worte paarte Ezechiel mit kraftvollen und beeindruckend bildreichen Visionen, die er detailreich ausmalte. Immer wieder präsentierte er seinen Zuhörern originelle und ausgefallene Metaphern. Den Auftrag, die Worte Jahwes den Menschen im Exil zu verkündigen, beschrieb Ezechiel damit, dass er eine Schriftrolle zu verschlingen habe.[140] Sie enthalte die Worte der Klage und des Drohens, die Ezechiel verkünden sollte.

Aber Worte allein genügten Ezechiel nicht. Er wollte nachhaltig bei den Menschen in Erinnerung bleiben, seine Botschaften so klar verdeutlichen, dass sie nicht mehr aus den Köpfen seiner Mitmenschen herauszubekommen wären. Und so ließ er sich immer wieder Zeichenhandlungen einfallen, die er bis ins Detail hinein choreographierte. Solche Aktionen, Happenings auf offener Straße, wurden zu seinem Markenzeichen. Einmal malte er den Stadtumriss Jerusalems auf einen großen Ziegelstein, den er in den Sand legte, um darum herum ein Spiel zu inszenieren: Der Ziegelstein stellte das belagerte Jerusalem dar. Im Sand errichtete Ezechiel Belagerungswälle und stellte kleine Rammböcke um den Stein herum auf. Ein Blech zum Brotbacken nutzte Ezechiel, um die Grenzlinie zwischen Stadt und Belagerern zu verbildlichen. Ezechiel stellte sich auf die

Seite der Belagerer, um deutlich zu machen, auf welcher Seite Jahwe steht. »Weil die Bewohner Schuld auf sich geladen haben, steht Jahwe nicht mehr auf ihrer Seite«, war Ezechiels Botschaft. Die Situation der Belagerten demonstrierte Ezechiel den Umstehenden, indem er ein auf Mist gebackenes Brot verzehrte. Angewidert und erschrocken wendeten sich die Zuschauer ab und hatten verstanden, in welcher Lebenslage sich die Landsleute in der Heimat befanden.[141] Ezechiel wollte die Passanten auf der Straße durch seine Zeichenspiele beeindrucken, einfangen und zum Nachdenken anregen, im besten Fall zum Aktivwerden animieren. Jedenfalls ging es ihm darum, das Bevorstehende metaphernreich zu vergegenwärtigen. Wer es wahrnahm, sollte sich und sein Verhalten überdenken und verändern. Ezechiel wollte sein Publikum in die Verantwortung hineinziehen, indem er es wie bei einem Straßentheater einbezog und mobilisierte. Er wollte damit unmittelbar deutlich machen, dass seine Zukunftsvoraussagen nicht abstrakt sind, sondern seine Zuhörer direkt betreffen.

In einer anderen symbolischen Handlung vor dem Publikum schnitt sich Ezechiel Bart und Haare ab. Dazu nahm er in dramatischer Weise anstatt eines Schermessers ein scharfes, unhandliches Schwert in die Hand. Eine Drohung, die einst der Prophet Jesaja ausgesprochen hatte (Jesaja 7,20), führte Ezechiel nun bewusst durch: Der Verlust des Haares bedeutete den Verlust von Lebenskraft, bedeutete Ausweglosigkeit, Trauer, gar Schande. Ezechiel sammelte das Haar vom Boden auf. Ein Drittel davon verbrannte er in der Stadt, ein Drittel zerhackte er mit dem Schwert außerhalb der Stadt, ein Drittel zerstreute er im Wind. So werde die Bevölkerung Jerusalems durch Hunger und Seuchen in der Stadt umkommen oder im Kampf mit dem Schwert vor den Mauern den Tod finden oder auf Geheiß der Feinde in die Fremde zerstreut werden.[142] Solche Zeichen Ezechiels verfehlten ihre Wirkung nicht, die Zuschauer waren schockiert. Denn groß war noch die Hoffnung unter den Deportierten in Babylonien, dass ein Aufstand der Landsleute und Freunde in Jerusalem gegen die Babylonier erfolgreich sein würde. Doch Ezechiel ließ sich immer wieder neue Aufführungen einfallen, um die Hoffnung auf einen erfolgreichen Widerstand in der Heimat zu zerstäuben. Als nächstes setzte er eine Fluchtsituation in Szene. Unmotiviert ging er daran, die Wand seines Hauses zu zerschlagen. Durch das sich auftuende Loch schlüpfte er hindurch und machte sich mit Wenigem seiner Habe davon. Die dadurch provozierte Frage seiner Nachbarn, was dies denn nun wieder soll, beantwortete er mit einer detailreichen Unheilsankündigung für Jerusalem, die die bevorstehenden Notsituationen drastisch vor Augen führte.[143]

In der Zeit, als Nebukadnezars Truppen bereits den Belagerungsring um Jerusalem gezogen hatten, nahm Ezechiel einen alten, verrosteten Kessel und setzte ihn auf ein Feuer. Er füllte ihn mit Wasser und legte Fleisch von den besten Stücken zum Kochen hinein. Er kochte das gute Fleisch in dem rostigen Kessel bei höchster Hitze bis Rost und Fleisch zu einer ekligen Einheit geworden waren. Entsetzt schauten ihm die Menschen in Babylonien zu. Ezechiel erklärte ihnen, dass genauso wie das Fleisch im Kessel verbrennt, so nun auch Menschen in Jerusalem verbrennen. Das Fleisch im Rost werde nicht mehr gut werden, so werden auch die Menschen in Jerusalem nicht mehr von Jahwe gerettet.[144]

Danach verfiel Ezechiel in Schweigen. Er hatte genug gesagt. Er hatte genügend angedeutet, wie dramatisch der endgültige Untergang Jerusalems vollführt wird. Als schließlich die ersten Verschleppten der zweiten Deportationswelle in Babylonien ankamen und von der vollständigen Zerstörung Jerusalems und des Tempels berichteten, fand Ezechiel seine Sprache wieder.[145] Die Ankunft der neuen Deportierten war für ihn das untrügliche Zeichen, dass seine Prophetie korrekt war. Sie war tatsächlich bestätigt worden. Er musste sie nun fortführen. Nun jedoch, nachdem von Jerusalem und dem Tempel Jahwes nur noch Trümmer übrig geblieben waren, die Strafe Jahwes vollführt war, sah Ezechiel die Notwendigkeit, wieder Hoffnung zu stiften. Nun begann er, Heilsworte zu sprechen, zu trösten. In einer großartigen Vision wollte er beschreiben, wie die Verbannten als Auferstandene gemeinschaftlich in das Gelobte Land zurückkehren würden. Die ausgedörrten Gebeine der Toten würden mit Fleisch und Haut überzogen, Gottes Geist fahre ihn sie ein und sie würden in ihre Heimat gesetzt, nicht in ein jenseitiges Paradies (Ezechiel 37,1–14).

Um seine Verkündigungen für die Nachfahren zu erhalten, schrieb Ezechiel seine Worte und Symbolhandlungen auf. Er schrieb aus der Ich-Perspektive und verdeutlichte so, dass er sich persönlich eingebunden fühlte in die Inhalte seiner Visionen, Zeichenhandlungen und Worte. Freunde und Schüler scharten sich um ihn, ergänzten nach seinem Tod die Schrift um weitere Offenbarungen, bei denen es immer wieder um eine Erneuerung des Gottesvolkes in allen gesellschaftlichen Schichten ging.[146]

Ähnliches geschah mit der Schrift des Propheten Jeremia in Jerusalem. Auch hier überarbeiteten und ergänzten Schülerkreise im Laufe der Jahre die Worte und Reden des Propheten. Dabei trat die Ablehnung von Königtum und Tempelpriestern immer deutlicher hervor. Ein Wiederaufbau der alten Strukturen wurde mehr und mehr abgelehnt. Die verkommenen Wege, die sich als Irrtum erwiesen hatten, müssten aufgegeben und verlassen werden – so die Botschaft. Neue Wege zu Jahwe müssten gesucht werden, die nicht über König oder Tempel führten. Stabilere Strukturen müssten errichtet werden, die eine dauerhafte und gute Beziehung zu Jahwe ermöglichen. Die Nachgeborenen, die den Fall Jerusalems noch nicht miterlebt hatten, sollten die Hoffnung spüren, ihre Beziehung zu Jahwe ordnen zu können und zu einem gelingenden Leben zu kommen.[147] Und so wurden die Jeremia-Schrift wie auch die Ezechiel-Schrift zu Dokumenten des Jahwe-Glaubens, in denen Jahwe dargestellt ist als der Gott für alle, die an ihn glauben wollen, unabhängig vom Ort ihres Daseins, indem sie auf seine Worte hören und sich ihm zuwenden. Und gemeinsam an einer guten Zukunft bauen.[148]

Die Schülerkreise der Propheten brachten die Worte der erweiterten Schriften Ezechiels und Jeremias geschickt in Umlauf. Durch Vorlesen auf den Plätzen wurden sie bekannt gemacht, in die Gottesdienste wurden sie eingebracht. Gerade die kurzen, aber eindrücklichen Passagen über die Visionen Ezechiels oder die wortgewaltigen Klagen Jeremias über die Hartnäckigkeit des sündigen Volks eigneten sich bestens dafür. Nach und nach entwickelten sich die Prophetenschriften so zu einem selbstverständlichen Teil gottesdienstlicher Klagefeiern. Nach und nach wurden sie so zu einem festen Element religiöser Literatur. Die Perspektive der beiden Propheten, den Untergang Judas als Gericht Gottes für die Sündhaftigkeit der Judäer zu erklären, entwickelte sich so zu einer bald selbstverständlichen Sichtweise der Jahwe-Religion in Babylonien.[149]

Aus den Kreisen der Propheten wie Jeremia oder Ezechiel und ihren Schülern und Nachfolgerinnen wuchs allmählich eine Bewegung, die mehr und mehr Menschen umfasste. Sie warben jetzt dafür, die Situation in Babylonien anzunehmen, aus der Vergangenheit zu lernen, auf Tempelkult und König als sichtbare Garanten der Anwesenheit Jahwes zu verzichten. Neue Formen der religiösen Verehrung und neue Symbole sollten gefunden werden. Die Menschen hatten eingesehen, dass sie und ihre Vorfahren die Schuld daran trugen, dass Jahwe Jerusalem untergehen ließ. Weil sich das Volk gegen die herrschenden Babylonier auflehnen wollte, bestehende Verträge nicht eingehalten und Jahwes Willen nicht beachtet hatte, waren sie von Jahwe selbst in diese missliche Situation in Babylonien gebracht worden. Nun sahen sie die Zeit gekommen, ein neues Verhältnis zu Jahwe aufzubauen:[150] »Spruch Jahwes: Ich habe meine Weisung in ihre Mitte gegeben und werde sie auf ihr Herz schreiben. Ich werde ihnen Gott sein und sie werden mir Volk sein« (Jeremia 31,33).

Neugestaltung der Vergangenheit

Es hätte auch alles anders kommen können: Nach ihrer Ankunft in Babylonien hatten die Verschleppten erstmals Zeit, ihre Erlebnisse zu verarbeiten. Ihre stolze Hauptstadt war dem Erdboden gleich gemacht. Der Tempel, in dem sie ihren Gott Jahwe mit Opferzeremonien und Kultriten verehrt hatten, stand nicht mehr. Angehörige, Freunde und Nachbarn waren tot, verletzt oder missbraucht. Traumatische Erfahrungen hatten das Leben der letzten Monate geprägt. Jetzt mussten die Deportierten in einem fremden Land bei Null anfangen. Zu dem erniedrigenden Gefühl, zwangsweise verschleppt worden zu sein, kam für die meisten der Exilanten die Schande hinzu, nun die Oberschichtprivilegien aufgeben zu müssen und einen sozialen Abstieg zu erleiden. Aus der ehemaligen Führungselite Jerusalems, den königlichen Beamten, den Kaufleuten und den Priestern wurden landwirtschaftliche Pächter, die sich um Haus und Hof mit den eigenen Händen zu kümmern hatten. Und schließlich wurden sie in ihrer neuen Heimat von den Fremden wegen ihres Glaubens gedemütigt. »Singt uns eure Loblieder auf euren unbezwingbaren Gott vor«, forderten sie zynisch. Die Gedemütigten hielten ihre Erfahrungen schriftlich fest: »An den Strömen von Babel, da saßen wir und wir weinten, wenn wir Zions gedachten. An die Weiden in seiner Mitte hängten wir unsere Leiern. Denn dort verlangten, die uns gefangen hielten, Lieder von uns, unsere Peiniger forderten Jubel: Singt für uns eines der Lieder Zions« (Psalm 137,1–3).

Nach ihrer Ankunft in der Fremde waren die Deportierten erschüttert. Sie hatten sich damit abzufinden, von nun an in einem anderen Land mit anderer Kultur, anderer Landschaft, anderer Religion, anderer Vegetation leben zu müssen. In dieser Situation hätte die Geschichte des Volks der Jahwe-Verehrer zu Ende sein können. Die Unterlegenen hätten sich abwenden können von ihrem Gott, der gegen die Babylonier Schwäche gezeigt hatte und sein Volk nicht beschützen konnte. Entsprechende Fragen formulierten die ins Exil verschleppten Judäer durchaus: »Wo sind die Taten deiner früheren Huld, Jahwe?« (Psalm 89,50). »Hat seine Huld für immer ein Ende?« (Psalm 77,9). Lohnte es sich noch, Jahwe weiterhin zu verehren? Hatten sich nicht die babylonischen Götter als die mächtigeren erwiesen? War Jahwe am Ende? War es nicht besser, diesen schwachen Gott aufzugeben und sich dem starken babylonischen Gott Marduk zuzuwenden?

Doch es kam bekanntlich anders: Die Exilierten suchten die Schuld für den Untergang nicht bei ihrem Gott, sondern sahen ihr eigenes Scheitern, ihre eigene Schwäche. Sie betrachteten Jahwes Abwendung als sein Gericht für ihre Sünden. Mit dieser neuen Einsicht begriffen nun die ehemaligen Schreiber des Königshofes, dass die Annalen aus der Zeit Joschijas überarbeitet werden müssten. Deren Aussageintention war aus der Zeit gefallen. Die einstmals verfassten Annalen, die auf vergangene Zeiten zurückblickten bis hin zum legendären ersten König, wollten ursprünglich Hoffnung für ein erstarkendes Südreich unter Joschija spenden. Aber die Stärke des Südreiches war unwiderruflich hin, Hoffnung auf eine Wiedererstehung war sinnlos. Es machte sich der Wunsch breit, die Annalen unter einem völlig neuen Blickwinkel zu überarbeiten. Dazu war zunächst die Frage zu klären, wie es trotz der treuen Regentschaft Joschijas, die an Zeiten des guten David anknüpfte, wenige Jahre später zum vollständigen Untergang kommen konnte.

Es reichte also nicht mehr aus, in den Joschijanischen Annalen Geschichtsschreibung in Form von Aneinanderreihung einiger Daten und Fakten über Regierungszeiten zu betreiben. Jetzt, in der neuen Zeit, sollte in prosaischer Dichtung an Erfahrungen mit Jahwe erinnert werden, durch die sich die nationale Katastrophe theologisch verarbeiten ließ. Ausgemalte Geschichten sollten lebendig veranschaulichen, warum sich Jahwe für den Untergang seines Volks entscheiden musste. Ähnlich wie die Prophetenschülerkreise deuteten die ehemaligen Hofschreiber den katastrophalen Untergang als Gericht Jahwes über die Verfehlungen der Vergangenheit. Aber: Die Annalenschreiber waren einstmals Hofbeamte und Tempelpriester gewesen. Sie konnten nicht aus ihrer Haut. Auf Königsfigur und Tempelkult künftig vollständig zu verzichten, fiel ihnen allzu schwer. Die Könige waren doch von Jahwe erwählt, die Kultrituale von Jahwe gewollt. Die Annalenschreiber blieben bei ihrer königlich-kultischen Perspektive. Die Perspektive des Volks oder gar des Einzelnen war nicht ihre Perspektive. Volkspropheten, die lautstark Sozialkritik an den bestehenden Verhältnissen geäußert hatten, wie Amos, oder die öffentlich die Politik des Hofes angegriffen hatten, wie Jeremia, kamen in ihrer Perspektive nicht vor und spielten in ihrem Geschichtsrückblick deshalb auch keine Rolle. Niemals hätten sie wie diese Propheten einen Nebukadnezar als das Werkzeug Jahwes betrachtet, die einzigen Könige von Jahwes Gnaden waren für sie David, Joschija und die Anderen am Hofe Jerusalems. Deshalb blickten die höfisch-priesterlichen Annalenschreiber weiterhin von oben auf die Geschichte und die Entwicklung. Für sie waren und blieben David wie Joschija die großen Vorbilder, an denen man sich theologisch auszurichten hatte.[151]

So wagten sich die ehemaligen Schreiber des Jerusalemer Hofstaats daran, eine umfassende Geschichtsdarstellung zu verfassen, an deren Anfang sie diejenigen Gesetze Gottes stellten, die einst unter Joschija fixiert worden waren. Sie griffen zurück auf jene Urkunde aus Joschijas Zeit, die die Gesetzesvorschriften Jahwes für sein Volk enthalten hatte. Jene Urkunde, die in Form eines Vasallenvertrags einen Bund zwischen Jahwe und dem Volk der Judäer geschlossen hatte. Diese Gesetze erweiterten die Schreiber und rückten dabei vor allem zwei Punkte ins Zentrum: die Forderung nach einer Zentralisierung des Jahwekults auf den Tempel in Jerusalem sowie ein Verbot aller anderen Fremdgötterkulte und Götzenpraktiken. Sie brachten den Anspruch auf ein Monopol der Jahwe-Verehrung an ihrem ehemaligen Tempelstandort in ihre Schrift ein. Damit hatten sie ihren Maßstab gefunden, mit dem sie eine Verärgerung Jahwes durch kultische und rituell-religiöse Verfehlungen messen wollten. Wer am Tempel in den beschriebenen Kulten Jahwe verehrt hatte, dem war Jahwe gewogen. Wer fernab vom Tempel in fremden Kulten und Praktiken Gott und Götter verehrte, der hatte Jahwes Zorn gereizt. Aus dieser Perspektive heraus stellte sich das ehemalige Nordreich von Anfang als ein dem Untergang geweihtes Reich dar, weil es dort selbstverständlich gar keine Verbindung zum Jerusalemer Tempel gegeben hatte. Und so wurde in dem Geschichtswerk der ehemaligen Hofschreiber das Nordreich Israel zum Sündenpfuhl schlechthin, das Jahwe bald vernichten musste.[152] Die einstigen Hofschreiber arbeiteten jetzt an einem Geschichtsrückblick als »deuteronomistischem Geschichtswerk«, das Geschichte mit dem Maßstab der Gesetze des Deuteronomiums maß.[153]

An den Anfang des überarbeiteten Geschichtswerks stellten die ehemaligen Hofschreiber eine ausführliche Auflistung der Gesetze aus Joschijanischer Zeit.[154] Im Anschluss daran richteten die »Deuteronomisten« in ihrem Werk den Blick auf die geschichtliche Entwicklung des Jahwe-Volks, beginnend bei den vorstaatlichen Anfängen[155] über die frühe Königszeit[156] und die beiden Reiche Israel und Juda bis hin zur vollständigen Katastrophe der Einnahme Jerusalems durch die Babylonier[157]. Wie es auch die Prophetenschülerkreise taten, erklärten die Deuteronomisten den Untergang als Folge des zunehmenden Ungehorsams gegenüber den am Anfang formulierten Gesetzen Jahwes, hatten dabei aber eben nicht Verfehlungen des Volks oder des Einzelnen im Blick, sondern die Fehler der Könige und der religiös Verantwortlichen. »Erfüll deine Pflicht gegen Jahwe, deinen Gott: Geh auf seinen Wegen und bewahre alle seine Satzungen, Gebote,

Rechtsentscheide und Bundeszeugnisse, die in der Weisung des Mose niedergeschrieben sind« (1 Könige 2,3), ließen die deuteronomistischen Schreiber David in ihrem Geschichtswerk zu seinem Sohn Salomo sagen. Und mit Jahwes Stimme wurde fortgeführt: »Wenn du mit ungeteiltem und aufrichtigem Herzen vor mir den Weg gehst, den dein Vater David gegangen ist, und wenn du alles tust, was ich dir befohlen habe, wenn du meine Gesetze und Rechtsentscheide bewahrst, dann werde ich deinen Königsthron auf ewig in Israel bestehen lassen, wie ich es deinem Vater David zugesichert habe. ... Doch wenn ihr und eure Söhne euch von mir abwendet und die Gebote und Satzungen, die ich euch gegeben habe, übertretet, wenn ihr euch anschickt, andere Götter zu verehren und anzubeten, dann werde ich Israel in dem Land ausrotten, das ich ihm gegeben habe« (1 Könige 9,4–7). Diese eindrückliche Formulierung ließen sich die ehemaligen Hofschreiber einfallen, um das Programm ihres Geschichtsrückblicks zu verdeutlichen. So machten sie klar erkenntlich, dass in ihrem Geschichtswerk das Verhalten der Könige den Gradmesser für den Fortbestand des Reiches und den Grund für seinen Untergang darstellt. Unter diesem Motiv betrachteten die Deuteronomisten die Vergangenheit.

Den Deuteronomisten war wichtig zu erklären, dass die Priester und Könige nicht konsequent genug eine Zionstheologie verfolgt hätten, also zu wenig ihr religiöses und politisches Verhalten auf den Tempel ausgerichtet hätten. Man hätte in der Vergangenheit viel stärker den Tempel auf dem Jerusalemer Zionberg ins Zentrum der Jahwe-Verehrung stellen sollen. Hätten die Könige doch nur eine ungeteilte und aufrichtige Konzentration des Jahwe-Kults in Jerusalem unterstützt, dann hätte Jahwe kein Exempel an seinem Volk statuieren müssen! König David galt den Deuteronomisten dabei als das religiöse Vorbild schlechthin, er war der Garant für Jahwes treue Begleitung.[158] Er hatte sich Jahwes Willen unverfälscht untergeordnet,[159] das Reich politisch und kultisch auf Jerusalem hin zentralisiert,[160] durfte das von Jahwe versprochene Land erobern und von Feinden befreien.[161] Mit seinem Sohn Salomo schon begann aus deuteronomistischer Perspektive eine erste Abwärtsbewegung, weil er seinen ausländischen Frauen zuliebe Fremdkulte in Jerusalem zugelassen habe.[162] Und von diesem Zeitpunkt an ließen die Deuteronomisten in ihrem Geschichtswerk eine Art Wellenbewegung einsetzen, in der die Geschichte ständig zwischen Abfall und Umkehr, Bedrohung und Rettung hin und her schaukelte, in Wellen, die immer höher und höher wuchsen, so dass die Extreme zwischen tiefer Enttäuschung, großem Abfall, und umfassender Reform, großer Wiedergutmachung, immer stärker auseinandertraten. Allein die Könige Asa, Hiskija und Joschija reichten aus der Perspektive des deuteronomistischen Geschichtswerks an den legendären David heran: Denn Asa ließ einst Götzenbilder im Jerusalemer Tempel beseitigen,[163] wodurch das von Salomo verursachte Wellental wieder ausgeglichen wurde. Gleichwohl ließen die Verfasser des deuteronomistischen Geschichtswerks diesen Wellenberg sofort in ein noch tieferes Wellental übergehen, als unter den nachfolgenden Königen Joram und Athalja die Verehrung von Fremdgöttern am Jerusalemer Tempel erlaubt wurde. Der Tempelpriester Jojada konnte dieses Tief wieder ausgleichen.[164] Doch dafür kam es anschließend unter König Ahas wieder umso schlimmer, als er sich Kulten auf den Berghöhen zuwendete.[165] Nur eine umgreifende Reform unter König Hiskija konnte für die Deuteronomisten hier wieder einen Ausgleich schaffen.[166] Aber die überaus positive Darstellung Hiskijas durch die Verfasser des deuteronomistischen Geschichtswerks bildete nur die helle Folie, neben der sich die Zeit unter König Manasse umso dunkler abzeichnete.[167] Manasses vermeintlich üble Regentschaft bildete für die Deuteronomisten den Grund, warum Jahwe den Gerichtsbeschluss über sein Volk fällte,[168] der selbst durch Joschijas blendende Regierungszeit nicht mehr aufgehoben werden konnte: »Jahwe ließ von der gewaltigen Glut seines Zorns nicht ab. Sein Zorn war über Juda entbrannt wegen all der Kränkungen, die Manasse ihm zugefügt hatte« (2 Könige 23,26), so formulierten es die Geschichtsschreiber, um die Entwicklung im Rückblick zu deuten. Allein den Zeitpunkt des Unheils konnte Joschija durch sein gutes Handeln noch einmal hinauszögern.[169] Die Deuteronomisten bauten ihr Geschichtswerk so auf, dass alles auf den Nachweis hinauslief, dass eine konsequente Zentralisierung des Jahwekults in Jerusalem und eine Reinhaltung des Tempels von allen Fremdgöttern die Untergangskatastrophe verhindert hätte. Oder umgekehrt argumentiert: Die Vielfalt der Jahwekulte in beiden Reichen und die zahlreichen Fremdgötterkulte waren es, die den Untergang unwiderruflich heraufbeschworen hatten. Um dies zu verdeutlichen, überarbeiteten die ehemaligen Hofschreiber die Annalen, die ihnen vorlagen.[170]

Sobald Könige den Bau von Höhenheiligtümern außerhalb Jerusalems zugelassen oder Fremdkulte am Jahwe-Tempel gefördert hatten, schlug die Wellenbewegung im Weltbild der Deuteronomisten wieder ein Stück weiter nach unten aus. Am Ende ihres Geschichtswerks listeten die Deuteronomisten in einem Idealzustand auf, wie der Kult am Tempel hätte aussehen sollen, um Jahwes Unheilsbeschluss nicht heraufzubeschwören: ohne Altäre für andere Götter, ohne Höhenheiligtümer und Kultplätze außerhalb Jerusalems. In einer langen Aufzählung ließen sie Joschija diese Kultreinigung in ihrem Literaturwerk durchführen.[171] Joschijas angebliche Kultreform war die Blaupause für den Kult, wie er künftig aussehen sollte. Dies wollten die Verfasser des deuteronomistischen Geschichtswerks ihren Zeitgenossen vermitteln und führten es ihrer Leserschaft dramatisch vor Augen.

Am Schluss blieb für die Verfasser des deuteronomistischen Geschichtswerks noch die Frage, wie sie den Abschluss ihres historischen Rückblicks gestalten sollten. Die ihnen vorliegenden Annalen endeten mit Joschijas Regierungszeit. Selbstverständlich war es ein Leichtes, den nachfolgenden Söhnen des Königs eine verantwortungslose Politik vorzuwerfen, die den Untergang besiegelte.[172] Aber sollte das Geschichtswerk tatsächlich ohne jeden Hoffnungsaspekt enden? Und umgekehrt: Konnte angesichts des vollständigen Untergangs denn überhaupt irgendwie Hoffnung geschürt werden? Die Deuteronomisten entschieden sich dafür, die Katastrophe mit allem Nachdruck drastisch zu zeichnen, aber dennoch mit einem Hoffnungsschimmer auf Wiedererrichtung von Kult und Königtum zu enden:[173] In den Schlusskapiteln ihres Geschichtsrückblicks wurde die zu Joschijas Zeit noch stolze Hauptstadt Jerusalem zunächst durch den Pharao gedemütigt und dann durch die Babylonier ins Chaos gestürzt. Danach war Jerusalem jeder Eigenständigkeit beraubt. Sobald Jerusalem nochmals eigenständig zu handeln versuchte, ließen die Deuteronomisten sofort den Besatzungsherrscher auf den Plan treten. Er vernichtete das einst stolze, nun gedemütigte und abhängige Jerusalem endgültig, als Lebensort wie auch als Kultort: Die schützenden Mauern der Stadt wurden eingerissen, der Palast und die Häuser in Brand gesteckt, die Bewohner verschleppt. Die Kultgeräte wurden gestohlen, der Tempelschatz geplündert, die Priester hingerichtet. Aus der Metropole war eine Nekropole geworden.[174] Aber: Zu guter Letzt ließen die Verfasser des deuteronomistischen Geschichtswerks nicht unerwähnt, dass der abgeführte König aus dem Gefängnis in Babylon entlassen wurde und am Hofe Babylons einen ehrenvollen Platz erhielt. Mit solchem Hoffnungsschimmer zum Abschluss deuteten die Verfasser eine örtliche Verschiebung an: Zwar ist Jerusalem zerstört und das Reich Juda ist untergegangen. Aber das Volk der Judäer lebt überraschenderweise weiter, an anderem Ort. Der König, der Garant des judäischen Fortbestands, befand sich in dem Geschichtsrückblick jetzt als angesehene Person in Babylonien, die Kultgegenstände aus dem Tempel waren ebenfalls dort aufbewahrt. Es war die Hoffnung erlaubt, dass der Faden von König und Kult nicht zerschnitten war. Eine Fortsetzung war trotz aller Zerstörung denkbar. Gesellschaft und Kult Jahwes können also überleben, aber eben nicht mehr in Juda, sondern im verstreuten Exil an anderem Ort. Die Hoffnung auf Fortbestand auch ohne Tempel bildete somit den Abschluss des deuteronomistischen Geschichtswerks.

Schriften aus der Exilszeit

Eine Generation nach der großen Katastrophe war es, als die Deuteronomisten nach der Erklärung für den schrecklichen Verlauf der Geschichte ihres Volks suchten. Gefunden haben sie diese in der inkonsequenten Jahweverehrung am Tempel. Auch die Nachfolgegeneration der Propheten suchte nach einer Erklärung und fand sie in dem fehlerhaften Einhalten der Gesetze Jahwes durch jeden Einzelnen. Gemeinsam war beiden Erklärungsversuchen, dass die Schuld nicht bei Jahwe, sondern bei den Menschen, bei den Judäern selbst gesucht wurde. All diese Gedankenspiele bewirkten, dass das Vertrauen in den Nationalgott Jahwe und seine fortwährende Begleitung allmählich zurückkehrten. Zwar waren Staat, Tempel und Kult für die Judäer verloren, aber dennoch hatte man sich durch alle Mühen und Entbehrungen hindurch ein neues Leben aufbauen können, waren Kinder geboren, Lebensfeste gefeiert, Krankheiten überstanden, reife Früchte geerntet worden – sprich: die überlebenden Judäer fanden wieder genügend Anlässe, ihrem Gott Dankbarkeit entgegen zu bringen und Dankgebete zu sprechen: »Er entriss mich meinem mächtigen Feind und meinen Hassern, denn sie waren stärker als ich. Sie überfielen mich am Tag meines Unheils, doch Jahwe wurde mir zur Stütze. Er führte mich hinaus ins Weite, er befreite mich, denn er hatte an mir Gefallen. Jahwe handelte gut an mir nach meiner Gerechtigkeit, vergalt mir nach der Reinheit meiner Hände. Denn ich hielt mich an die Wege Jahwes und fiel nicht ruchlos ab von meinem Gott« (Psalm 18,18–23).

Um sich Mut zu machen, erzählten die Menschen Geschichten. Im babylonischen Exil boten vor allem die Erzählungen der Erzeltern Anknüpfungspunkte für die Situation der Vertriebenen. Abraham und Jakob, die ihre Heimat verlassen mussten, Nomaden, die keine feste Heimat hatten – das entsprach dem Alltagserleben der Exilanten. Auch sie hatten ihre angestammte Heimat verlassen und in der Fremde leben müssen. Probleme der Brautwerbung unter Fremden, Heirat, Familiennachwuchs, Eifersucht und Streit in einer wachsenden Familie, Fragen der Erbaufteilung – all dies bot die Familiensage von Abraham und seinen Nachkommen und passte so exakt zu dem Erlebten der Exilanten, dass die Erzelternerzählungen zu einer Identifikationsgeschichte der Judäer in Babylonien wurden. Sie konnten es unmittelbar auf sich selbst beziehen, wenn die Judäer in Babylonien lasen, wie Jahwe seinen Beistand für Jakob zusagte: »Siehe, ich bin mit dir, ich behüte dich, wohin du auch gehst, und bringe dich zurück in dieses Land. Denn ich verlasse dich nicht, bis ich vollbringe, was ich dir versprochen habe« (Genesis 28,15). Oder wenn sie lasen, dass Jahwe an Abraham Landbesitz und Nachkommen verspricht: »Das ganze Land nämlich, das du siehst, will ich dir und deinen Nachkommen für immer geben. Ich mache deine Nachkommen so zahlreich wie den Staub auf der Erde. Nur wer den Staub auf der Erde zählen kann, wird auch deine Nachkommen zählen können« (Genesis 13, 15–16). Es entsprach ihren eigenen, noch sehr lebendigen Erfahrungen der Verschleppung, wenn sie lasen, dass Abraham seine Heimat aufzugeben hatte: »Jahwe sprach zu Abram: Geh fort aus deinem Land, aus deiner Verwandtschaft und aus deinem Vaterhaus in das Land, das ich dir zeigen werde! Ich werde ... dich segnen und deinen Namen groß machen« (Genesis 12,1–2). Die Exilanten konnten es als persönliche Anrede an sie selbst verstehen, wenn dem fliehenden Jakob zugesagt wurde: »Das Land, auf dem du liegst, will ich dir und deinen Nachkommen geben. Deine Nachkommen werden zahlreich sein wie der Staub auf der Erde« (Genesis 28,13–14).

Und so wie Abraham angesichts des drohenden Todes seines einzigen Sohnes auf Jahwe vertraute (Genesis 22,1–19), so konnten auch die Exilanten angesichts todbringender äußerer Umstände weiter auf ihren Gott vertrauen. Diese und ähnliche Erzählungen über die Erzeltern erfreuten sich unter den Judäern in Babylonien größter Beliebtheit. Man überarbeitete die Geschichten nun literarisch so, dass sie den Ängsten und Minoritätsgefühlen der Exilanten Hoffnung entgegensetzen konnten. Besonders Segensverheißungen wie in Genesis 12,2–3 und 28,13–14 fassten die Exilanten als das Versprechen Jahwes auf, durch ihn für immer gesegnet zu sein.[175]

Auch die Schriften der alten Gerichtspropheten Amos, Hosea, Micha und Zefanja wurden während der Zeit im Exil bearbeitet. Das in diesen alten Schriften angekündigte Gericht war ja nun vollzogen. Um die Schriften jetzt noch aktuell und damit lesbar zu halten, wurden sie mit Heilsversprechen aufgepeppt. Niemand hatte mehr Interesse daran, sich eine Amos-Schrift durchzulesen, die in aller Deutlichkeit die sozialen Missstände in der Königszeit anprangerte und das darauf drohende Unheil ankündigte. Diese Zeiten waren längst vergangen! Die Schriften mussten Hoffnung versprühen, durften die Exilierten nicht in Depression verfallen lassen. Deshalb versah man beispielsweise das Ende der Amos-Schrift mit einem Ausblick auf eine heilvolle Zukunft. Amos selbst hätte in einer Zeit vor dem Untergang Jerusalems nicht von einer »zerfallenen Hütte Davids«, von »verwüsteten Städten« oder einem verwaisten David-Thron gesprochen (Amos 9,11–15). Die dortigen Heilszusagen für die Ewigkeit hätte der historische Amos, dem es um Veränderungen angesichts drohenden Unheils ging, nicht verlauten lassen. Aber in der Zeit des Exils waren solche Aussichten notwendig. Gleiches galt für Hosea, der als Gerichtsprophet keine Heilszusagen ausgesprochen hätte von der Art: »Wie ein Vogel kommen sie zitternd herbei aus Ägypten, wie Tauben aus dem Land Assur. Ich lasse sie wieder in ihren Häusern wohnen – Spruch Jahwes« (Hosea 11,11). Solche Zusagen waren jedoch typisch für die Bearbeitungen und die Hoffnungen in der Zeit des bereits länger andauernden Exils in Babylonien. Die Formulierungen entsprachen den Erwartungen und Denkweisen der Verschleppten in Babylonien. In der Schrift des Propheten Micha ergänzten die Bearbeiter sogar ganze Abschnitte, um dem Buch Rettungszusprüche und Heimkehrverheißungen zuzuführen (Micha 4–5). Als ein neues messianisches Zentrum wurde hier Bethlehem anstatt Jerusalem eingeführt, weil die Größe und der Glanz Jerusalems gescheitert waren. Jetzt wurde auf das kleine, schäbige Dorf gesetzt. Jerusalem war fern und lag in Trümmern. Die Hoffnung steckte jetzt im Kleinen. Und Zusätze in der Zefanja-Schrift waren ausgerichtet auf eine Leserschaft, die in »verstreuten Gemeinden« leben, ein einst »hochmütiges« Jerusalem, »überhebliche Prahler« erlebt hatten und jetzt als der »Rest von Israel«, als »demütiges und armes Volk« (Zefanja 3,10–13) übriggeblieben sind. All die alten, traditionsreichen religiösen Schriften wurden im Exil auf solche Weise der neuen Lesersituation angepasst, damit sie weiter genutzt werden konnten und nicht als veraltete Dokumente in Vergessenheit gerieten.[176]

Je länger das Exil in Babylonien andauerte, umso mehr bedurfte es aber neuer Perspektiven. Die Zeit der Einsicht und Buße währte irgendwann zu lange. Längst schon hatten die Judäer verstanden, dass sie selbst Schuld trugen am Untergang. Doch wie sollte es jetzt weitergehen? Sollte der Glaube der Judäer an ihren Gott Jahwe auf ewig in Babylonien fortgeführt werden? Waren nicht die mächtigen babylonischen Götter überlegen, ihre Kulte und Rituale viel attraktiver als die ständigen Vertröstungen der Jahwe-Priester auf eine vermeintliche heilvolle Zukunft? War es nicht an der Zeit, dass diese Zukunft endlich einmal anbricht?

Die abstrakten Heilsversprechen für eine kommende Zeit genügten allmählich nicht mehr. Eine neue Gruppe von Propheten meldete sich zu Wort, die verstärkt mit konkreten Hoffnungsworten und Heilsversprechen auf Klagen und Bußbereitschaft der Gemeinden reagierte.[177] Es stellten sich jetzt drängende Fragen: Wo sehen wir denn Jahwes Eingreifen? Warten wir womöglich vergebens? Wo bleibt die versprochene schöne Zukunft? In diesem Moment setzten die neuen Propheten nun alles auf eine Karte: Und die zeigte den Kopf eines mächtigen Königs. Im fernen Medien und Kleinasien regte sich nämlich ein ehrgeiziger Herrscher namens Kyros, der den unbesiegbar erscheinenden Babyloniern trotzig die Stirn bot. Schlacht für Schlacht beendete er siegreich und schickte sich an, die Weltherrschaft zu übernehmen. Die judäischen Propheten jener Zeit sahen in ihm das neue Werkzeug Jahwes, das eingesetzt ist, um die Situation der Judäer erneut grundlegend zu ändern. Diese Propheten, Nachkommen ehemaliger Tempelpriester, die besonders die Texte Jesajas studiert hatten, hatten dort gelesen und gelernt, dass Jahwe den universalen Lauf der Geschichte plant und leitet, für sein Volk Heilszeiten und Gerichtsphasen vorhält und diese durch fremde Völker einleitet: »Er stellt ein Feldzeichen auf für die Nationen in der Ferne, er pfeift sie herbei vom Ende der Erde und siehe, eilends, schnell kommen sie heran« (Jesaja 5,26), und Jahwe warnt: »Wehe Assur, dem Stock meines Zorns! Der Knüppel in ihrer Hand, das ist meine Wut« (10,5).[178] Die jungen Propheten hatten daraus gefolgert, dass Jahwe die Weltgeschichte leitet. Und nun betrachteten sie den fremden König Kyros als den Auserwählten Jahwes, der um der Judäer willen die babylonische Herrscherphase beenden werde: »Sein Schwert macht sie zu Staub, sein Bogen macht sie zu Spreu, die verweht. Er verfolgt sie, rückt unversehrt vor, berührt kaum mit Füßen den Weg. Wer hat das bewirkt und vollbracht? Er, der von Anfang an die Generationen ins Dasein rief. Ich, Jahwe, bin der Erste und noch bei den Letzten bin ich derselbe... Ich habe ihn vom Norden erweckt und er kam... Ich habe ihn an seiner rechten Hand gefasst, um ihm Nationen zu unterwerfen« (Jesaja 41,2–4.25; 45,1).[179] In einer Schrift[180] erklärten die jungen Propheten ihre Deutung der Geschehnisse, die ihnen in einem himmlischen Thronrat mitgeteilt worden seien.[181]

Nicht alle Judäer in Babylonien konnten und wollten dieser Sichtweise der neuen Prophetengeneration zustimmen. Sie erwiderten: Ein Fremder soll der Erwählte Jahwes sein? Die Davididen sind die Gesalbten! So hatten es die Menschen durch die Lektüre des deuteronomistischen Geschichtswerks gelernt. Sie folgerten deshalb vielmehr: Wir müssen auf einen König aus dem Geschlecht Davids warten. Die Hoffnung auf den fremden Kyros zu setzen, war politisch sicherlich heikel, theologisch noch fragwürdiger. Mit allem Nachdruck, fast aggressiv mussten deshalb die neuen Propheten etwas entgegensetzen: »Wer ist so blind...? Vieles hast du gesehen, aber es nicht beachtet; die Ohren sind offen und doch hört er nicht. ... Wer lieferte Jakob der Plünderung aus und Israel denen, die Beute machen? War es nicht Jahwe, gegen den sie sündigten?« (Jesaja 42,19f.24). Die jungen Nachfolger des Propheten Jesaja erinnerten ihre Diskussionsgegner daran, dass Jahwe der Weltenlenker ist, dass er das babylonische Schicksal bestimmt: »Er thront über dem Erdenrund, dessen Bewohner sind wie Heuschrecken. Er breitet wie einen Schleier den Himmel aus und spannt ihn wie ein Zelt zum Wohnen. Er übergibt die Fürsten dem Nichts, die Richter der Erde hat er dem Nichtigen gleichgemacht« (40,22–23). Sie unterstrichen, dass die babylonischen Götzen Jahwe gegenüber nichts wert sind: »Mit wem wollt ihr Gott vergleichen und welches Bild ihm gegenüberstellen? Der Handwerker gießt ein Götterbild, der Goldschmied überzieht es mit Gold und fertigt silberne Kettchen dazu. Wertvolles Holz als Weihegabe, Holz, das nicht fault, wählt man aus; einen fähigen Handwerker sucht man sich, um ein Götterbild aufzustellen, das nicht wackelt« (40,18–20). Kurz gesagt: Die neuen Propheten formulierten erstmals[182] monotheistische Gedanken! Andere, fremde Götter existieren gar nicht. »Vor mir wurde kein Gott erschaffen und auch nach mir wird es keinen geben« (45,10), ließen sie Jahwe in ihren Visionen sagen: »Es gibt keinen Gott außer mir; außer mir gibt es keinen gerechten und rettenden Gott. Wendet euch mir zu und lasst euch erretten, alle Enden der Erde, denn ich bin Gott und sonst niemand« (45,21–22). Die Argumentation der neuen Propheten lautete nämlich: Wenn Jahwe sich eines Nebukadnezars oder eines Kyros bediente, um den Lauf der Weltgeschichte zu leiten, wenn er es war, der hinter der Macht dieser Menschen stand, dann musste er Macht über die gesamte Welt haben, dann waren andere Götter nichtig, dann war allein Jahwe ein wirksamer Gott. Dann war er der EINZIGE Gott.

Damit drehten die neuen Propheten die kritischen Anfragen an die Jahwe-Religion um: Es galt nicht mehr zu fragen, ob die babylonischen Kultriten vielleicht erfolgversprechender und attraktiver seien. Es galt vielmehr festzustellen, dass die babylonischen Verehrungsriten für all die fremden Götter Ausdruck und Demonstration der Ohnmacht solcher Götzen seien. Nur ein Gott habe alle Macht, nämlich der, den die Judäer verehrten. Dieser Gott allein war es, der die Kraft hatte, aus dem Himmel heraus Gericht zu halten über alles und jeden: »Wer ist mir gleich?«, ließen sie ihn fragen: »Er soll sich melden, er tue es mir kund und lege es mir dar« (Jesaja 44,7). Dieser Gott war nicht nur Gott der Judäer, sondern Gott der ganzen Welt, der die mächtigen Herrscher der Welt als Marionetten führt. Aus Jahwe wurde nun Gott schlechthin, der einzige Gott, der, der alles erschaffen hat: auch die Gestirne und das Himmelsheer, das von Assyrern und Babyloniern göttergleich verehrt wurde. Die Zeichendeuter bekamen besonders ihr Fett ab: »Sollen sie doch auftreten und dich retten, sie, die den Himmel deuten und die Sterne betrachten, die dir an jedem Neumond verkünden, was über dich kommt. Siehe, sie sind wie Spreu geworden, die das Feuer verbrennt« (47,13–14). Der einzige Gott handelt vollständig souverän und universal, wirkt in der Geschichte, so verkündeten es die neuen Propheten.

Aber noch immer waren nicht alle Judäer in Babylonien überzeugt. Sie fragten die neuen Propheten: Was ist denn mit unseren Geschäftspartnern, unseren Freunden, unseren Nachbarn in Babylonien, die Marduk und andere Götter täglich anbeten? Was ist mit ihnen? Sind sie etwa dem Untergang geweiht? Müssen wir sie irgendwie zu Judäern machen, wenn wir sie als Freunde behalten möchten? Wenn wir sie retten möchten? Bei den Antworten auf diese Fragen spaltete sich die Gruppe der Jesajanachfolger. Die einen meinten, allen Fremdvölkern stehe es offen, sich zu Gott hinzuwenden: »Versammelt euch, kommt alle herbei, die ihr aus den Nationen entronnen seid! ... Wendet euch mir zu und lasst euch erretten. ... Meine Arme verschaffen den Völkern Recht« (Jesaja 45,20.22; 51,5). Die anderen meinten, diese Völker seien dazu verdammt, den Judäern zu dienen: »So spricht Jahwe: Die Ägypter mit ihren Erträgen, die Kuschiter mit ihrem Gewinn und die groß gewachsenen Sebaiter werden zu dir kommen und dir gehören; in Fesseln werden sie hinter dir herziehen. Vor dir werfen sie sich nieder und flehen zu dir: nur bei dir ist Gott und sonst gibt es keine Götter... So spricht Jahwe, der Herr: Siehe, ich erhebe meine Hand zu Nationen; und für Völker richte ich mein Feldzeichen auf und sie bringen auf den Armen deine Söhne herbei und tragen deine Töchter auf den Hüften. Könige werden deine Kinder pflegen und Fürstinnen ihre Ammen sein« (45,14; 49,22–23). So oder so wandelte sich jetzt das kleine Bergvolk der Judäer, das seine angestammte Heimat hatte verlassen müssen, zum bedeutsamen Volk des einen Gottes, das der Welt den Retter zu bezeugen hat: »Ich mache dich zum Licht der Nationen; damit mein Heil bis an das Ende der Erde reicht« (49,6). Dieses kleine Volk hatte nun seine Lektion aus dem Untergang gelernt und fühlte den Auftrag, den einzigen Weg zur Rettung aller Welt zu verkünden.[183] Die Jesajanachfolger verstanden die Katastrophe des Untergangs nun nicht mehr als eine Strafaktion. So hatten Jeremia und Ezechiel noch den Untergang Jerusalems gedeutet. Für die neuen Propheten war dies alles Teil eines Plans gewesen, den der einzige Gott ersonnen hatte, damit das Volk der Judäer leuchtendes Beispiel für alle Völker der Welt werden konnte.[184]

In dieser Zeit bildeten die Judäer neue grundlegende Rituale und religiöse Bräuche aus, durch die sie ihre besondere Rolle und Verbindung zu dem einen Gott demonstrierten. Sabbatruhe, Speisevorschriften und Beschneidung bildeten Riten, die in den Familien, ohne Tempel und Priester, durchgeführt werden konnten, mit denen sie sich abheben konnten von allen anderen Völkern. Mit ihrer Einhaltung demonstrierten die Judäer ihre besondere Zugehörigkeit zu dem einen Gott und sicherten zugleich das religiöse Überleben der judäischen Kultur.[185] Während sich unter den Judäern und Judäerinnen die Überzeugung durchsetzte, dass ihr Gott Jahwe der einzige existierende Gott sei, fanden sie neue Formen und Formeln, diese neue Ansicht zu beschreiben. Eine bestechende Geschichte erzählten die Menschen in einer Dichtung jener Zeit, die nahezu eine Deklaration für das Ende des Polytheismus, der Vielgötterei, bekundete: In einer Art von Gerichtsverhandlung wird der Tod der inkompetenten Götter erklärt und Jahwe aufgefordert, die nun ihm allein zukommende Verantwortung für die Menschenvölker zu übernehmen (Psalm 82). In ähnlich deutlicher Weise wurde dies in einer prägnanten und kurzen Formel ausgedrückt, die zur Grundlage der judäischen Überzeugung wurde: »Höre Israel! Jahwe, unser Gott, Jahwe ist einzig« (Deuteronomium 6,4).

Auf in die Zukunft

Es war immer noch unfassbar heiß, obwohl die Sonne schon tief am Horizont stand. Jeder Schritt vorwärts blieb eine anstrengende Qual. Aber die Kolonne sollte noch heute Abend die nächste Versorgungsstation erreichen. In regelmäßigen Abständen hatten die persischen Machthaber entlang der Küste Palästinas Stationen für ihre Soldaten aufgebaut, um eine rasche Verbindung zwischen Syrien und Ägypten zu gewährleisten. Aber heute war der Verband bei der Hitze nur langsam vorangekommen. Die Soldaten waren an extreme Bedingungen durchaus gewohnt, aber für die Zivilisten stellte diese Reise eine Herausforderung dar. Morgen würden sie von der Küstenstraße nach links abbiegen und allmählich ins Bergland von Juda gelangen. Ungeduldig zogen sie ihrem Ziel Jerusalem entgegen.

Ihr Anführer, Serubbabel Ben Schealtiel, war ein Mann voller Tatendrang, der unerbittlich die Gruppe vorantrieb. Er gehörte einer derjenigen Familien an, die jetzt in dritter Generation in Babylonien lebten. Sein Großvater war Jojachin gewesen, der letzte freie König von Jerusalem. Dessen Kinder, Serubbabels Eltern, hatten sich in der Fremde ein neues Leben aufbauen müssen. Sechsundsechzig Jahre nach dem Untergang Jerusalems waren die Juden in Babylonien zwischenzeitlich gut integriert, auch wenn sie in geschlossenen Gruppen in ihrer neuen Heimat angesiedelt worden waren. Dies hatte ihnen immerhin die Möglichkeit verschafft, ihre Bräuche und Rituale beizubehalten und gemeinsam durchzuführen. Sie hatten Häuser gebaut, Land bewirtschaftet, sich in die Gesellschaft Babyloniens eingefunden. Es war ihnen erlaubt worden, Geldgeschäfte zu tätigen. Einige von ihnen sind Händler, Geschäftsleute oder Beamte geworden, haben sich einen gesellschaftlichen und finanziellen Aufstieg erarbeitet. Das berühmte Bankhaus Muraschu in der Stadt Nippur hatte eine Vielzahl von jüdischen Namen auf seiner Kundenliste, Menschen mit beachtlichem Wohlstand, Besitzer von Silberminen und anderen Bergwerken, aus denen sich viel Geld holen ließ.[186]

Auch Serubbabel zählte zu den einflussreichen und gut integrierten Juden im babylonischen Reich. Schon sein Name deutete dies an: Sein Vater, stolzer Nachfahre von König David, selbst bereits in Babylonien geboren, hatte ihm nicht mehr einen jüdischen Namen verliehen, sondern einen babylonischen, der »Spross Babels« bedeutete. Serubbabel war stolz auf das Land, in dem er lebte. Auf die Bewässerungskanäle, die das Land fruchtbar machten, auf die glanzvollen Gebäude, die großen Städte, die guten Verkehrswege. Und er war stolz auf seine Herkunft. Sein Großvater, Ex-König Jojachin, war nach 37-jähriger Gefangenschaft am babylonischen Hof vom neuen Babylonierkönig Amel-Marduk, dem Sohn Nebukadnezars, freigelassen worden. Serubbabel, intelligent, durchsetzungsfähig und diplomatisch geschickt, hatte nach dem Machtwechsel Karriere am persischen Königshof gemacht und war nun vom Perserkönig Darius beauftragt worden, als Statthalter in Jerusalem den Wiederaufbau der Stadt voranzutreiben. Nachdem Darius und schon sein Vorgänger Kambyses das persische Herrschaftsgebiet Richtung Südwesten bis nach Ägypten ausdehnen konnten, geriet für die Perser nun der ehemalige Grenzbereich Palästina in den Fokus, und zwar als schmale Brücke zu der nach Süden verschobenen Grenze des Reiches. Palästina musste unbedingt friedlich gehalten werden, sollte einen gesicherten Puffer zur neuen Grenze bilden und natürlich jetzt als militärisches Durchzugsgebiet für die Truppen dienen. Ruhe in Palästina war dem Großkönig willkommen, als strategische Stabilisierung notwendig. Jerusalem spielte dabei als zentraler Festungsort eine wichtige Rolle.[187]

Und so war Serubbabel der Auftrag zugefallen, Jerusalem zu sichern und in der Teilprovinz Juda, die die Perser Jehud nannten, für Frieden, Ruhe und Wohlstand zu sorgen. Jehud war der Großprovinz Avar Nahara untergeordnet. Avar Nahara bedeutete einfach: jenseits des Flusses. Gemeint waren damit alle Gebiete westlich des Euphrat. Sie unterstanden der Leitung eines Satrapen, der nun auch Serubbabels Vorgesetzter war. Schon seit König Kyros hatten die Perser in ihrem Reich eine Verwaltungsorganisation eingerichtet, die auf eine weitgehende Selbstverwaltung kleinerer Gebiete setzte, um nicht eigene personelle Ressourcen für Verwaltungsstrukturen zu verschwenden. Schon Kyros hatte einst erkannt, dass es mehr verspricht, die Einwohner eroberter Länder nicht zu unterwerfen, sondern zu beteiligen, ihre Fähigkeiten für das eigene Reich einzusetzen statt zu zerstören, ihren Göttern zu huldigen statt sie gegen sich aufzubringen. Ein solcher Pragmatismus kam den unterworfenen Völkern wie eine besondere Toleranz der neuen Herrscher vor – ein weiterer Vorteil, den die Perser gern mitnahmen. Religiöse und kulturelle Identität der Unterworfenen wurde somit jedenfalls nicht zerschlagen, sondern gefördert.[188]

Ein Wiederaufbauprojekt

Serubbabel hatte sich auf seine neue Aufgabe gut vorbereitet gefühlt, als sie vor Wochen den Euphrat überquert und das sichere Kernland verlassen hatten. Frohgestimmt hatte er auf den gleißenden Horizont geblickt und sich sein Ziel Jerusalem vorgestellt, die stolze Hauptstadt seiner Ahnen. Sicherlich, vom Palast

und dem Tempel war nicht mehr viel übrig geblieben, aber man hatte ihm so viel erzählt von der besonderen Aura der Stadt seines Gottes. Ihm war nicht viel bekannt von dem jetzigen Zustand der Stadt, er kannte sie nur aus Erzählungen von Weitgereisten, die von Zerstörungen und Armut sprachen. Irgendwo auf der Fernstraße durch die Wüste jenseits des Euphrat hatte Serubbabel seine Sicherheit verloren, Zweifel zogen langsam in ihm auf. Allmählich bekam er Respekt vor der schwierige Aufgabe des Wiederaufbaus: Wie sieht der Tempel aus? Wie stellen sich die finanziellen Verhältnisse in der Stadt dar? Wie die wirtschaftlichen? Welche Sorgen, Nöte und Wünsche hat die Bevölkerung? Würden sie ihn freudig empfangen, als einen Nachfahren der Könige Jerusalems? Oder würden sie ihm skeptisch gegenübertreten, als einem fremden Rückkehrer aus dem fernen und verhassten Babylonien?
Serubbabel wurde von einer Schutztruppe erfahrener Soldaten begleitet und von einer kleineren Zahl an Familien, die das Wagnis der Rückkehr in die Heimat ihrer Vorfahren eingehen wollten. Serubbabel hatte sich einige Verwaltungsbeamte seines Vertrauens ausgesucht, die er in Jehud einsetzen wollte. Sie hatten ihre Familien mitgenommen. Serubbabel hatte dabei große Auswahl gehabt, denn viele Judäer waren im Beamtenapparat der Perser eingestellt, zum Beispiel als Steuereinnehmer.[189] Solche Leute konnte Serubbabel gut gebrauchen. Aber nicht alle, die Serubbabel gerne dabei gehabt hätte, sind ihm auch gefolgt. Vielen der in Babylonien heimisch gewordenen Judäer erschien die Vorstellung wenig attraktiv, das in der neuen Heimat Erarbeitete aufzugeben für die Rückkehr in ein wirtschaftlich und kulturell zurückhängendes Land. Für sie stellte es ein unkalkulierbares Risiko dar, auf ein sicheres Auskommen in Babylonien zu verzichten und in der ehemaligen Heimat der Väter und Großväter wieder von vorn anzufangen. Den Status von Verschleppten und Heimatlosen hatten sie längst hinter sich gelassen. So begleitete nur eine überschaubare Zahl rückkehrwilliger Familien den Königsenkel Serubbabel, deren Hab und Gut von kleineren Lasttieren getragen wurde. Serubbabel fragte sich, wie die Familien wohl in Jerusalem empfangen würden, mit offenen Armen oder mit Vorsicht, gar Ablehnung? Müsste er wohl erst einmal die Gruppen zu einer Einheit formen? Oder würde der Aufbau einer nach persischer Ordnung verwalteten Stadt problemlos funktionieren?

Neben Serubbabel ritt ein Mann namens Jeschua Ben Jozadak, der aus altem priesterlichem Geschlecht stammte, das zur Aristokratie Jerusalems gezählt hatte. Ihn hatte Serubbabel für die Oberaufsicht über die Wiederherstellung des Kults am Tempel in Jerusalem vorgesehen. Immer wieder äußerte Jeschua seine Enttäuschung darüber, dass es nicht zu einer triumphalen Rückkehr aller Verbannten nach Jerusalem gekommen war, nachdem die Perser die babylonische Herrschaft beendet hatten. Obwohl es doch die Propheten seinerzeit so angekündigt hatten. Seit die persischen Könige die Macht übernommen hatten, gab es bloß eine neue Oberherrschaft, sonst hatte sich nicht viel verändert. Aus der Sicht Jeschuas wurde es allerhöchste Zeit, dass die Prophezeiungen des radikalen Wechsels endlich wahr würden. Dass der Tempel Gottes auf dem Berg Zion für alle Welt leuchten würde.

Auf den gut ausgebauten Straßen in der Küstenebene Palästinas, wo in regelmäßigen Abständen die Versorgungsstationen eingerichtet waren, war die Karawane mit dem bewaffneten Trupp recht gut vorangekommen. Mit dem Tag, als sie ins Bergland abbogen, wurden die Straßen jedoch gefährlicher, enger, steiler. Rasch wurde Serubbabel nun klar, dass die Provinz Jehud an der Peripherie des Perserreiches liegt, abseits von Handel und Wirtschaft. Immerhin hatte es hier in den letzten siebzig Jahren keinen Krieg mehr gegeben, keine Feldzüge, die das Land aufwühlten, keine Soldaten, die plündernd über die Dörfer hergezogen wären oder Häuser in Brand gesteckt hätten. Dennoch war das Land kärglich, die wirtschaftliche Produktivität gering. Serubbabel entdeckte nur armselige Weinrebenfelder, ertragsarme Äcker, die nicht viel mehr hergaben als das, was die Bauern für das eigene Überleben benötigten. Für den Großkönig oder für den Satrapen waren hier nicht viele Erträge abzuschöpfen. Ab und zu erblickte Serubbabel immerhin kleine Olivenhaine. Allmählich wurde ihm klar, dass er in ein Land kam, dessen Wirtschaftskraft am Boden lag, weil jahrzehntelang die politische Lage instabil, keine Führung vorhanden gewesen war. Und zuletzt hatten auch noch Dürrekatastrophen und Missernten die Not vergrößert.[190]

Erschrocken allerdings war Serubbabel, der das glänzende Babylon mit seinen prachtvollen Straßen kannte, als er Jerusalem sah. Er fand eine verödete Stadt vor, geschrumpft auf eine Kleinststadt, ohne befestigte Mauer, eher ein großes Dorf, das schutzlos zwischen den Bergen lag. Trümmer, Ruinen und Verschläge prägten diesen Ort. Die kaum noch tausend Menschen hier bewohnten einfachste Häuser und Hütten, die sich allein noch auf den schmalen Hügelkamm vor dem Tempelberg drückten. Wenn man überhaupt noch von einem Tempelort sprechen wollte, denn die Wildnis hatte sich dort breitgemacht. Einige der Ruinen auf dem Berg waren provisorisch für Kultfeiern hergerichtet worden, die häufig als Klagegottesdienste organisiert waren.[191] An einem behelfsmäßigen Altar brachte man spärliche Brandopfer dar. In der Stadt gab es kaum Verwaltungsbeamte, nur wenige Handwerker, das wirtschaftliche Leben stockte vollends. Betrug und Korruption vor Gericht waren an der Tagesordnung.[192] Hier gab es für Serubbabel jede Menge aufzuräumen! Erste Zweifel machten sich in ihm breit, ob die Rückkehr wohl die richtige Entscheidung gewesen ist.

Erster Wiederaufbauversuch

Nun aber prallten zunächst einmal zwei Welten aufeinander: die der Einheimischen und die der Rückkehrer. Letztere hatten allein schon eine anders geprägte Sprache.[193] Ihr Hebräisch war inzwischen beeinflusst von Begriffen, Dialekten und Denkweisen aus dem Aramäischen, dem Babylonischen, dem Persischen. Die Zurückgekehrten brachten neue Rituale mit, die den Einheimischen unbekannt waren, wie zum Beispiel die Sabbathaltung. Ein anderes Problem stellten die unklaren Besitzverhältnisse dar: Zurückkehrende Familien erhoben ihre Ansprüche auf zwischenzeitlich von Anderen genutztes Land. Die Felder, die Grundstücke und die Werkstätten waren von Daheimgebliebenen übernommen worden, die dort seit Langem ihre Arbeit verrichteten. Eigentumsrechte waren somit erst einmal zu klären. Und selbstverständlich fehlten für die Rückkehrer neue oder wenigstens brauchbare Wohnunterkünfte.

Im zweiten Regierungsjahr des Königs Darius, am ersten Tag des sechsten Monats,[194] war es so weit. Kaum war Serubbabel in Jerusalem angekommen, machte ihm der aufgebrachte Prophet Haggai seine Aufwartung. Der alte Mann war ein einfacher Priester, der den fürchterlichen Zustand Jerusalems als eine Strafe Gottes für den fehlenden Tempel betrachtete: »Überlegt also, wie es euch geht! Geht ins Gebirge, schafft Holz herbei und baut den Tempel wieder auf! Das würde mir gefallen und mich ehren, spricht der Herr. Ihr habt viel erhofft, doch siehe, es wurde wenig; und wenn ihr es nach Hause brachtet, blies ich es weg. Warum wohl? – Spruch des Herrn der Heerscharen. Weil mein Haus in Trümmern liegt, während jeder von euch für sein eigenes Haus rennt. Deshalb hält der Himmel euretwegen den Tau zurück und die Erde hält ihren Ertrag zurück. Ich rief die Dürre über das Land« (Haggai 1,7–11). Wenn doch der Tempel nur endlich aufgebaut werde, dann würde Gott über Jerusalem Heil ausschütten, bessere Zeiten würden unbestritten anbrechen. So warnte Haggai lautstark. Es bedürfe nur endlich des äußerlich erkennbaren Anlasses, damit eine neue Ära beginnen könne. Aber ohne einen Tempel würden auch keine glücklichen Zeiten anbrechen. Natürlich hinterließen Haggais Worte bleibenden Eindruck. Serubbabel und Jeschua konnten sich den eindringlichen Worten des Propheten kaum entziehen. Nur drei Wochen später begannen oben auf dem weitgehend verwilderten Zion erste Aufräumarbeiten.[195]

Doch bereits einen knappen Monat später stockten die Arbeit am Tempel schon wieder. Es gab reichlich Widerstand gegen ein solches Projekt. Die Neuankömmlinge aus Babylonien wollten erst einmal Häuser für sich und die Familien bauen anstatt in Hütten hausen zu müssen. Ihre Zeit und ihr Enthusiasmus für einen Tempelbau hielten sich in Grenzen. Und auch Alteingesessene widersprachen Haggai. Sie argumentierten theologisch und behaupteten, man dürfe nicht eigenständig dem Gericht Gottes ein Ende setzen, indem man jetzt den Tempelbau in Angriff nimmt, ohne ein Zeichen Gottes abzuwarten. Erst müsse Gott ein unmissverständliches Zeichen senden, dass die Zeit der Reue und Strafe beendet sei. Dann erst sei an einen Tempelbau zu denken. Außerdem realisierte die Bevölkerung allmählich, dass die beschränkten finanziellen Mittel sowieso nur einen kümmerlichen Tempel erlauben würden. Ein solches Bauprojekt halte dann mit dem zerstörten, einst prächtigen Tempel keinen Vergleich aus. Und so ließ die Motivation zur Unterstützung nach, aus Enttäuschung wurde bald Lustlosigkeit. Haggai gab sich alle Mühe, mit weiteren bewegenden Worten die zarte Flamme der Begeisterung für einen neuen Tempel weiter am Leben zu erhalten. Immerhin kam es nach einiger Zeit wenigstens zu einer Grundsteinlegung.[196]

Serubbabel und Jeschua hatten sich von der Jerusalemer Priesterschaft überzeugen lassen, dass alle Verurteilungen Gottes aufgehoben seien, sobald das Tempelbauprojekt erfolgreich abgeschlossen ist. Ein erneuerter Tempel bedeute ein neues Jerusalem, so argumentierten die Priester immer wieder. Wenn erst einmal ein regelmäßiger Kultbetrieb wieder möglich sei, bewirke dies einen großen Konjunkturaufschwung für die ganze Stadt. Pilger kämen, bräuchten Verpflegung und Unterkunft. Die Stadt würde von ganz allein wachsen und bedeutsamer werden. Das entsprach natürlich den Zielen Serubbabels. Dafür war er schließlich nach Jehud abkommandiert worden: die brachliegende Wirtschaft wieder anzukurbeln.

Haggai versprach allen, die es hören wollten, dass dann, wenn der Tempel erneuert sei, Gott die Verhältnisse der Welt umstürzen und die fremden Völker veranlassen würde, Reichtümer, Gold und Silber für die Ausstattung des neuen Tempels zu spenden. Deshalb stelle die derzeitige finanzielle Lage Jerusalems auch kein Hindernis auf dem Weg zu einem beeindruckenden Tempel dar. Aber die Voraussetzung für das Eintreten Gottes sei eben, *dass* der Tempel aufgebaut ist. Damit war erstmals im Volk der Judäer eine Diskussion angeregt, die noch oft die Politik in Palästina beschäftigen würde: Muss der Mensch seine Bereitschaft zeigen, damit Gott in aller Macht auftritt, oder gibt umgekehrt nicht Gott selbst das Zeichen zur Umwälzung, auf das der Mensch warten muss und dann zu reagieren hat? Haggais Antwort immerhin war klar: ohne Tempel kein Ort, an dem Gott auftreten und das Ende der Strafzeit einläuten könnte.[197]

Gerade in den national-konservativen Kreisen kam das Bauprojekt gut an. Bei ihnen hatte die Ankunft Serubbabels in Jerusalem glühende Erwartungen geweckt. Serubbabel, als Enkel des ehemaligen Königs Jojachin ein Mitglied der David-Dynastie, galt ihnen als Anwärter auf einen künftigen Jerusalemer Thron. Haggai bediente solche Hoffnungen, indem er Serubbabel anlässlich der Grundsteinlegung als einen Auserwählten Gottes bezeichnete und einem künftigen Reich und dem Thron Davids eine blühende Zukunft ankündigte.[198]

Wenig später schickte sich ein junger Mann an, in die Fußstapfen des alten Haggai zu treten: Sacharja Ben Berechja entstammte einer angesehenen Priesterfamilie. Auch er wollte das Tempelbauprojekt unbedingt vorantreiben und sah für Jerusalem eine goldene Zukunft voraus. Er war jedoch feinfühliger als Haggai. Er spürte die großen Widerstände gegen den Tempelbau, wollte dem Pessimismus, der in der Bevölkerung hinsichtlich des Tempelbaus herrschte, etwas entgegen setzen: »Serubbabels Hände haben den Grund zu diesem Haus gelegt und seine Hände werden es vollenden. Dann wirst du erkennen, dass mich der Herr der Heerscharen zu euch gesandt hat. Denn wer gering dachte von der Zeit der kleinen Anfänge – sie werden sich freuen, wenn sie den auserlesenen Stein in Serubbabels Hand sehen« (Sacharja 4,9–10). Und so nahm Sacharja das Wort Haggais auf, das der alte Prophet am Tag der Grundsteinlegung an Serubbabel gerichtet hatte, und verstärkte es noch durch eine für alle ersichtliche, symbolische Zeichenhandlung. Aus den Mitteln der Spenden, die einige der aus Babylonien Zurückgekehrten zur Verfügung gestellt hatten, finanzierte Sacharja eine kleine Krone für Serubbabel, die er ihm auf den Kopf setzte und prophezeite, dass Serubbabel wie einst sein Urahn David den Thron Jerusalems besteigen werde.[199]

In einer spektakulären Prozession wollte Sacharja dem Volk die bahnbrechende Mitteilung verdeutlichen, dass ein neues Zeitalter angebrochen ist: das Zeitalter des Tempels und des Serubbabel. Durch diese symbolische, aber unmissverständlich klare Krönung wollte Sacharja bei den Menschen wieder die Hoffnung auf eine Wiederherstellung der judäischen Monarchie erwecken. Aber spätestens jetzt geriet die ganze Tempelaufbaubewegung in eine nationalistische Ecke. Nicht jeder zeigte dafür Begeisterung, Widerstände formierten sich. Die Stimmung wurde mehr und mehr angeheizt. Immer stärker stilisierte die Gruppe um Sacharja eine Wiederherstellung des Tempels zur unweigerlichen Voraussetzung dafür, dass Gott überhaupt auftrete und die Welt neu ordne und befriede. Was als religiöser Wunsch nach einer Heimstätte für den Verehrungskult begonnen hatte, wurde nun zu einer politischen Botschaft: Juda will wieder in der universalen Weltordnung mitspielen. Diese Träumereien blieben außerhalb der Provinz Jehud selbstverständlich nicht unwidersprochen. Die Befürchtung, durch einen Tempelbau und eine Wiedererweckung nationalistischer Strömungen, würde die Provinz politisch unsicher und instabil, rief den persischen Satrapen, der für die Ordnung im westlichen Reichsbezirk zuständig war, auf den Plan. Schon bekamen es einige Judäer mit der Angst zu tun: Sollten erneut gewaltvolle Auseinandersetzungen bevorstehen? Führt uns der religiöse Fanatismus in die Irre, in einen weiteren Untergang? Hatte nicht die nationalistische Überheblichkeit schon einmal in die Katastrophe geführt? Wirtschaftlich ist der Bau doch sowieso nicht tragbar! Und außerdem: Hatte der Prophet Jeremia vor vielen Jahrzehnten nicht daran erinnert, dass man zuerst eine sozial gerechte Gesellschaft aufbauen müsse, bevor man sich um den Tempel kümmert (Jeremia 7,3–11)? Jedenfalls saß Serubbabel nun zwischen allen Stühlen. Einerseits war er vom persischen König beauftragt, die Provinz Jehud wiederzubeleben und zu sichern. Andererseits war es nicht im Sinne des Großkönigs, nationalistischen Strömungen der Provinz nachzugeben. Deshalb musste Serubbabel die Krönung zurückweisen und er übertrug die Verantwortung für den Tempel erst einmal auf seinen Begleiter Jeschua. Doch seine lavierende Haltung führte nicht weiter. Nachdem der ihm vorgesetzte Satrap Tattenai eine Untersuchung der Verhältnisse in seiner Unterprovinz angeregt hatte, wurde Serubbabel jedenfalls von den Persern wieder nach Hause beordert.[200]

Rasch war es also wieder vorbei mit der erhofften Rückkehr eines David-Nachkommens in die Stadt. Künftig sollte nie wieder ein Davidide auf einen Jerusalemer Thron steigen. Die Prophetie einer Heilsverheißung, die sich an den Wiederaufbau des Tempels der Königszeit knüpfte, war damit gescheitert. Auch die Verheißung einer Wiedererstehung des Reiches blieb unerfüllt. Die Propheten zogen aus Haggais und Sacharjas Scheitern die Konsequenz, künftig ihre Prophezeiungen nicht mehr an konkrete Umwälzungen zu binden und keine angreifbaren politischen Aktionen heraufzubeschwören. Man schwenkte lieber um auf weniger Handfestes. Es fand nun eine Vertröstung auf die Zukunft, eine »Eschatologisierung der Prophezeiungen« statt: Die Verheißungen wurden nicht mehr als unmittelbar bevorstehend gezeichnet, sondern als – zwar – sicher, aber erst fern zukünftig. Die prophezeiten Geschehnisse wurden ans Ende der Geschichte versetzt, als Beginn eines neuen Äons verstanden. Das Neue stehe unwiderruflich bevor, aber nicht unmittelbar. Die Worte Haggais und Sacharjas hielten Schreibkundige in einer gemeinsamen Schrift fest, versahen sie aber mit einigen Nachträgen, die bilderreich schilderten, wie das Gottesvolk eines fernen Tages wieder aufgerichtet werden würde, fremde Völker sich nach einer apokalyptischen Endzeitschlacht unterwerfen würden und Gott Gericht halten würde über all jene, die sich gottlos verhalten haben.[201] Die Zukunft wurde somit als ideale Zeit beschrieben, in der die Welt umgestaltet worden sein wird und friedvolles Glück für immer herrschen wird.

Eine Priesterschrift

Das Scheitern des Wiederaufbaus und die zerstörte Hoffnung auf einen wieder bedeutsamen, großen Tempel in Jerusalem förderten bei den Judäern die Erkenntnis, dass erst einmal eine gesellschaftliche und religiöse Einheit in Juda geschaffen werden musste: Was wollen wir eigentlich? Was verbindet uns alle denn? Diejenigen, die in öffentlichen Ämtern Verantwortung trugen, waren gezwungen, sich darüber Gedanken zu machen. Welche alten überlieferten Erzählungen erscheinen uns bewahrenswert? Welche Sammlungen beschreiben die Identität des Jahwe-Volks angemessen? Welche Traditionen stellen unsere Religion geeignet dar? Sollte künftig der religiöse Tempelkult im Mittelpunkt stehen oder die politische Zionstheologie? Sollte der Jahweglauben eine soziale Gemeinschaft gestalten oder der individuellen Befreiung dienen? Sollten konkret umzusetzende Zukunftsperspektiven entworfen werden oder utopische Universalverheißungen?

Wenig Interesse zeigten die Menschen zum Beispiel an den in verstaubten Archiven aufbewahrten Annalen, in denen die Könige an ihrer Treue zu Jahwe gemessen wurden. Als nationalistische Staatsreligion, die sich an einen König als Stellvertreter Gottes knüpfte, wollte man sich in Juda nicht mehr verstehen, konnte man auch gar nicht, denn König und Staat existierten schon lange nicht mehr. Auch die prophetischen Utopien halfen den Menschen in ihrem Leben nicht mehr weiter. Man wollte lieber einen gesellschaftlichen Neuanfang real starten. Dafür waren allerdings Vorschriften notwendig. Diese lagen auch bereits vor – in Form des Deuteronomiums, als Gesetze und Vorschriften Gottes. Aber woher kamen sie? Wie schon unter den Königen Joschija und Hiskija richtete man also den Blick erneut zurück, um sich auf die eigenen Wurzeln zu besinnen, sich der eigenen Identität zu versichern.[202]

Das Gottesvolk rückte somit in den Mittelpunkt der Überlegungen, aber nicht im Sinne der prophetischen Utopien, die versprochen hatten, dass dieses Gottesvolk eines Tages im Zentrum einer Wallfahrt der Völker stehen werde. Die Propheten hatten beteuert, das Gottesvolk werde zu einem leuchtenden Vorbild für alle fremden Völker, die sich am Gottesvolk orientieren würden, um sich zu Gott zu bekehren. Nein, es sollte nicht um das Gottesvolk in seiner Vorbildfunktion für andere gehen, sondern um die ganz eigene Identität des Gottesvolks, ganz auf sich besonnen. Wer sind wir? Woher kommen wir? Was macht uns und unsere Beziehung zu unserem Gott aus? Wer hat diese Beziehung eigentlich gestiftet? Es bedurfte einer umfassenden Erklärung der absoluten Anfänge, der Grundlagen und der Geschichte des Gottesvolks. Und letztlich war dies alles bereits im kulturellen Gedächtnis der Menschen in Juda vorhanden. Sie kannten doch die alte, nordisraelitische Erzählung um Mose und die erfolgreiche Flucht aus Ägypten. Hier war doch der Anfang der Beziehung Gottes zu seinem Volk in einer lebhaften Erzählung beschrieben! Und sie hatten die Gesetzesvorschriften des Deuteronomiums. Hier war doch deutlich niedergeschrieben, wie eine Beziehung zu Gott aufzubauen ist! Das deuteronomistische Geschichtswerk aus der Zeit des babylonischen Exils umfasste immer noch die beiden Teile Deuteronomium, als Sammlung der göttlichen Vorschriften, und historische Annalen, als Geschichte von der Sesshaftwerdung des Volks in Palästina über die Könige bis zum Untergang Jerusalems. Die Intellektuellen Jehuds entschieden nun, diesem Geschichtswerk eine Art »Prequel« voranzustellen. Die Geschichten von Mose, der Flucht aus Ägypten, der Wüstenwanderung und der Gesetzgabe am Sinai[203] konnten in einem lebhaften Auftakt vor dem deuteronomistischen Geschichtswerk anschaulich davon erzählen, wie es zu der Beziehung zwischen Gott und seinem Volk und zu der Verpflichtung auf die Gesetze Gottes, die im Deuteronomium verfasst sind, gekommen ist. Auf diese Weise erschien nun das Deuteronomium beim Lesen des Gesamtwerks als eine Art Testament des Mose, eine Rede des Mose in Gottes Namen an das Volk der Gottesverehrer. Mose wurde dadurch zur hervorstechenden und ursprünglichen Autorität stilisiert. Damit hatten die neuen Schreiber ein Geschichtswerk über das israelitische Volk entworfen, das von der Frühzeit in Ägypten bis zum Untergang des Südreichs Juda berichtete und in dessen Zentrum das Gesetz Gottes, das Deuteronomium, stand.[204]

Es war dies die Zeit, als das persische Reich unter Großkönig Darius auf dem Höhepunkt seiner Macht stand. In diesen Jahren interessierte man sich in Jehud nicht mehr für die ehemaligen eigenen Könige und die geschichtliche Entwicklung des Gottesvolks in der Zeit dieser Könige. Diese Periode der Vergangenheit war abgeschlossen und angesichts der politischen Verhältnisse unter der Oberherrschaft der Perser unwiederbringlich vorbei. Im Angesicht der unendlichen Macht der Perser war an eigene Macht nicht zu denken. Deshalb verzichteten die intellektuellen Schreiber auch darauf, eine Fortsetzung des deuteronomistischen Geschichtswerks in ihre Gegenwart hinein zu verfassen. Am Königtum oder überhaupt an politischen Führungen hatten die neuen Intellektuellen, die neuen

Priester des – deutlich verkleinerten – Tempelkults, kein Interesse mehr. Sie wollten vielmehr noch deutlicher und viel stärker die Ursprünge betonen. Und so setzten sie noch vor die Mosegeschichte die alten Erzelternerzählungen um Abraham, Isaak und Jakob.[205] Sie verzahnten die Auszugsgeschichte um Mose mit den Nomadenerzählungen über Abrahams Familie. Das war nicht so einfach. Die beiden Darstellungen verfolgten nämlich zwei durchaus gegensätzliche theologische Ansätze: Die Exodusgeschichte hatte eine durchaus militante Tendenz, vermittelte die Perspektive des offensiven Durchsetzens eigener Interessen und wurde seit den Zeiten König Omris als Verteidigungserzählung für den eigenen Landbesitz verstanden. Dagegen waren die Erzelternerzählungen friedfertig und offen angelegt und versprühten die Hoffnung auf künftigen Landbesitz. Doch beide waren sie Erzählungen über Anfänge des Gottesvolks. In beiden zeichnete sich das Bild eines Gottes ab, der einen Begleiter im Leben darstellt. Als Klammer zwischen den beiden fungierte später die Josefgeschichte,[206] die Erzählung über den Urenkel Abrahams, der im ägyptischen Beamtenstaat Karriere machte und die Nachkommen Israels an die Ufer des Nils holte, von wo sie Mose Generationen später wieder wegführen musste. Verpackt in die Form einer Novelle, erzählt die Josefgeschichte in einem geschlossenen Handlungsstrang eine realistisch anmutende Lebensgeschichte vom Aufstieg des Josef in der Fremde, der von seinen Brüdern gehasst wurde und deswegen als Sklave verkauft nach Ägypten kam und sich bis zum Stellvertreter des Pharao hocharbeitete. Die Erzählung von einem Aufsteiger, der fern der Heimat unter dem Schutz Gottes bleibend stand, fand selbstverständlich seine begeisterten Leser, in Jehud genauso wie in Babylonien.[207]

Die Priesterschreiber ließen Gott gegenüber Mose das Versprechen abgeben: »Und ihr sollt wissen, dass ich der Herr bin, euer Gott, der euch aus dem Frondienst Ägyptens herausführt. Ich führe euch in das Land, das ich Abraham, Isaak und Jakob unter Eid versprochen habe. Ich übergebe es euch als Eigentum« (Exodus 6,7–8). Damit formulierten sie die Erfüllung der Zusage, die Gott aus ihrer Sicht einst dem Abraham gegeben hatte: »Ich richte meinen Bund auf zwischen mir und dir und mit deinen Nachkommen nach dir, Generation um Generation, einen ewigen Bund: Für dich und deine Nachkommen nach dir werde ich Gott sein. Dir und deinen Nachkommen nach dir gebe ich das Land, in dem du als Fremder weilst, das ganze Land Kanaan zum ewigen Besitz und ich werde für sie Gott sein« (Genesis 17,7–8). Und damit war es den Priesterschreibern gelungen, die Ursprünge des Gottesvolks zu beschreiben. Am Anfang der Gottesbeziehung standen Bund und Landversprechen. Bei alledem führten sie einen äußerst nüchternen Schreibstil in die zurückblickenden Schriften ein. Bewusst entschieden sich die Priester für eine sehr getragene Sprache, die dem Dargestellten Ehre, Autorität und Gewicht verleihen sollte. Alle erzählenden Passagen der Priesterschrift sind äußerst zurückhaltend in der Beschreibung der Szenerie, es gibt keine blumigen Ausschmückungen. Für die Priester war allein das Handeln und Auftreten Gottes entscheidend. Die szenische Rahmung lag nicht in ihrem Darstellungsinteresse. So beschrieben sie mit keinem Wort, wo oder wie oder in welchem Zusammenhang sich Gott vor Mose zeigte, kein Wort über einen brennenden Dornbusch oder irgendeine andere wunderbare Erscheinung. Allein Gottes Worte an Mose sollten berichtet werden, kein Dialog zwischen beiden (Exodus 6,2–12).[208] Genauso verzichteten sie bei der Darstellung der Ansprache Gottes an Abraham darauf, den Leser in die Szenerie einzuführen, stattdessen führten sie rein formalistisch Abrahams Alter und Gottes Anrede auf (Genesis 17,1). So verfassten denn die Priesterschreiber eine Schrift, die allzu häufig aus einem undurchdringlichen Dickicht von Aufzählungen, Regeln und Datenzahlen bestand.

Trotz dieser formalistischen schriftstellerischen Arbeit hatten die Priester ihren Zeitgenossen während der Perserherrschaft nun klargemacht, dass es das Gottesvolk nicht erst seit König David gab, auch nicht erst seit dem großen Anführer Mose, sondern dass die Begleitung durch Gott schon seit altersher bestand. Nur folgerichtig war es deshalb, dass dem Ganzen noch eine weitere Vorgeschichte vorangestellt wurde, eine Art Urgeschichte, die verdeutlichte, dass die gesamte Welt Gott gehört, sein Werk ist, das er niemals zerstören würde, genauso wenig wie sein Volk. Als bahnbrechenden Anfangspunkt der Beziehung Gottes zu den Menschen stellten die Priesterschreiber eine Schöpfungsgeschichte an den Beginn ihrer Schrift. In Babylonien hatte man die Mythen kennengelernt, in denen der Gott Marduk als Welterschaffer und als Bändiger des Chaosdrachens beschrieben ist. Diese mächtige Gottheit wurde in dem großen Tempel in Babylon in bunten Kultriten verehrt. Wenn man doch nur den eigenen Kult ähnlich autorisieren könnte, überlegten sich die Priester: Gott als der Erschaffer und Erhalter der Welt, der eine enge Beziehung zu den Menschen pflegt – anders als Marduk, für den die Menschen untergeordnete Wesen waren. Und so traten die intellektuellen Priester mit den babylonischen Mythentraditionen und religiösen Überzeugungen in einen Dialog und entwarfen ihren eigenen Mythos über die Erschaffung der Welt.[209] Sie setzten dann den beeindruckenden und attraktiven religiösen Überlieferungen der Babylonier eigene Überzeugungen entgegen, in denen den Menschen eine neue Rolle zugedacht wurde. Und so stand schließlich vor der Urgeschichte des Gottesvolks über die Erzeltern die Urgeschichte Gottes mit den Menschen: Wie Gott die Welt in einem Idealzustand geschaffen hat (Genesis 1), den Menschen als sein Ebenbild mit einem Herrschaftsauftrag ausgestattet hat (1,27–28), wie die Welt aber auch von Chaos und Unordnung weiterhin bedroht ist (Genesis 6–9), aber dennoch von dem Schöpfergott vor dem Untergang bewahrt wird (9,15).

Die Leser und Leserinnen der Priesterschrift lebten unter der Oberherrschaft der Perser, die ihre mächtigen Götter verehrten. Da war es den Priesterschreibern wichtig zu versichern, dass ihr Gott eine besondere Zusage macht. Deshalb betonten sie immer wieder Gottes Segenszusage an die Menschen. Wie einen roten Faden webten sie diese Zusagen in ihre Schrift ein. Die Segenzusage erging an alle Menschen (Genesis 1,28), an Noah (Genesis 9,1), an Abraham (Genesis 17,6). Und so ergab sich nun in der Priesterschrift ein weiter Erzählbogen von der Schöpfung der Welt (Genesis 1) über die Ereignisse der vorisraelitischen

Nomadenfamilie des Abraham (Genesis 12–50) und das Ergehen des israelitischen Volks in Ägypten (Exodus 1–20) bis zum Tod des Mose (Deuteronomium 34). Man bezeichnete diese Erzählsammlungen später als die Fünf Bücher Mose, das Judentum nannte die Schriften Torah.[210]

Der Erzählbogen, der sich damit in der Zusammenschau aller vorliegenden Schriften ergab, führte noch weiter fort: über die Ankunft des Volks im verheißenen Land (Buch Josua), über das Leben des Volks im verheißenen Land (Bücher Richter, Samuel, Könige) bis zum Untergang des Südreiches und Jerusalems (2 Könige 25).

Der neue Tempel war in Jerusalem immer noch nicht in Pracht wiederaufgebaut, als die Priesterschreiber erstmals über ihre Schrift nachdachten. Zwar legten sie durchaus einige kultische Anordnungen für Tempelrituale in ihrer Schrift fest. Jedoch vermieden sie zunächst jegliche Aussagen über ein beeindruckendes Tempelgebäude oder über Pilgervorschriften. Nur Anweisungen für Spenden für den Bau eines Heiligtums wurden aufgeführt und in die Zeit des Mose zurückprojiziert (Exodus 25,1–9). Stattdessen entwarfen die Priesterschreiber in ihrer Schrift das Konzept eines mobilen Heiligtums (Exodus 26ff; 35ff): ein Zelt, das in der Zeit der Wüstenwanderung des Gottesvolks entworfen und aufgebaut worden sei. Die Priesterschreiber datierten seine Fertigstellung exakt auf den Jahrestag des Auszugs aus Ägypten (Exodus 40,17). Sie hatten eine Vorliebe darin entdeckt, übersichtlich chronologische Ordnung zu erschaffen. Deshalb fanden sich in der Priesterschrift immer wieder Datierungen auf exakte Jahrestage, auch Stammbäume und Abstammungslisten sollten für entsprechende Ordnung sorgen. Deshalb wurden die Nachfahren Adams bis zur Geburt Noahs akribisch genau aufgelistet (Genesis 5) oder die Sohnschaften von Noah bis Abraham (Genesis 11,10–26).

Im Laufe der Zeit erweiterten Generationen von Schreibern die Priesterschrift immer wieder, reicherten sie um ethische Vorschriften an, passten sie den aktuellen Bedürfnissen an, so dass die Schrift letztlich zur Grundlage der neuen Tempelgemeinde wurde, als der Tempel in Jerusalem viele Jahrzehnte später endlich wieder aufgebaut war. Aktuelle Fragestellungen aus der Zeit der Priesterschreiber wurden dann in die längst vergangenen Zeiten hineinprojiziert. So ist beispielsweise der Konflikt zwischen der professionellen Tempelpriesterschaft und den Kultlaien an Mose und seinem Bruder Aaron sowie Abgeordneten des Volks aufgearbeitet worden (Numeri 16). Es ging dabei um die Frage, wer sich wie weit dem Tempel annähern darf, wer die Heiligkeit dazu besitzt und wer nicht. Viele derartige Überlegungen wurden in die Priesterschrift eingefügt, weshalb ihre Schwerpunkte immer stärker auf kultischen und priesterlichen Perspektiven lagen: Reinheitsvorschriften (Levitikus 11–16; Numeri 19), Anweisungen für Opferrituale (zum Beispiel Levitikus 11–16), Gottesdienststiftung, Tempelbau und Heiligkeitsgesetze (Levitikus 17–26), in deren Zentrum für die Priesterschreiber die Nächstenliebe stand. Nächstenliebe war für sie Basis und Ausdruck der Heiligkeit eines jeden Einzelnen (Levitikus 19,17–18). Betont stellten die Priesterschreiber in ihrer Schrift heraus, dass künftig nicht mehr königliche Beamte die Tempelpriesterschaft stellen sollten, sondern unabhängige Priester mit einem obersten Hohepriester an ihrer Spitze, die besondere Kleidung zu tragen hatten und feierlich in ihr Amt eingeführt würden (Exodus 28–29). Dazu führten die Priesterschreiber die Figur des Aaron, den Bruder des Mose, in die Exoduserzählung ein, aus dessen Nachkommen sich die Priester rekrutieren sollten (Exodus 28,1). All die Vorschriften und Gewohnheiten, die sich am neuen Tempel herausbildeten, fügten die Priesterschreiber in den Teil ihrer Schrift ein, die den Auszug aus Ägypten behandelte. Immer wieder betteten sie Anweisungen ihrer Zeit in die frühe Geschichte des Gottesvolks ein, um ihnen Autorität und Legitimation zu verleihen. Zur Auflockerung setzten die Priesterschreiber vor die trockenen Gesetzeslisten wiederholt narrative Einführungen.[211]

Abschluss der Torah

Nach wie vor zögerten viele der Verbannten, wieder nach Jehud zurückzukehren. In Babylonien erging es ihnen gut, in Jehud wartete ein vergleichsweise unterentwickeltes Land auf sie – mit brachliegender Wirtschaftskraft, verödeter Hauptstadt, kaum vorhandener Infrastruktur. Allein die Möglichkeit, in dem von Gott verheißenen Land zu wohnen, lockte die eine oder andere Familie zurück in die alte Heimat der Vorfahren. Die Einheimischen in Jehud entwarfen dazu eine warnende Erzählung, die zur Rückkehr mahnen wollte und die ausmalte, was mit jenen geschieht, die ihre Chance auf ein Leben im von Gott verheißenen Land leichtfertig aufgeben. Wenn sie Gott derart missachteten, dürften sie niemals zurückkehren, müssten künftig in der Wüste darben (Exodus 14,11–25). Doch allen Mahnungen und Warnungen zum Trotz, eine namhafte Rückkehrerwelle setzte frühestens unter König Artaxerxes ein, als der allgemeine Frieden im Süden des persischen Reiches auch in Jehud eine Periode der Konsolidierung und Sicherheit einläutete.[212]

Zu dieser Zeit hörte der persische Beauftragte für den Wiederaufbau in Jerusalem auf den Namen Nehemia. Er stammte aus einer Familie, die einst nach Babylonien deportiert worden war, hatte allerdings am persischen Hof Karriere gemacht. Ausgestattet mit Empfehlungsschreiben des Königs und mit einer Kavallerietruppe hatte er sich auf den Weg nach Jerusalem gemacht, um der Stadt seiner Ahnen wieder auf die Füße zu verhelfen. In der einst stolzen Hauptstadt Judas fand er immer noch Chaos und Ödnis vor. Als erstes nahm er sich die Aufgabe vor, die Überreste der Stadtmauern zu inspizieren. Nehemia sattelte sein Pferd und ritt die alte Mauerlinie ab. Er untersuchte die noch vorhandene Bausubstanz und überprüfte, welche Stadttore einst vom Feuer unwiderruflich zerstört worden waren und welche Fundamente noch brauchbar waren. Vieles war zu tun, stellte er fest. Und so wartete als nächstes auf ihn, die Jerusalemer Bevölkerung davon zu überzeugen, an der Sicherung der Mauer mitzuarbeiten.

Dafür entwickelte er einen Plan, welche Familien für die Wiederherstellung welchen Mauerabschnitts zuständig sein sollten. Von konkurrierenden Städten in der Region wurde diese Aktion durchaus kritisch beäugt. Denn deren Gouverneure und Vorsteher fürchteten einen Aufstieg Jerusalems zu ihrem Nachteil. Es kam sogar zu Sabotageversuchen. Der Plan, die Mauer um Jerusalem wieder zu sichern, drohte zu scheitern. Aber Nehemia erstellte einen detaillierten Wachplan und so konnte Jerusalem innerhalb kurzer Zeit tatsächlich wieder gesichert werden. Ein erster Schritt war getan, um Jerusalem erneut zu einer glanzvollen Stadt zu machen.[213]

Nehemia kümmerte sich daneben auch um die kulturelle und die soziale Ordnung des Stadtlebens, die sich an den Vorschriften der Torah orientierte. Die Sabbateinhaltung wurde strikt geregelt, zum Beispiel durch die Anordnung, während des wöchentlichen Feiertags die Stadttore zwingend geschlossen zu halten, um jede Form von Handel am Ruhetag zu unterbinden. Ein Schuldenerlass wurde eingeführt, um der zunehmenden Verelendung der Unterschicht entgegenzuwirken. Mischehen zwischen Judäern und Fremden wurden verboten. Nehemia wollte damit die Identität der Judäer fördern, ihrem Glauben Kraft verleihen, die Unterscheidung von Eigenem und Fremdem bewusst machen. Aber jede kulturelle Einheit nach innen bewirkt nun einmal zugleich auch eine Abgrenzung nach außen. Und damit war nicht jeder einverstanden. Unter einigen Propheten erregte sich Widerstand gegen Nehemias Politik. Sie befürchteten, dass sich die Judäer verstärkt abschotteten, und verfolgten stattdessen lieber eine weltoffene und tolerante Politik. Die Prophetin Noadja startete Aktionen in der Stadt, die Nehemia wiederum als Bedrohung empfand.[214]

All dies waren Nebenwirkungen des Prozesses der judäischen Selbstfindung. Ihre Stadt war jetzt durch eine Mauer gesichert, der Tempel wurde zunehmend ausgebaut.[215] Nun wollten die Menschen sich und ihre Rolle im persischen Vielvölkerstaat definieren. Eine gemeinsame Grundlage, die judäische Kultur und judäischen Glauben grundsätzlich beschrieb, war längst gefunden. Die Torah, die Fünf Bücher Mose, die von der Welterschaffung, den Erzeltern und Mose erzählte und vielfältige Riten, Vorschriften und Gesetze enthielt, wurde nun immer stärker als Grundlage judäischen Lebens betrachtet. Sie prägte das religiöse und kulturelle Leben der Menschen in Jehud. Diese Schrift war geeignet, judäische Identität zu beschreiben, zu stiften und zu sichern. Mose erhielt in ihr die Rolle einer maßgebenden Autorität, die seit Urzeiten und noch vor einer Staatsgründung des Gottesvolks judäische Kultur legitimierte.[216] Abraham fiel die Rolle des Erzvaters zu, dessen Lebensstationen in der Region Jehud verankert waren, der aber gebürtig aus Babylonien stammen sollte, damit sich auch die Nachfahren der Deportierten in Babylonien mit ihm identifizieren konnten.

Diese Torah hatte das Potential, die verschiedenen Strömungen der judäischen Kultur zu integrieren. In der Torah konnten sich alle wiederfinden: Deuteronomisten, Konservativ-Nationale, Prophetennachfolger, Weltoffene, Eschatologen, Priester und alle Anderen. Dieses Kompromissdokument entfaltete Anziehungskraft sowohl für Zurückgekehrte als auch für Einheimische als auch für die weiterhin in Babylonien Lebenden. Es einte alle Vorstellungen über Gott: ob Gott als mächtiger Herrscher in Jerusalem gedacht wurde, als künftiger Herrscher über alle Völker oder als ferner Herrscher im Himmel – alle Vorstellungen schlugen sich in der Torah nieder.[217]

Und so vermochte die Torah zu einem Wegweiser für alle Mitglieder des Gottesvolks zu werden. Die politischen Eliten in Jehud arbeiteten daran, die Torah als so etwas wie eine Verfassung für das gruppenübergreifende Gemeinwesen der Gottesverehrer zu erschaffen. Die formulierten »Gesetze« dieser Verfassung (ab Exodus 20) wurden durch eine ausführliche Präambel eingeleitet, die die Herkunft des Gemeinwesens der Gottesverehrer und ihre Ansprüche beschrieb (bis Exodus 19). Mose wurde dabei noch stärker herausgehoben als die höchste Autorität, er wurde zu dem Propheten schlechthin gemacht, zum Sprachrohr Gottes, zum Mittler des Gesetzes, dem sich alle unterzuordnen haben. Von Mose wurde nun erzählt, dass er als Einziger unmittelbaren Kontakt zu Gott haben durfte und dass Moses Gesicht nach dieser Begegnung mit heiligen Strahlen bekrönt gewesen sei.[218]

In der Sicht der Torah vermittelte Mose einen festen, beiderseitigen Bund zwischen Gott und dem Volk. Die Gemeinschaft der Gottesverehrer wurde so zur heiligen Nation des Volkes Gottes (Exodus 19,3–8). Wie sich der Einzelne in dieser Nation zu verhalten hatte, konnte grundsätzlich in den Zehn Geboten nachgelesen werden. Sie wurden ganz bewusst an zentraler Stelle der Torah positioniert: nach der Befreiung des Gottesvolks und als Vorrede, sozusagen Präambel, für alle folgenden gesetzlichen Vorschriften der Torah (Exodus 20).[219]

Bislang war die Torah noch Teil des umfassenden Geschichtswerks gewesen, das einen weiten Bogen schlug von der Erschaffung der Welt über die Erzelternerzählungen, die Geschichten vom Auszug aus Ägypten, die Chroniken zu den Staaten Israel und Juda bis zur Zerstörung Jerusalems durch die Babylonier. Nun aber war es an der Zeit, die Torah, die Fünf Bücher Mose, aus diesem Zusammenhang herauszulösen. So bildete die Torah von nun an eine Art Urgeschichte des Gottesvolks. Sie reichte von der Schöpfung bis zum »Vorabend« des Einzugs in das gelobte Land. Gegenwart und Zukunft des Gottesvolks hingen nicht mehr wie im bisherigen Geschichtswerk an Staatlichkeit und königlicher Machtpolitik. Stattdessen zählte nun die individuelle Befolgung der Gebote Gottes und der Zusammenhalt der Stämme, aus denen sich das Gottesvolk zusammensetzte. Über sie wurde bewusst am neuen Schluss der Torah in einzelner Nennung der Segen ausgesprochen (Deuteronomium 33).

Um die Gesetze befolgen zu können, mussten sie bekannt gemacht werden. Deshalb lagerte man die Torah nicht mehr allein in der Tempelbibliothek, wo sie nur einer des Lesens kundigen Bevölkerungsschicht zugänglich war, sondern man förderte jetzt aktiv die öffentliche Bekanntheit der Schrift. Sie wurde vorgelesen, das Auswendiglernen wurde gefordert. Die Torah sollte in die Herzen Aller eingehen und aus dem Mund Aller hervorkommen. Die Torah wurde in der Zeit der persischen Herrschaft über Jehud zur Grundlage jüdischen Glaubens und Lebens.

Soziale Krisen und ihre theologischen Folgen

Jetzt warteten neue Herausforderungen auf Rückkehrer und Einheimische in Jehud: der vollständige Wiederaufbau von Stadt und Land mit allen Problemen und Chancen, die Integration der unterschiedlichen Gruppen, der Tempel als neuer Mittelpunkt religiösen Lebens – viele Hoffnungen wurden in den nun einsetzenden Prozess gelegt. Einige davon waren übertrieben, zu enthusiastisch, lagen jenseits realistischer Alltagspolitik, errichteten Luftschlösser. Man malte sich eine goldene Zukunft aus, obwohl sich die Realität viel grauer darstellte. Deshalb erschienen einigen Menschen in der Gesellschaft Jehuds die Herausforderungen zu groß, die bevorstehenden Umwälzungen zu stark, die Integrationsbemühungen zu aufwändig. Träumereien einer goldenen Zukunft Jerusalems erschienen vielen abwegig. Darum richtete sich der Blick bisweilen in eine weit, weit entfernt liegende Zukunft, eine irgendwann anbrechende Endzeit, für die sich eine Wende der Verhältnisse erhoffen ließ. Denn die realen Zustände im Land waren fatal: Soziale Missstände, religiöse Laxheit und allerorten Korruption prägten die Gesellschaft, die in ein Oben und Unten deutlich gespalten war. Viele Reiche hatten ihr Vermögen durch Betrügereien und cleveres Ausnutzen ihrer Freiheiten auf dem Rücken Anderer gemacht. Sie hielten ihr Vorgehen auch gar nicht für fehlerhaft. Ja, sie wähnten sogar Gottes Willen auf ihrer Seite. Sie argumentierten selbstsicher: »Uns geht es gut, Gott scheint doch offensichtlich unser Verhalten gutzuheißen und uns zu belohnen!« Oder sie fragten frech: »Wo ist denn Gott, der Gericht hält?« (Maleachi 2,17). Zynisch beschwerten sich die Unterprivilegierten: »Darum preisen wir die Überheblichen glücklich, denn die Frevler haben Erfolg, sie stellen Gott auf die Probe und kommen doch ohne Strafe davon« (3,15). Die unsozialen Reichen stellten ihren Profit skrupellos zur Schau. Sie zeigten keinerlei schlechtes Gewissen, wenn sie vor Gericht falsche Aussagen tätigten, wenn sie Tagelöhnern, die sich nicht zur Wehr setzen konnten, ihren angemessenen Lohn verweigerten oder wenn sie Hilfsbedürftigen wie Witwen und Waisen Unterstützung nur gegen eine horrende Bezahlung zuteilwerden ließen. Besonders die armen Schichten sahen sich zunehmend einer rücksichtslosen Ausbeutung ausgesetzt.[220]

Immer mehr Menschen mussten in Elendsvierteln hausen. Die Verarmten konnten ihre Familien nicht mehr ernähren und waren gezwungen, ihre Kinder zu verkaufen, um ihr eigenes Überleben zu sichern. Nackte Bettler, hungrige Obdachlose und unansehnliche Kranke prägten das Straßenbild der Stadt. So hatten sich Rückkehrer und Einheimische die Befreiung von der babylonischen Fremdherrschaft nicht vorgestellt! Ihre Hoffnungen auf ein besseres und freies Leben waren enttäuscht worden. Auch im religiösen Bereich fanden sie häufig nicht die erhoffte Erfüllung. Der Tempel war zu einem spirituellen Desaster geworden. Fehlendes Geld und fehlende Anziehungskraft bedingten sich gegenseitig. Ein anmutsloser Tempel war nicht einladend und wurde ungern aufgesucht. Aber ohne Besucher fehlten die Einnahmen, um den Tempel schmücken zu können.

Entsprechend machte sich zunehmend eine Nachlässigkeit in der ernsthaften Durchführung der Opferrituale breit. Nicht die besten, sondern die billigsten Tiere wurden zum Altar gebracht. Man scheute sich nicht, an den heiligen Festtagen die Geschäfte wie im Alltag fortzuführen. Wirtschaftliche Interessen wurden rücksichtslos über religiöse Ehre und gesellschaftliche Solidarität gesetzt. Geld regierte den Alltag. Gewalttätige Schläger trieben rücksichtslos Schulden ein.[221]

In dieser Situation verloren viele Menschen in Jehud ihr Zutrauen in Gott. Immer weniger Judäer glaubten noch daran, dass ihr Gott für sie alles richten würde. Gerade die Armen und im Elend Hausenden empfanden es als Hohn, wenn ihnen das Land Juda als das »Land, wo Milch und Honig fließen« verkauft wurde. Ihnen blieb gar nichts Anderes übrig, als auf bessere Zeiten in einer weit entfernten Zukunft zu hoffen. Aber immerhin dies wurde ihnen zugesichert: »Die Bösen werden ausgetilgt, die aber auf den Herrn hoffen, sie werden das Land besitzen. Eine Weile noch, dann gibt es keinen Frevler mehr« (Psalm 37,9–10). Das Versprechen, dass die überheblichen Reichen von Gott bestraft würden und die unterdrückten Armen von Gott belohnt würden, wurde für eine künftige Zeit gemacht, immerhin. Der Blick musste von der Gegenwart weggerichtet werden, weil sie einfach zu wenig Hoffnung bot. Der Blick musste sich in eine ferne Zukunft richten, die Hoffnung wurde weiter »eschatologisiert«. Wenn auch zurzeit die Ungerechten in der Welt das Sagen hatten, würden dennoch eines fernen Tages nur die Gerechten vor Gott bestehen.

Um das religiös und sozial heruntergekommene Land politisch zu stabilisieren, ließ der Perserkönig Artaxerxes II. zu Beginn seiner Regierungstätigkeit der Provinz Jehud finanzielle Unterstützung zukommen. Die Tempelausstattung konnte damit aufgewertet werden. Reformen und Gesetze wurden erlassen. Ein großes gesellschaftliches Thema stellten Mischehen zwischen Juden und Fremden dar. Häufig betrachtete man sie in der Provinz als Gefahr für die Identität der Bewohner Jehuds. Argwöhnisch wurde das Fremde als Gefahr beäugt. Deshalb ließ man jetzt in der Phase eines sanften Aufschwungs solche Mischehen rigoros scheiden und untersagte neue Mischehen bis auf Weiteres.[222] Aber bald regte sich Widerstand gegen solcherlei Abschottungstendenzen. Eine neue Schrift befasste sich mit dieser Thematik und trat für eine offene Gesellschaft ein. Benannt nach ihrer Hauptfigur Rut spielte die Handlung dieses Werks in weit vergangener Zeit vor mehreren Jahrhunderten, spiegelte aber deutlich die zeitgenössischen Verhältnisse wider: Einflussreiche Clans und Sippen beherrschten in dieser Novelle Politik und Rechtsprechung, der öffentliche Staat war kopflos und trat gar nicht in Erscheinung. Die Verfasser des Buches Rut trieb die Frage um, wie man diejenigen Familien zu behandeln habe, die aus der Fremde in ihre alte Heimat zurückgekehrt waren: Wie sind die Besitzverhältnisse zu klären? Haben die Rückkehrer Ansprüche auf alten Familienbesitz in Grund und Haus? Wie ist mit gemischten Ehen zwischen Juden und Fremden umzugehen? Welche Rolle spielen fremdländische Heimkehrer, die als Ehemann oder Ehefrau nach Jehud kommen? Die Verfasser des Buches Rut wünschten sich eine ausländerfreundliche Gesellschaft und skizzierten, dass Fremdstämmige zu einem tragenden Teil der Gesellschaft werden können. Deshalb entwarfen sie die Erzählung von der Familie des Elimelech, die einst Bethlehem während einer Hungersnot verlassen hatte, um im fremden Moab zu überleben. Die Söhne heirateten in der Fremde Moabiterinnen, eine von ihnen war die junge Rut. Elimelech und seine Söhne starben, zurück blieben die Witwen: Rut und Noomi, Elimelechs ehemalige Ehefrau. Noomi wollte in ihre Heimat nach Bethlehem zurückkehren, Rut begleitete sie. Als Witwen hatten sie einen schweren Stand, mussten sich allein durchsetzen. Rut packte in dem ihr fremden Land kräftig mit an, zeigte sich willens- und charakterstark. Sie heiratete einen Einheimischen und bekam Kinder. Im Erzählrahmen wurde ihr ältester Sohn zum Großvater König Davids. Die Leser und Leserinnen der Novelle verstanden die darin verpackte Gesellschaftskritik. Die Verfasser wollten den Ausländern und Fremden eine aktive Lebenspraxis zumuten, sie als Stützen der Gesellschaft zeichnen und ihnen eine wichtige Rolle zuweisen. Die Nichtjudäer galten ihnen nicht als Feinde, sondern als willkommene Ergänzung einer offenen und toleranten Gesellschaft. Deutlich bezogen die Verfasser des Buches Rut so Stellung zu den kontrovers diskutierten Fragen ihrer Zeit.[223]

Wie sich die gesamte Gesellschaft der persischen Provinz Jehud in Arm und Reich spaltete, so teilte sich auch die Oberschicht nochmals in zwei Gruppierungen auf. Die Idealisten standen den Realisten gegenüber: auf der einen Seite die Solidarischen, die das Elend der Armen sahen und zu deren Gunsten auf eine rücksichtslose Ausnutzung der rechtlich zur Verfügung stehenden Mittel verzichteten. Sie hielten sich zurück, Menschen mit unbezahlbaren Schulden zu ruinieren und in die Schuldsklaverei zu treiben. Sie machten preiswertere Angebote zu Ungunsten ihres eigenen Profits, aber sicherten damit das Überleben der Armen. Auf der anderen Seite standen die wohlhabenden Realisten, die vollkommen unsentimental den Rahmen der gesetzlichen Möglichkeiten zu ihren Gunsten ausnutzten. Sie beugten sich den Wirtschaftszwängen und machten beim Spiel um Macht und Geld gefühlskalt mit, indem sie in rationaler Manier ihr Eigentum mehrten, von schuldigen Pächtern Besitz rücksichtslos einforderten, Produkte und Preise an den überregionalen Märkten orientierten und nicht an den Bedürfnissen in der eigenen Gesellschaft. Diese Realisten hatten die neuen politischen Verhältnisse eines Eingebundenseins in ein großes Weltreich hingenommen und für sich genutzt. Hingegen blickten die Familien der Solidarischen und der Unterschichten zunehmend verzweifelt auf die Realität. Egal wer der Herrscher der Welt gewesen ist, ob Assyrer, Babylonier, Perser oder nach Alexanders Eroberungszügen die Griechen, für all die Mächtigen der Welt blieb Jehud stets das Hinterland, das auszubeuten war. Die Oberschicht konnte sich dem unterordnen und aus einer Kollaboration mit den Fremdherrschern Profit schlagen, um die eigene Lebenssituation erträglich zu gestalten – oder aber Solidarität mit den Ausgebeuteten des eigenen Volks üben. Die Wahl zwischen diesen beiden Möglichkeiten sollte noch für Jahrhunderte bestehen bleiben: Kollaboration oder Solidarität? Zusammenarbeit mit den fremden Machthabern oder

Rücksichtnahme auf die eigenen Volksgenossen? Die Differenz zwischen den Realisten und den solidarischen Idealisten führte hin zu der Frage danach, wie offen eine Gesellschaft sein durfte, wie viel Solidarität eine Gesellschaft zum Überleben benötigte. Es war eine nahezu philosophische, auf jeden Fall eine theologische Frage: Wollte Gott die Solidarität? Belohnt er denn die, die sich zurückhalten? Oder eher die, die rücksichtslos handeln? Es war die Frage nach dem Tun-Ergehen-Zusammenhang, die sich stellte: Tut jemand Gutes und handelt rücksichtsvoll, wird er dann von Gott belohnt? Die Realität sah anders aus: Die Rücksichtslosen wurden offensichtlich belohnt. Sie konnten ein sorgenfreies Leben mit allen Annehmlichkeiten führen.

Solche gesellschaftlichen Erfahrungen lösten in der intellektuellen Debatte der Judäer eine tiefe Krise aus. Die jahrhundertealten Weisheitssprüche, die beispielsweise in einem Buch der Sprichwörter gesammelt worden waren,[224] teilten noch deutlich mit, dass der Fromme von Gott im Leben reich belohnt werde: »Der Frevler flieht, auch wenn ihn keiner verfolgt, der Gerechte fühlt sich sicher wie ein Löwe« (Sprichwörter 28,1). Solche Überzeugungen waren Ausdruck des Tun-Ergehen-Zusammenhangs, der das weisheitliche Denken jahrhundertelang geprägt hatte: Wer Gutes tut, dem ergeht es gut. Wer Böses tut und sich frevelhaft verhält, dem ergeht es schlecht. »Wer schuldlos seinen Weg geht, dem wird geholfen, wer krumme Wege geht, kommt auf einmal zu Fall« (28,10). Mit solcher Denkweise sollte um rechtes Verhalten im Leben geworben werben. Die Überzeugung, die dahinter steckte, war die Annahme, dass alles, was sich im Leben erfolgreich bewährt, von Gott gewollt und gefördert worden sein muss. Die Welt ist von ihrem Schöpfer gerecht geordnet worden. Im erfolgreich Bewährten zeigte sich Gottes Kraft – so die Überzeugung der alten, traditionellen Weisheit in Israel und Juda.

Doch die Erfahrung war inzwischen eine andere. Die Frevler, die Unsolidarischen, die Ausbeuter waren diejenigen mit Erfolg. Sie verspotteten die Gottesfürchtigen und lebten ihr Leben ohne Rücksichtnahme. Die Überzeugung vom Tun-Ergehen-Zusammenhang bekam Risse. Für jeden war täglich beobachtbar, dass dieser Tun-Ergehen-Zusammenhang nicht immer der Realität entsprach. Die Frommen und Zurückhaltenden führten kein gutes Leben, die Frevler und Skrupellosen schlugen Profit aus Allem. Die alte Weisheit war so in eine tiefe Sinnkrise gestürzt worden. Ein vermögender Bürger im Jerusalem der griechisch-hellenistischen Zeit, der sich Kohelet nannte, verfasste eine entsprechende Lehrsammlung von Weisheitssprüchen, die recht pessimistisch, gar zynisch auf den vermeintlichen Tun-Ergehen-Zusammenhang blickten: »Ein Sünder kann hundertmal Böses tun und dennoch lange leben« (Kohelet 8,12). Den alten Tun-Ergehen-Zusammenhang bezeichnete er als »Windhauch« (8,14) und meinte damit, dass dieser unbedeutend und überholt sei. Sein bissiger Ratschlag war demgemäß: »Halte dich nicht zu streng an das Gesetz und sei nicht maßlos im Erwerb von Wissen! Warum solltest du dich selbst ruinieren?« (7,16). Reichtum beruhte nach Kohelet auf Ausbeutung und nützlichen Beziehungen zu Mächtigen (5,7–8; 8,2–4), nicht auf Frömmigkeit, wie es der Tun-Ergehen-

Zusammenhang glauben machen will. »Das Geld macht alles möglich« (10,19) und angesichts des Todes sei es das Beste, das Leben für das eigene Wohlbefinden zu nutzen (9,7–10). Erfolg und Genuss sind es, die das Leben lebenswert machen.

Die Krise der Weisheit und die Kritik am Tun-Ergehen-Zusammenhang waren nicht zuletzt Folgen des zunehmenden Einflusses griechisch-hellenistischer Kultur auf das Denken der Judäer. Griechische Philosophie veränderte die judäische Sicht auf die Welt. Auch in die Sprichwörter-Sammlung wurden jetzt neue Sprüche eingefügt, die das Verhältnis von Frommen und Frevlern in den Blick nahmen.[225] Es wurde ungeniert angeprangert, wenn skrupellose Reiche ungerecht, unsozial und damit gottlos agierten, wenn sie unsolidarisch mit niederen Schichten handelten. Dass es ihnen dennoch gut erging, war nicht von der Hand zu weisen. Deshalb wurde der Tun-Ergehen-Zusammenhang jetzt in eine Art von zukünftigem Vergeltungsakt umgekehrt: Zwar musste man einräumen, dass es den Frevlern im Leben gut geht, doch würde Gott sie eines künftigen fernen Tages ins unvermeidliche Verderben führen. Auch einige Psalmen aus dieser Zeit betrachteten dies ähnlich. Ihre Verfasser stellten fest, dass der Erfolg des frevlerischen Handelns in der realen Welt zwar unübersehbar und die Faszination der frevlerischen Lebensweise nicht von der Hand zu weisen sei. Dennoch handle es sich bloß um einen vermeintlichen, letztlich vergänglichen Lebenserfolg. Verschiedene Psalmen wiesen jetzt in gedichteten Versen darauf hin, dass rücksichtsloses Verhalten in der Gegenwart nicht ungesühnt bleiben werde in der Zukunft: »Errege dich nicht über die Bösen, ereifere dich nicht über jene, die Schlechtes tun! Denn sie verwelken schnell wie das Gras« (Psalm 37, 1–2).[226] Das triumphierende Gehabe der Oberschicht, die mit »Frevler« bezeichnet sind, wurde in intellektuellen Kreisen als unsozial entlarvt. Die Frevler würden eines Tages von Gott bestraft werden.

Die Problematik des unsozialen Verhaltens der Oberschicht gegenüber den Armen kannte auch der Verfasser des Buches Hiob.[227] Er nahm eine alte Tradition über eine literarische Gestalt namens Hiob auf, die von Gott mit Leiden geplagt und geprüft wurde, baute die Figur aber dichterisch und theologisch aus. Der Verfasser des Buches zeichnete seine Hauptfigur als reichen Mann, der mit seiner Familie gesund und glücklich in einem fernen Land lebte. Doch durch eine Reihe Unglücke erfuhr Hiob plötzlich einen sozialen Abstieg und verlor alles. Er wurde krank und unglücklich. Damit war eine Erfahrung beschrieben, von der jene Oberschichtangehörigen durchaus bedroht waren, die nicht in rücksichtsloser Ausbeutung Profit machten, sondern stattdessen mit den Armen Solidarität übten. Sie standen jederzeit in der Gefahr, materielle und finanzielle Einbußen im Gegenüber zu ihren unerbittlicheren Kontrahenten zu erleiden, wenn sie die tiefe soziale Krise ihrer Zeit ernstnahmen und persönliches Wohlergehen nicht auf dem Rücken der Elenden abladen wollten. Im Buch Hiob wurde angesichts dessen die Gerechtigkeitsfrage gestellt: Wie kann Gott es zulassen, dass ein rechtschaffener Mensch, der sich an die Gebote und Vorschriften der Torah gehalten hat, von Verarmung und Schicksalsschlägen getroffen wird? Wer dem

Tun-Ergehen-Zusammenhang folgte, musste von Gott für denjenigen, der moralisch integer handelte, Gutes einfordern dürfen. Deswegen klagte Hiob im Verlauf der Erzählung Gott an: »Habe ich gefehlt? Was tat ich dir, du Menschenwächter? Warum hast du mich zu einer Zielscheibe gemacht?« (Hiob 7,20). Warum zahlte sich sein Einsatz für die Armen, seine Solidarität mit den Nichtprivilegierten nicht aus? Hatte er doch Einfluss und Vermögen für sie eingesetzt (29,16; 31,16–21)! Sollte Gott das nicht gesehen haben? Gottes Lohn für Hiobs Tun war nicht erkennbar, im Gegenteil: Hiob erfuhr Leid, Krankheit und sozialen Abstieg. Ganz dem Tun-Ergehen-Zusammenhang gemäß folgerten Hiobs Freunde im weiteren Verlauf der Erzählung, dass Hiob in seinem Leben irgendwann große Schuld auf sich geladen haben müsse. Aber die neue Weisheitstheologie der griechisch-hellenistischen Zeit zog solche Vergeltungsforderung in Zweifel. Gutes Tun zog eben nicht immer Belohnung nach sich, Böses nicht immer Strafe. Das Buch Hiob lehnte erstmals ein Anspruchsdenken gegenüber dem mächtigen, fernen Gott deutlich ab und wies Forderungen nach einer vermeintlich gerechten Vergeltung im Leben zurück. Was immer ein nichtiger, kleiner Mensch tut und leistet, die Größe Gottes wird er nicht erreichen: »Wie wäre ein Mensch gerecht vor Gott, wie wäre rein der vom Weib Geborene? Siehe, selbst der Mond glänzt nicht hell, die Sterne sind nicht rein in seinen Augen, geschweige denn der Mensch, die Made, der Menschensohn, der Wurm« (25,4–6). Das Buch Hiob betonte am Schluss, dass Gott die ganze Welt geschaffen hat, er ordnet sie, er ist machtvoll und seiner Führung hat man sich ohne Forderung zu unterwerfen. Der Dichter des Buches zeigte am Schluss mit einer Reihe von rhetorischen Fragen auf, dass Gott den gesamten Kosmos erschaffen und geordnet hat, die Welt erhält und unendliche Macht besitzt (38–39). Der Mensch sei ein kleines und nichtiges Teil in diesem Schöpfungswerk ohne Rechtsanspruch auf ein leidleeres Leben. Der Aufruf ist klar und deutlich: Die Welt ändern könnt ihr Menschen nicht! Mit Leid und Unrecht müsst ihr leben! Ansprüche gegenüber Gott könnt ihr nicht erheben! Ein Tun-Ergehen-Zusammenhang besteht angesichts des machtvoll wirksamen Gottes schlichtweg nicht. Ihr könnt Leid erdulden oder dagegen rebellieren, aber entscheidend bleibt die Hinwendung zu Gott oder das Bleiben bei Gott. Erst wenn man nach dem Tod bei Gott ist, gibt es eine Möglichkeit, über sein eigenes Leben Gericht gehalten zu bekommen und Vergeltung zu erfahren (16,19–22).[228]

Mit der neuen Weisheit hielt nun auch der Gedanke einer Auferstehung, eines Lebens nach dem Tod Einzug in das Denken der Judäer. Jahrhunderte nach Abfassung des Buches Hiob wird ein Schreiber das so genannte Buch der Weisheit verfassen und dort noch deutlicher die Frage nach der gerechten Vergeltung für den guten Menschen so beantworten: In der realen Welt sieht es nicht nach einer gerechten Vergeltung für das Tun aus. Aber die Belohnung wird nach dem Tod erfolgen. Entsprechend die Strafe für die Bösen ebenso.[229] Gerechte und gottlose Menschen erwarte gleichermaßen am Ende das Gericht Gottes. Hier haben nun apokalyptische Züge ihre Wirkung hinterlassen.[230] Hatte die traditionelle Denkweise am Jerusalemer Königshof einst den Tun-Ergehen-Zusammenhang als Vergeltung für menschliches Handeln zu Lebzeiten betrachtet, so hatte der neue Kontakt mit der Philosophie aus Griechenland eine veränderte Denkweise bewirkt. Der Gedanke der Unsterblichkeit der Seele des Gerechten spiegelte sich nun auch in der judäischen Weisheit wider (Weisheit 3,1).

Torah, Religion und das Leben

Jesus Sirach betrat den Vorhof des Tempels. Das wuselige Treiben war hier, vor dem Zugang zum Altar, bei den Tempelgebäuden, wie immer am größten. Der offene Platz war voll von Menschen, es roch nach Rauch, der Gesang der Tempelchöre erzeugte eine besondere, sakrale Atmosphäre, die edlen Gewänder der Priester glänzten in ihren bunten Farben in der Sonne. An den hohen Festtagen wurde es hier oben auf dem Tempelberg regelmäßig drückend eng, weil einfach jeder diese heilige Atmosphäre aufsaugen wollte, sich in festliche Stimmung versetzen lassen wollte, auch wenn er sonst nur selten an den Kultritualen teilnahm.

Sirach blickte den dicken Rauchschwaden hinterher, die sich im wolkenlosen Himmel auflösten. Sie stiegen von dem überdimensional großen, gemauerten Brandopferaltar auf, an dem mehrere Priester alle Hände voll zu tun hatten, um die Opfergaben der Juden und Jüdinnen an ihren Gott zu verbrennen. Meist wurde hier Fleisch von kleinen und großen Tieren dargebracht. Doch auch Speiseopfer wie Getreide, Brot oder Kuchen, Öl, Wein wurden vorgelegt, von den besitzlosen Menschen, die sich kein Fleischopfer leisten konnten. Jesus Sirach hatte gestern erst den Priestern ein Opfer übergeben. Einen eindrucksvollen Stier hatte er ausgewählt. Solche Brandopfer boten ihm die nachdrückliche Möglichkeit, mit Gott in Kontakt zu treten, um von ihm Hilfe und Beistand zu erbitten. Ob es um Heilung einer Krankheit ging, um die Rettung aus lebensbedrohlicher Lage, um Erfolge im privaten oder geschäftlichen Rahmen, um das Treffen einer folgereichen Entscheidung, um das Erkämpfen von Recht oder was auch immer in einem Menschenleben passieren konnte: Das Opfer am Tempel bot den Menschen die Möglichkeit, Kontakt mit Gott aufzunehmen, öffentlich die eigene Religiosität auszuleben. Zwar galt Gott an sich den Juden als fern, jenseitig. Dass sich dieser transzendente Gott über den großen Abstand zwischen Mensch und Gott hinweg hinabbeugt, um zu helfen, galt ihnen nicht als selbstverständlich, keinesfalls als erwartbar, sondern als ein dankenswertes Wunder, das erfleht werden musste. Die Juden betrachteten es als einen gnadenvollen Akt ihres Gottes, wenn er sich zu dem Einzelnen hinwendete, ihm beistand. Voraussetzung für einen solchen Beistand war dabei stets, dass der Mensch den Bund mit Gott einhielt, also achtsames Mitglied in der Gemeinschaft des Gottesvolks war und die Gebote der Torah im alltäglichen Leben einhielt.[231]

Eine neue Zeit

Nun war dies mit den Geboten der Torah aber so eine Sache. Zu Jesus Sirachs Zeiten waren seit der Abfassung der Torah schon viele, viele Jahrzehnte vergangen. Nicht wenige Vorschriften der Torah waren gar nicht mehr zeitgemäß. Da gab es zum Beispiel die Handelsverbote am Sabbat. Sie waren einst erlassen worden, um für das Volk der Juden im persischen Vielvölkerstaat eine kulturelle Identität herzustellen, eine Verhaltensweise, an der sie erkennbar waren, sich von den vielen anderen Völkern abhoben. Aber heute waren diese Verbote kaum noch praktikabel. Sie störten den Handelsfluss. Die Geschäfte litten darunter, vor allem international betrachtet. Ähnliches galt für die Vielzahl an Speisegeboten, die für jüdische Geschäftsleute eine Tischgemeinschaft mit nichtjüdischen Geschäftspartnern nahezu unmöglich machten. Geschäftsessen waren da undurchführbar geworden.

Man stellte deshalb die alten Gebote, die einst kulturelle Identität bewirken sollten, zunehmend in Frage. Immer wieder diskutierte man in der jüdischen Gesellschaft darüber, wie die Gebote der alten Mose-Torah aktuell zu interpretieren waren. Und für solche Aufgaben gab es Männer wie Jesus Sirach. Er war ein Schriftgelehrter, Mitglied eines Berufsstandes, der die Absicht verfolgte, einerseits die traditionellen religiösen Überlieferungen zu fixieren, andererseits modern auszulegen. Es ging um die Frage, wie die alten Vorschriften noch eine Grundlage des modernen Lebens bleiben konnten. Jesus Sirach war gerade auf dem Weg zu seinem Lehrraum, der sich in einem der Nebengebäude des Tempels befand. Hier beriet er Menschen in Fragen der korrekten Auslegung der Torah. Und wenn er gerade Zeit hatte, schrieb er hier an seinem Werk weiter. Er arbeitete nämlich an einer Abfassung von Weisheiten über die angemessene jüdische Lebenshaltung in seiner Zeit, die sich so schnell gewandelt hatte.

Nachdem Alexander der Große vor bald eineinhalb Jahrhunderten die Welt erobert hatte und dann so plötzlich verstorben war, hatten seine Nachfolger das griechische Weltreich aufgeteilt. Judäa war dabei an die Familie der Ptolemäer gefallen, die von Ägypten aus ihr Reich regierten. In dieser Zeit hatte in Palästina eine Zeit des Wohlstands, der politischen Stabilität und der wirtschaftlichen Sicherheit geherrscht. Die neuen Machthaber regierten ihr Reich profitorientiert, führten eine Vielzahl von Steuern ein: Kopfsteuer, Grundsteuer, Verbrauchssteuern, selbst »Spaßsteuern« waren regelmäßig zu entrichten. Solch massive Zahlungen konnte die Bevölkerung nur deshalb leisten, weil die Ptolemäer es geschafft hatten, eine effiziente Wirtschaftsorganisation in ihrem Reich aufzubauen. Viel war in die Förderung der Landwirtschaft investiert worden, so dass es zu hoher Überschussproduktion kam, die Gewinn abwarf. Neue Kupfermünzen neben den hochwertigen Gold- und Silbermünzen sorgten für einen regen Austausch der Güter. So hatten die Ptolemäer begonnen, die Handelsbeziehungen innerhalb ihres Reiches auszubauen, um Güter im ganzen Herrschaftsgebiet auszutauschen und am internationalen Handel teilzunehmen. Sie hatten auch den Kanal vom Nil zum Roten Meer freigegeben, so dass jetzt ptolemäisch-ägyptische Handelsschiffe umhersegelten und sogar den Karawanenhändlern in Arabien Konkurrenz machten. Von alldem hatte auch die Provinz Judäa profitiert, die zeitweilig gar die Möglichkeit zur Selbstverwaltung erhalten hatte. Auf der höchsten Ebene der Organisation stand nun der Hohepriester Jerusalems, er repräsentierte das jüdische Volk in politischer wie in religiöser Hinsicht. Die in Judäa geltenden Gesetze richteten sich weitgehend nach der Torah, die allen bekannt war.

Inzwischen aber hatten die von Syrien aus regierenden Seleukiden den Ptolemäern den Rang abgelaufen und die Macht über Judäa und ganz Palästina übernommen. Es hatte Steuererleichterungen gegeben für den Tempel und alle, die dort arbeiteten. So war der Tempel immer mehr zum Zentrum der Provinz Judäa geworden: zuerst wirtschaftlich, dann auch politisch und religiös sowieso. Judäa war jetzt beinahe so etwas wie ein Tempelstaat, in dem das Amt des Hohepriesters von entscheidender Wichtigkeit geworden war, weil in ihm Macht und Einfluss konzentriert waren. Wirtschaftliche, politische und religiöse Interessen konnten von hier aus gelenkt werden. Reiche jüdische Familien rivalisierten um den Posten des Hohepriesters und buhlten um die Gunst des Königs im Seleukidenreich. Die Aristokraten Jerusalems sollten sich später immer wieder um das Amt des Hohepriesters streiten, das man sogar durch Bestechung zu erlangen versuchte.[232] Es war eine Zeit ständig wechselnder politischer Machtverhältnisse.[233]

Während der Seleukidenherrschaft entwickelte sich in der Gesellschaft Judäas ein Streit darüber, ob sich der judäische Tempelstaat an konservative, jüdische Vorgaben halten sollte, die Torah als Grund- und Zivilgesetz gelten sollte. Oder ob man sich der neuen, modernen Kultur und Lebensweise des Hellenismus öffnen sollte. Viele jüdische Aristokraten hatten sich der attraktiven hellenistischen Lebensart zugewandt und die modischen Strömungen aufgenommen, mit denen man sich weltoffen zeigen konnte: Man knüpfte Bande zu der internationalen Elite, wenn man die griechische Sprache beherrschte, seinen Kindern moderne griechische Namen gab, hellenistische Kleidung trug, griechische oder orientalische Religionsfeste mitfeierte, in den Gymnasien nackt Sport trieb und Symposien, philosophische Gastmähler oder Feiern mit Tänzern und Mimen, ausrichtete, bei denen man über griechische Kunst, Literatur und Philosophie untereinander diskutierte – bis dahin, dass man die Sarkophage der Verstorbenen mit griechischen Inschriften versah.[234]

Nicht alle Juden in Palästina nahmen solche hellenistischen Kultureinflüsse begeistert auf. Musste man wirklich jedem modernen Trend hinterherjagen? Viele empfanden diese kulturellen Umbrüche als Angriff auf die hergebrachte

Lebensweise, wollten Veränderungen und Erleichterungen nicht aufnehmen, lehnten das Neue, Ungewohnte ab, verachteten die neumodischen Trends, die parfümierten Träger der Purpurmäntel und all die, die sich teures griechisches Geschirr leisten konnten. Unmittelbar greifbar wurde griechisch-hellenistischer Einfluss an den wohlduftenden Luxusartikeln, die jetzt von weither in die Häfen Palästinas importiert wurden, die sich aber nur wenige leisten konnten. Jesus Sirach konnte dem exklusiven, aber sündhaft teuren Wein aus Rhodos nicht widerstehen. Wenn er seinen Gästen von diesem außerordentlich guten Tropfen etwas anbot, wollte niemand ablehnen. Er hatte nur stets darauf zu achten, dass die Amphoren an ihrem Henkel den Echtheitsstempel trugen,[235] damit er nicht auf die billigen Plagiate hereinfiel, die immer wieder in Umlauf gebracht wurden. Er selbst hatte ebenfalls von dem wirtschaftlichen Aufschwung der letzten Jahre profitiert, war in die Oberschicht aufgestiegen. Und jetzt machte er sich Gedanken darüber, wie viel hellenistischen Einfluss, wie viele fremde Sitten das Judentum, das sich doch an der Torah ausrichten soll, wohl verträgt: Muss es sich dem Hellenismus komplett verwahren? Oder vorsichtig öffnen? Oder vollständig umstellen?

Nicht beteiligt an den hellenistischen Errungenschaften war wieder einmal die Unterschicht der Bevölkerung. Aus ihrer Sicht wirkte eine Teilnahme an hellenistischer Kultur eindeutig als Ablösung und Aufgabe von jüdischen Idealen, als Verlust der kulturellen Eigenständigkeit, obwohl die Torah auf Letztere doch gerade hinwirken wollte. Den Armen kam das hellenistisch beeinflusste Gehabe der Oberschicht wie eine vollkommen fremde Lebensart vor, wie ein Verrat an den alten Traditionen. Man fühlte und beobachtete, dass die jüdische Gesellschaft in zwei Teile zerfiel, die zunehmend auseinander drifteten, was letztlich wiederholt zu Gewaltausbrüchen und bürgerkriegsähnlichen Zuständen führte, wenn Konservative gegen Reformer agierten. Immer ging es dabei um die Frage, wieviel Hellenisierung, ja wieviel Internationalisierung das Judentum vertragen könne, ohne seine Identität aufs Spiel zu setzen.

Zuerst hatten die hellenisierten Oberschichtangehörigen das Sagen in Jerusalem gehabt. Sie hatten kein Problem darin gesehen, moderne hellenistische Kulturelemente zur Schau zu tragen. Aber dann war es zu apokalyptisch anmutenden Unruhen in Judäa gekommen. Breite Teile der Unterschicht konnten diesen Verrat an jüdischer Kultur nicht mehr ertragen. Ihre zunehmend härtere wirtschaftliche Situation verführte sie dazu, ihre Rettung nur noch in einer vollständigen Umwälzung der Verhältnisse zu sehen. Nachdem dann die syrischen Seleukiden von den ägyptischen Ptolemäern die Oberherrschaft übernommen hatten, rückten konservativere Kreise um den Hohepriester Simon II., genannt »der Gerechte«, die kulturelle und religiöse Geltung der jüdischen Torah wieder in den Mittelpunkt.

In dieser Zeit begann Jesus Sirach, eine Sammlung von Weisheiten zu verfassen. Ähnlich wie das Buch der Sprichwörter, in dem vorgeschlagen wird, Weisheit nicht als Produkt des Nachdenkens, sondern als Folge von Frömmigkeit zu verstehen, versuchte Jesus Sirach die Frage zu beantworten, wie man in der modernen Zeit eine angemessen jüdische Lebenshaltung pflegen kann. Dabei schlug er beispielsweise vor, dass das Reisen die Offenheit fördere. Wer Fremdes und Fremde kennenlernt, kann sich vertrauensvoll öffnen: »Ein Mann, der herumgekommen ist, hat viel kennengelernt, und der Vielerfahrene wird Einsicht weitergeben. Vieles habe ich bei meinen Reisen gesehen und größer als meine Worte ist meine Einsicht« (Jesus Sirach 34,9–12). Wer herumreist und Menschen offen begegnet, sammelt Weisheit und handelt im Sinne Gottes. Jesus Sirach predigte die Offenheit des Juden gegenüber neuen hellenistischen Kultureinflüssen: Griechische Symposien könnten in angemessener Form grundsätzlich besucht werden. Die moderne Wissenschaft der Medizin vertrage sich durchaus mit jüdischer Frömmigkeit. Keinesfalls habe man sich in diesen Zeiten des jüdischen Glaubens zu schämen. Gottesfurcht bleibe sicherlich wichtig, Juden müssten kultisch rein sein und ethisch verantwortlich handeln – dies seien notwendige Forderungen an einen Juden. Dies beinhalte dann auch die Achtsamkeit darauf, den Tendenzen zur auseinanderklaffenden Gesellschaft entgegenzutreten, integrierend zu wirken. Egoistisches Verhalten von Reichen prangerte Jesus Sirach scharf an, rief stattdessen zur Unterstützung der Armen auf. Er entwickelte moderne Auslegungen zum Elterngebot und zur Freundschaft. Alles in allem bestehe der Alltag eines Juden darin, den hellenistischen Einflüssen der Moderne angemessen zu begegnen. Letztlich vertrat er eine moderate Form des Ausgleichs von jüdischen Ansprüchen, die sich aus der Torah ergaben, mit den modernen hellenistischen Erfordernissen.[236]

Ein Zwölfprophetenbuch

Über Jesus Sirach sagten seine Mitmenschen, er sei ein Kundiger »des Gesetzes sowie der Propheten und der anderen, von den Vorfahren überkommenen Schriften«[237]. Zu jener Zeit gab es also neben den Prophetenbüchern und der Torah, dem »Gesetz«, weitere religiöse Schriften des Judentums, die allgemein bekannt waren und Einfluss auf das religiöse Leben der Menschen hatten. Jahrzehntelang hatte man diese exklusiv in der Bibliothek des Tempels gesammelt und dort waren sie von Schriftkundigen ständig erweitert, aktualisiert worden, zumindest diejenigen Schriften, die sich mit den Forderungen der Torah vereinbaren ließen. Andere, deren Inhalte der Torah widersprachen, waren nicht weiter gelesen oder bearbeitet und deshalb vergessen worden. Jetzt aber, in der neuen Zeit waren jene Schriften nicht mehr nur einem exklusiven Zirkel von Schriftkundigen in der Tempelbibliothek bekannt. Inzwischen hatten die überlieferten, neu aktualisierten Schriften allgemeine Bekanntheit erfahren. Sie wurden gerne gehört und öffentlich vorgelesen. Neben den großen, uralten Prophetenschriften wie Jesaja, Jeremia oder Ezechiel sowie dem ausführlichen deuteronomistischen Geschichtswerk gab es viele weitere Bücher, zum Beispiel die Memoiren des Nehemia oder nicht zuletzt das Zwölfprophetenbuch.[238]

Wie dieser Name andeutet, handelte es sich hierbei um eine Schrift, die insgesamt zwölf namentlich genannte Propheten zu Wort kommen ließ. Sie war schon zu Sirachs Kindheitszeiten öffentlich gemacht worden. Seit Generationen hatte man ja auf den Straßen Jerusalems keine prophetischen Stimmen mehr vernommen. Niemand war mehr öffentlich aufgetreten, um im Namen Gottes eine kommende Heilszeit für alle anzukündigen. Als einst noch die persischen Großkönige regiert hatten, waren die letzten Propheten durch die Gassen gezogen und hatten lauthals angekündigt, Gott werde sein Volk vollständig zur Rettung führen, das Volk werde vor allen anderen Völkern ausgezeichnet werden. Aber solche Stimmen waren schon lange verstummt. Jesus Sirach und seine Glaubensgenossen waren eher von einem Heil überzeugt, das an ein vorangehendes Gericht geknüpft war – nur wer die Gesetze Gottes, insbesondere die sozialen, beachtete, werde eines Tages sein persönliches Heil erfahren. Die Rücksichtslosen und die Unsolidarischen würden durch ein Gericht vom Heil ausgeschlossen werden.

Unter dieser Prämisse waren die alten prophetischen Schriften in der Tempelbibliothek von kundigen Schreibern immer wieder einmal überarbeitet und ergänzt worden. Dadurch sollte die Torah, die längst zur unabänderlichen Grundlage judäischen Lebens geworden und sogar ins Griechische übersetzt worden war, aktuell gehalten werden. In die prophetischen Schriften konnten die Tempelschreiber so gegenwärtige Erfahrungen und Erfordernisse einfließen lassen. Eine bedeutsame Rolle spielte beispielsweise die jetzt immer stärker um sich greifende Überzeugung vom nahen Ende der Welt, die Torah sprach darüber noch nicht. Und so waren die Schreiber in der Tempelbibliothek eines Tages auf die Idee gekommen, die Ankündigungen von mehreren Heils- wie auch Unheilspropheten zu einer großen Schrift der Prophezeiungen zu verbinden. In ihr sollten sich die Worte der Propheten gegenseitig erläutern.

Die Tempelschreiber stellten die jahrhundertealten Prophetenschriften von Hosea, Amos, Micha, Zefanja oder Nahum redaktionell zusammen und ergänzten sie durch weitere prophetische Gestalten, die nie gelebt hatten, um auf diese Weise erläuternde Übergänge zu schaffen. So hatten sie beispielsweise die Schrift Joel als kommentierende Auslegung zwischen Hosea und Amos eingefügt. An vielen Stellen nahm diese Einfügung explizit Bezug auf die beiden anderen Schriften,[239] sie zitierte oder imitierte immer wieder auch Stellen aus weiteren Schriften des Zwölfprophetenbuches,[240] bildete sozusagen eine vorweggenommene Zusammenfassung aller prophetischen Worte. Ähnlich verfuhren die Tempelschreiber mit der kleinen Schrift Obadja. In ihr nahmen sie eine Fremdvölkerprophezeiung von Amos auf[241] und kommentierten diese am Beispiel des Bruderkonflikts zwischen Jakob und Esau. Alle zwölf kleinen Prophetenschriften wurden durch die Tempelschreiber einander angepasst und in Übergangspassagen miteinander verknüpft, so dass sich ein abschnittsweise gut lesbares Werk ergab, das eine einheitliche Botschaft zu verkünden hatte. Dass nämlich Gott eines Tages sein eigenes Volk wie auch die fremden Völker zum

Heil führen werde, aber auch dass es zum Gericht kommen werde und welche Verfehlungen zum Verderben einst führten und künftig führen werden.

Jesus Sirach las gern in dem Zwölfprophetenbuch, weil es immer wieder um den »Tag Gottes« kreiste, den Tag, an dem Gott seine Herrschaft sichtbar aufrichten würde. Das Zwölfprophetenbuch verschob diesen Tag gerade nicht auf ferne künftige Zeiten, sondern betrachtete ihn als gegenwärtig: »Getöse und Getümmel herrscht im Tal der Entscheidung; denn der Tag des Herrn ist nahe im Tal der Entscheidung« (Joel 4,14). Das Zwölfprophetenbuch forderte so das rechte Handeln eines jeden Einzelnen zu jeder Zeit ein, damit er im Gericht Gottes zu den Guten, nicht zu den Verworfenen zählen würde.[242]

Auch den märchenhaft komödiantischen Buchteil über die Figur des Jona liebte Jesus Sirach, nicht nur weil es ein kunstvolles schriftstellerisches Produkt war. Viel mehr bewunderte Jesus Sirach die deutlich formulierte Kritik an nationalistischen Tendenzen. Der Schriftteil über Jona sprach sich klar gegen eine Abschottung und einen Partikularismus des Judentums aus. Für Offenheit und Dialog trat auch Jesus Sirach ein. Aus der Jona-Schrift ließ sich lernen, dass Gott Offenheit und Umkehrbereitschaft einfordert. Die Schrift beschrieb anschaulich, wie Jona erkennen musste, dass der universale Gott bereit ist, jeden Menschen aufzunehmen, der sich zu ihm bekehrt – auch wenn er zuvor sündhaft gelebt hat, und auch wenn er gar kein Jude gewesen ist. In der Frage, ob das göttliche Heil nur für die Juden zugänglich ist oder auch für Nichtjuden, für »Heiden«, sprach sich die Jona-Schrift dafür aus, dass allen Menschen, auch den »Fremden«, ein Wohlergehen möglich ist. Gott bestrafe auch nicht automatisch jedes sündhafte Verhalten, sondern setze auf die Einsicht der Menschen. Er sei ein barmherziger und gnädiger Gott, der lieber Heil schaffe als das Gericht zu vollziehen. Der »Tag Gottes« musste also gar nicht Verderben und Unheil über alle Welt bringen. Er konnte den Juden und sogar den fremden Völkern auch Gutes und Erlösung bringen.[243]

In den Buchteilen Micha, Nahum, Habakuk und Zefanja erläuterten die Tempelschreiber die Absicht Gottes an diesem Tag genauer. In Micha wurde deutlich jegliches unsoziale Verhalten kritisiert, weshalb dann in Zefanja der Tag Gottes als jener Zeitpunkt beschrieben wurde, an dem die Armen und Unterdrückten endlich aufatmen könnten. Im Micha-Buch waren die Verfehlungen der mächtigen Wohlhabenden und der politischen Führer aufgelistet: »Sie wollen Felder haben und reißen sie an sich, sie wollen Häuser haben und bringen sie in ihren Besitz« (Micha 2,2). Sie erbauen »Zion mit Blut und Jerusalem mit Unrecht« (3,10). Ihre »Häupter sprechen Recht gegen Bestechung, ihre Priester lehren gegen Bezahlung« (3,11). Deshalb werde der Tag Gottes unwiderruflich kommen, alles werde hinweggefegt werden. Dennoch blieben die Schreiber und Bearbeiter des Micha-Buches nicht bei der Beschreibung eines vollständigen Untergangs stehen, sondern bekräftigten durch abwechselnde Gerichtsworte und Heilsprophezeiungen Gottes Willen, am Ende trotz allem Friede und Heil zu gewähren. Dann werde man »Schwerter zu Pflugscharen umschmieden« (4,3). Auch in den Buchteilen Nahum und Habakuk verdeutlichten die Tempelschreiber, dass Gott diese Macht zur Gestaltung des Tages Gottes besitze und nutzen werde: »Der Herr aber wohnt in seinem heiligen Tempel. Alle Welt schweige in seiner Gegenwart« (Habakuk 2,20).

An das Ende des durchdacht aufgebauten Zwölfprophetenbuches setzten die Tempelschreiber die uralten Schriften der Propheten Haggai und Sacharja, die sich wie ein gemeinsames Buch über den Wiederaufbau des Tempels lasen.[244] Den krönenden Abschluss dazu bildete dann der Buchteil Maleachi. Hierhin, an den Schluss des Zwölfprophetenbuches, setzten die Tempelschreiber in dieser Schrift bewusst noch einmal vielfältige Rückbezüge auf das gesamte Buch. Vor allem wurde die erste Schrift, Hosea, explizit aufgegriffen. In Hosea war zum Auftakt des Zwölfprophetenbuches auf die Ursprünge des Gottesvolks hingewiesen worden: auf Jakob, auf den Auszug aus Ägypten und auf die Wanderung durch die Wüste. Auf die Liebe Gottes zu Jakob nahmen dann schließlich die Tempelschreiber im Maleachi-Teil wieder bewusst Bezug.[245] Sie ließen die Maleachi-Schrift mit einer friedvollen Vision eines bevorstehenden Heils enden. Zwar wurde im Text nicht verhehlt, dass solch eine friedliche Perspektive stets gefährdet wird durch frevelhaftes Verhalten einiger Menschen. Aufgezählt waren ausdrücklich solche Verfehlungen wie das Opfern wertloser Tiere, die Meineide vor Gericht, die Missachtung des Gastrechts, das ungerechte Auszahlen von Löhnen oder der Steuerbetrug bei der Zehntabgabe (Maleachi 1,6–14; 3,5,8–10). Doch wer kultisch und sozial vorbildlich lebt, dem versprachen die Verfasser des Maleachi-Buchteils, dass er Gottes Heilshandeln an Jerusalem miterleben werde. Hingegen seien die Frevelhaften und diejenigen, die Gott nicht dienen, davon ausgenommen und verfielen dem Gericht (Maleachi 3,17–21). In Maleachi hielten die Verfasser ihre Hoffnung auf eine Endzeit fest, in der sich alles zum Guten wendet. Zum Abschluss des Zwölfprophetenbuches sollte so den Menschen die Angst vor den realen politischen Machthabern genommen, die Torah als Glaubens- und Handlungsgrundlage empfohlen und das Gericht mit gutem Ausgang für sie versprochen werden (Maleachi 3,20–22). Mit bewussten Bezügen auf die Torah, das Gesetz des Mose, und auf andere Schriften ließen die Tempelschreiber die letzten Verse des Zwölfprophetenbuches enden,[246] in denen versprochen wurde, dass das Heil sicher kommen werde. Ausdrücklich an das Ende gesetzt wurden der Hinweis, dass es unumgänglich notwendig ist, die Torah-Vorschriften einzuhalten, und das Versprechen, dass alles gut ausgehen wird.[247]

Annalenschreibung

Wegen der vielfachen Hinweise auf die Torah und wegen der guten Versprechungen las Jesus Sirach gern im Zwölfprophetenbuch. Vor einigen Jahren war dieses Buch in seiner jetzigen Form veröffentlicht worden, um die unterdrückten Juden zu ermutigen und sie an ihre Pflichten, die sich aus dem Gesetz des Mose ergaben, zu erinnern. Das Zwölfprophetenbuch reihte sich damit ein in eine

Vielzahl von Schriften, die in jener Zeit öffentlich zugänglich gemacht worden sind in der Absicht, die Torah als Lebensgrundlage des Judentums zu festigen.

Zu solchen Schriften zählte auch das chronistische Geschichtswerk, das in Sirachs Tagen seit einigen Jahrzehnten in Umlauf war. Ähnlich wie das viel ältere deuteronomistische Geschichtswerk beschrieb es ebenfalls die Geschichte des jüdischen Gottesvolks, beginnend bei Adam und ausgehend von König David bis zum Untergang Jerusalems und dem anschließenden Wiederaufbau unter den persischen Machthabern. Das Chronik-Werk bestand aus mehreren Teilschriften. Den Abschluss bildeten die Bücher Esra und Nehemia, benannt nach ihren Hauptfiguren. Diese beiden Schriften, die teilweise auf älterem Textmaterial aufbauten, erzählten von den Ereignissen in einem Zeitraum etwa ein Jahrhundert nach dem persischen König Kyros, der die schrecklichen Babylonier besiegt hatte. Sie beschrieben den Wiederaufbau der Stadt nach dem babylonischen Exil sowie die Ausrichtung des Lebens in der Stadt am Tempel und an der Torah. Den Schreibern der Chronik-Werke ging es darum, Tempel, Torah und jüdisches Leben fest als heilige Basis ihres Daseins in Judäa zu verankern. Deshalb verwendeten sie auch erstmals die Bezeichnung »heiliges Jerusalem« (Nehemia 11,1) zur Beschreibung der Hauptstadt Judäas. Die Stadt mit ihrem Tempel sollte als die heilige Stadt des Judentums mit dem Tempel als Kultzentrum etabliert werden. Das Leben in dieser heiligen Stadt sollte allzeit konform mit den Vorschriften der Torah geführt werden, sollte sich jederzeit an den Gesetzen des jüdischen Gottes ausrichten.

Inzwischen war es längst feste Überzeugung der Juden geworden, dass ihr jüdischer Gott der einzige Gott überhaupt ist. Der Monotheismus hatte sich in Jerusalem und Judäa endgültig durchgesetzt. Altäre und Opferkulte für andere Götter fand man in Jerusalem schon lange nicht mehr. Alles war konzentriert auf den Tempel für den einen Gott. Der Tempel war zum dominierenden Wirtschafts- und Machtzentrum geworden, und deswegen setzten ihn die Verfasser des chronistischen Geschichtswerks in den Mittelpunkt ihres Geschichtsrückblicks. Sie ließen die Esra-Schrift mit einem Edikt des Perserkönigs Kyros einsetzen, wonach Kyros den Wiederaufbau des Jerusalemer Tempels und die Rückkehr der nach Babylon deportierten Judäer angeordnet habe (Esra 1,1–4). Die Formulierung dieses Edikts ließ so deutliche Anklänge an Jesaja (45,13) erkennen, dass jeder Schriftkundige diesen Auftakt als eine Nachahmung durch die Esra-Verfasser erkennen konnte. Aber die Schreiber hatten damit deutlich gemacht, dass sie in der Perserzeit, in der Zeit der Machtübernahme durch die neuen Herren des Ostens, eine Wende der Heilszeit erkannten. Für sie hatte der eine Gott den Geist des Großkönigs Kyros dazu getrieben, die von den Prophetengruppen in der Exilszeit einst angekündigte Rückkehr der Juden zum Tempel anzubahnen. Für sie ist es der jüdische Gott gewesen, der sich eines mächtigen Königs bedient habe, um die Prophezeiungen wahr werden zu lassen. Die Esra-Verfasser machten deutlich, dass sie ihren Gott als uneingeschränkten Herrn der Weltgeschichte begriffen, die jetzt an einem guten, heilvollen Punkt angekommen sei.[248]

In den Büchern Esra und Nehemia konnte Sirach zudem nachlesen, wie die Torah in der als glücklich gezeichneten Perserzeit zur verpflichtenden Grundlage jüdischen Lebens geworden ist. Aber die beiden Bücher befeuerten zugleich wieder den Kampf um die Kulturhoheit in ihrer Zeit, der Zeit des Hellenismus: Ist nur ein reines, der Torah in jedem Wortlaut treues Judentum das wahre Judentum? Oder doch eher das Judentum, das die Vorschriften der Torah mit der modernen hellenistischen Kultur in Ausgleich zu bringen versucht? Die Chronikbücher bezogen hier eindeutig Stellung. Ihre Verfasser lebten in einem Jerusalem, das vom Tempel und seinen Kultfeierlichkeiten dominiert war. Der Tempel war längst kulturelles, religiöses, wirtschaftliches und ökonomisches Zentrum geworden. Dies hatte sich bis zu Sirachs Zeiten nicht geändert. Tempelbetrieb, Opferkult, Festbräuche waren beliebt und viel besucht. Aber war die Beteiligung der Juden am Tempelkult echt? Oder nur zur Gewohnheit verkommene alte und tote Tradition? Suchten die Tempelbesucher den aufrichtigen und heiligen Kontakt zu Gott oder ging es ihnen bloß um eine heilige Atmosphäre an einem hohen Feiertag? Den Verfassern der Chroniken war es wichtig, dass der Tempelkult korrekt und ehrlich zelebriert wurde, denn dieser war aus ihrer Sicht der Garant für die Anwesenheit der Herrlichkeit Gottes in Jerusalem. Zu ihrem Leidwesen konnten die Verfasser in den heiligen Schriften des Judentums keine Stellen finden, die die aufrichtige Tempelkultausführung explizit beschrieben. Ja, nicht einmal die Gründung des Tempels auf göttlichen Wunsch war ihres Erachtens angemessen dargestellt. Sie waren deshalb auf die Idee gekommen, eine Art Zusammenfassung der jüdischen Schriften zu verfassen, sozusagen eine grundlegend bearbeitete Neuauflage des deuteronomistischen Geschichtswerk aus vergangenen Tagen, das sie kurzerhand teilweise in ganzen Passagen kopierten, aber auch vieles darin fortließen, wenn es zu ihrem Darstellungsziel eben nicht passte. Anders als das alte Geschichtswerk fokussierten sie ihren Geschichtsrückblick auf den Tempel und die Kultrituale. Immer wieder streuten sie Predigtreden, Gebete, Festaktivitäten ein. Mit dieser Neuauflage eines Geschichtsrückblicks verfolgten sie das Ziel, in der hellenistischen Zeit für eine Beachtung der jüdischen Gottesverehrung zu werben und hellenistische Einflüsse zurückzudrängen. Es musste unbedingt aufgewiesen werden, dass der einstige Untergang des eigenen judäischen Staats deshalb erfolgt war, weil die Torahvorschriften nicht hinreichend befolgt worden waren. Eng banden die chronistischen Verfasser deswegen ihren Geschichtsrückblick an die Weisungen der Torah an, verknüpften ihre Ausführungen immer wieder mit dem »Gesetz des Mose«, das zu ihrer Zeit, anders als zur Zeit der Verfasser des deuteronomistischen Geschichtswerks, inzwischen grundlegende Gültigkeit in Judäa hatte.[249] Der Tempel sollte eine zentralere Rolle spielen als dies in den älteren Schriften möglich und nötig war, die über zweihundert Jahre zuvor entstanden waren, als der Tempel noch nicht wieder vollständig aufgebaut war.

So verfassten die chronistischen Schreiber ihre Bücher, deren Darstellung von der Menscherschaffung bis zum Perserkönig Kyros reichte und ein Konzept individueller Vergeltung verfolgte: Eine Ausrichtung des Lebens an der Torah und der Gehorsam gegenüber Gott bewirken persönlichen und gesellschaftlichen Erfolg, Ungehorsam hingegen Misserfolg. Deshalb zeichneten die chronistischen Verfasser König David in ihrem Werk rundum positiv (1 Chronik 11–29). Sie hielten sich nicht an historische Vorlagen, sie wollten auch gar keine Historiker sein. Nein, sie ließen respektlos schlichtweg alle negativen Nachrichten über David weg. David war für sie das Ideal des erfolgreichen Feldherrn, strahlenden Königs, gottesgläubigen Frommen. Nahezu die Hälfte des Chronikwerkes widmete sich seiner Person. Erst mit ihm begann überhaupt so recht die Geschichte, davor listeten die chronistischen Verfasser fast nur Abstammungsurkunden auf. Keine Erzählung vom Auszug aus Ägypten, von der Wüstenwanderung und von der Gesetzesgabe am Sinai bauten sie in ihr Werk ein, von den Erzeltern ganz zu schweigen. Für sie war Gott nicht dem Abraham erschienen, hatte sich auch nicht am Sinai gezeigt. Allein der Tempel war für sie der Ort Gottes, der Tempel in Jerusalem, der Stadt Davids. Sie ließen sozusagen David statt Mose ins Zentrum des Judentums rücken. David wurde in ihrem Geschichtsrückblick der neue Mose.[250] Mittelpunkt der Gründungsgeschichte des Judentums war für die chronistischen Verfasser nicht Mose mitsamt dem Auszug aus Ägypten, sondern David als Dynastiegründer des Königtums und als Begründer des Tempelkults in Jerusalem. Mit David ließen sie die geordnete Gottesverehrung beginnen. Im chronistischen Werk erhielt David wie Mose eine Weisung Gottes auf dem Sinai, und zwar die Weisung – nicht zu den Gesetzen, sondern – zum Tempelbau.[251]

All diejenigen, die den Tempelkult in Jerusalem als Mittelpunkt ihrer Religiosität wählen, waren für die chronistischen Verfasser »Israel«. Jerusalem und der Tempel standen im Zentrum ihres Geschichtsrückblicks. Deshalb verzichteten sie auch darauf, die Geschichte des Nordreichs zu beschreiben. Sie ignorierten das Nordreich vollständig. Alle Informationen darüber ließen sie in ihrem Werk fort. Nur Jerusalem und Juda blieben interessant. Dort war »Israel«. Israel ist in Jerusalem, genauer: am Tempel. Hier zeigt sich Gott in Herrlichkeit, wenn der Kult hinreichend zelebriert wird. Hier ist der mystische Ort, wo allein der einzige Gott verehrt werden kann. Jerusalem ist der heilige Ort der Herrlichkeit Gottes. Hierhin gehören keine Fremden, sondern nur die wahrhaftigen Gottesverehrer. Dies wollten die chronistischen Verfasser ihrer Leserschaft verdeutlichen. Folgerichtig ließen sie ihre Chronik mit dem Auftrag zur Tempelwallfahrt nach Jerusalem enden: »Jeder unter euch, der zu seinem Volk gehört – der Herr, sein Gott, sei mit ihm –, der soll hinaufziehen« (2 Chronik 36,23).

Die Grundaussage des chronistischen Geschichtswerks sollte deutlich sein: Wer sich dem Tempel zuwendet und dort aufrichtig den Kontakt zu Gott sucht, dem wird es gut ergehen. Um dieser Konzeption an keiner Stelle zuwider zu laufen, mussten die Verfasser natürlich an einigen Punkten ihres Geschichtsrückblicks die Historie »bearbeiten«. Wie konnte es beispielsweise sein, dass Manasse, diesem laut dem deuteronomistischen Geschichtswerk so grausamen und verbrecherischen König, von Gott 55 Regierungsjahre gewährt wurden? Dass dieser König, der im deuteronomistischen Geschichtswerk für den Untergang Judas verantwortlich gemacht worden war, eines friedvollen Todes starb, widersprach der Überzeugung der chronistischen Verfasser von einer individuellen Vergeltung im Leben. Ein böser König konnte nicht friedlich verstorben sein. Deshalb erfanden sie für Manasse eine andere historische Variante: nämlich eine späte Reue und Bekehrung Manasses, ja sogar eine Aussonderung aller Fremdkulteinflüsse im Tempel durch ihn. Diese hatte historisch betrachtet eigentlich erst sein Enkel Joschija vorgenommen, was die chronistischen Verfasser aber lieber weitgehend verschwiegen.[252]

Und umgekehrt war es aus der Sichtweise der chronistischen Verfasser unerklärlich, wieso der gute König Joschija einen plötzlichen und kläglichen Tod durch die Hand des Pharao Necho sterben musste. Deshalb erfanden die Verfasser eine weitere unhistorische Szenerie. In dieser wurde Joschija eindringlich vom Pharao gewarnt durch Worte, die ihm Gott persönlich eingegeben habe.[253] Weil Joschija darauf aber nicht hörte, musste er sterben, obwohl er sein Leben lang immer gemäß den Gesetzen Gottes gewirkt hatte. Auf diese Weise konnten die Verfasser ihre Vergeltungstheorie durchhalten.[254]

Jesus Sirach mochte und verabscheute die Chroniken zugleich. Einerseits mochte er sie, weil auch er sich auf den Tempel und den Zionberg konzentrierte. Denn er war überzeugt, dass dort die Weisheit Gottes wohnte. Dort zeigte und äußerte sie sich in Kult, Ritual und Gesetzen (Sirach 24,1–23). Schlichtweg gab es für Sirach nichts Schöneres auf der Welt als den Tempelkult.[255] Aber andererseits teilte er die religiös-nationalistische Sichtweise der Chroniken überhaupt nicht. Die Fokussierung auf »das Jüdische« war ihm zuwider. Er trat für eine universale Ansicht ein, wonach alle Völker die Unterweisung in der Torah suchen sollten, an der Weisheit Gottes partizipieren sollten.

Die Frage nach Gewalt

Jesus Sirach vertrat eine moderate Art des Ausgleichs von jüdischer und hellenistischer Lebensart. Beides sei vereinbar, müsse vereinbar sein. Sirach musste jedoch fassungslos zuschauen, wie die Vertreter der extremen Ansichten – Hellenismus pur und Judentum pur – immer lauter wurden. Zuerst traten die Modernisierer wieder auf den Plan: Sie setzten sich vehement für eine griechisch geprägte Kultur ein. Die Hellenisten wollten Jerusalem zu einer griechischen Polis machen, einer Stadt mit griechischer Verfassung, hellenistischen Bildungsidealen und hellenistischer Architektur wie prunkvollen Theatern, Bädern und Säulenhallen. Ihre Absicht war aller Ehren wert. Denn sie wussten, dass im seleukidischen Reich, zu dem Judäa inzwischen zählte, diejenigen Städte, die sich als Polis organisierten und hellenistische Kultur vorbehaltlos lebten, besondere Freiheiten erhielten, darunter auch ein höheres Maß an Selbstverwaltung. Ihre Idee hatte also ehrenhafte Absichten: Wenn Jerusalem sich eigenständig verwalten könnte, hätte man Möglichkeiten geschaffen, über Tempel und Stadt, also auch über die Ausübung der eigenen Religion frei entscheiden zu können.

Aber dieses Vorhaben provozierte die jüdischen Puristen: Judentum und Tempelkult in einer hellenistisch geprägten Stadt? Im heiligen Jerusalem? Für sie undenkbar! Für sie war Jerusalem schon lange nicht mehr als jüdische Stadt erkennbar, war immer unjüdischer geworden. Mit aller Konsequenz stemmten sie sich gegen hellenistische Tendenzen jeder Art. Es kam zu heftigen Auseinandersetzungen, die Sirach immer hatte vermeiden wollen. Beide Seiten schreckten auch vor Gewalt nicht zurück, in den nächsten Jahren, Jahrzehnten, letztlich Jahrhunderten kam es wiederholt zu Gewaltausbrüchen unter den Juden, Blut floss. Immer wieder gab es neue Anlässe, die Streitfrage um Öffnung oder Verschließung gegenüber der Moderne gewalttätig zu führen. Als König Seleukos IV. einmal außerordentliche Tribute an das Römische Reich zu zahlen hatte, griff er plündernd auf den Tempelschatz in Jerusalem zurück. Der Tempel verfügte nämlich über erhebliche finanzielle Möglichkeiten.[256] Er hatte immer von den Abgaben profitiert, die die in aller Welt verstreuten Juden an den Tempel entrichteten. Vor allem aus Babylonien und Alexandria flossen umfangreiche Geldmittel, aber auch aus Kleinasien und weiteren Teilen Ägyptens. Der dreiste Zugriff des Königs auf die Gelder der Juden bot den konservativen Juden, die den hellenistischen Machthabern schon immer kritisch gegenüber gestanden hatten, wieder einmal Anlass zur Kritik. Noch schlimmer wurde es unter dem Nachfolger des Seleukos, seinem Bruder Antiochus IV. Epiphanes. Er hatte zahlreiche judenfeindliche Gesetze erlassen, die eine tiefe Sinnkrise des Judentums auslösten. Die Zeit war nun geprägt von nahezu unüberschaubaren Bürgerkriegswirren, in deren Verlauf kaum einer noch wusste, wer Freund und wer Feind war.

Die zunehmende Gewalt trieb viele moderate Juden zur Flucht. Wer konnte, verließ mit seiner Familie Jerusalem und Judäa, um in der Diaspora Frieden zu finden. Viele zogen nach Alexandria, wo sich schon vor vielen Jahrzehnten eine große jüdische Gemeinde gebildet hatte. Auch die Familie des Jesus Sirach zählte zu den Flüchtlingen, die ein zunehmend instabiles Land voller Gewalt und Gesetzlosigkeit verlassen wollten. Auch Sirach zog es nach Alexandria, der großen Metropole in Ägypten, wo Griechen, Ägypter, Juden und Menschen verschiedener Herkunft einträchtig nebeneinander wohnten und arbeiteten. Man verständigte sich untereinander auf Griechisch, der Weltsprache. Schnell ging es, dass die junge Generation der Ausgewanderten die Sprache der Torah, das Hebräische, nicht mehr verstand. Um auch in der Fremde »eine Haltung dafür zu bereiten, gesetzestreu zu leben«[257], übersetzte Jesus Sirachs Enkel Jahre nach der Auswanderung das Werk seines Großvaters in Alexandria aus dem Hebräischen ins Griechische. So wie ein Jahrhundert zuvor die Torah vollständig ins Griechische übersetzt worden war. Nichts verdeutlichte mehr, dass das Judentum am Hellenismus gar nicht mehr vorbeikommen konnte.

Doch diese Überzeugung drang nicht zu Allen vor. Einige blieben der Ansicht verhaftet, dass der moderne Hellenismus in den Bergen Palästinas nichts zu suchen habe. Die Moderne sollte aufgehalten werden, unter allen Umständen. Mit Gewalt versuchten deshalb die Puristen in Judäa die politische Macht an sich zu reißen. Die Familie der Makkabäer tat sich besonders hervor, machte sich zunächst als Guerilla-Anführer einen Namen. Bald gelang es ihr, sich des Hohepriesteramts zu bemächtigen und so auf dem politischen Parkett mitzutanzen. Aber allein die Ehre des Amtes als oberster Priester am Tempel in Jerusalem genügte ihnen bald nicht mehr, sie gestalteten das Hohepriesteramt um zu einem königgleichen Amt in der Stadt des Tempels. Macht und Einfluss war ihnen fortan gesichert. An den Makkabäern kam jetzt niemand mehr vorbei! Aber selbst den Makkabäern war klar, dass Jerusalem im hellenistischen Weltreich eine so kleine Nummer darstellte, dass ein Aufstieg zu Unabhängigkeit und Größe unmöglich war. Wie die Makkabäer nur zu gut wussten, musste deshalb ihr Machtgebiet, ihr Reich, zuallererst symbolisch überhöhte Macht erhalten. Und da lag der Blick zurück in die Vergangenheit des Volks nicht fern: Da gab es doch einen David, einen Mann aus unbedeutender Familie, einen Hirtenjungen, der sich durch Unerschrockenheit und Kampfesmut bis zur Königswürde emporgearbeitet hatte und am Ende über ein – vermeintlich – großes Reich geherrscht hatte. Ihm mussten die Makkabäer und ihre politischen Absichten gleichgestellt werden.

Und so ließen die Makkabäer Propagandaschriften für ihre Politik veröffentlichen. Lobhudeleien auf ihre Entscheidungen und Taten wurden als theologische Schrift verpackt. Theologische Literatur wurde jetzt nicht mehr allein von gebildeten Tempelschreibern zur Diskussion und Auslegung des rechten Worts abgefasst. Jetzt wurde einseitig Bericht gegeben: Die Makkabäer und ihre Nachfolger ließen sich in den Makkabäerbüchern als Retter des Gottesvolks rühmen, als Bewahrer der Reinheit, denen es gelungen war, »die Stadt zu befreien, die Gesetze, die man abschaffen wollte, wieder in Kraft zu setzen – denn der Herr war ihnen in aller Güte gnädig« (2 Makkabäer 2,22). Besonders im zweiten der insgesamt vier Makkabäerbücher wurden Gewalt und Qualen ungeniert skizziert. Nicht verzichtet wurde auf die grausame Beschreibung des qualvollen Todes, den König Antiochus IV. Epiphanes erleiden musste.[258] Die Propagandisten der Makkabäer interpretierten diesen Tod als die gerechte Vergeltung für die Skrupellosigkeit des Königs, mit der er einst jüdischen Märtyrern begegnet war.[259] Vielfach sprachen sich die Makkabäerbücher unverhohlen für die Anwendung von Gewalt aus, die Gewalttätigkeit der Protagonisten der Bücher wurde offen beschrieben: Sie »erschlugen die Sünder in ihrem Zorn, die Gesetzlosen in ihrem Grimm. Wer übrig blieb, musste zu den Nachbarvölkern fliehen, um sein Leben zu retten. Alle unbeschnittenen Kinder, die sie in dem Gebiet Israels fanden, beschnitten sie gewaltsam« (1. Makkabäer 2,44.46). Auch gegenüber Kollaborateuren unter den eigenen Landsleuten, die dem Hellenismus gegenüber aufgeschlossen waren, schreckten die Makkabäer nicht vor Gewalttaten zurück.[260]

Die Makkabäerbücher beschrieben ihre Zeit aus der Sicht des Widerstands gegen die kulturelle und politische Überformung des Judentums durch die hellenistischen Herrscher. Für ihre Verfasser musste ein wahres Judentum selbständig sein, unabhängig vom Hellenismus. Der jüdische Staat hatte sich selbst zu verwalten, eigenständig, besser noch isoliert von hellenistischen Machthabern.

Theologisch war den Verfassern vor allem des zweiten Makkabäerbuches wichtig, den Tempel als Ort der Begegnung mit dem einzigen Gott zu beschreiben, der keinesfalls heidnisch entweiht werden dürfte. So berichteten sie über die Gebete der Priester nach der Rückeroberung des Tempels durch die Makkabäer: »Herr, du bist auf nichts angewiesen; dennoch hat es dir gefallen, einen Tempel bauen zu lassen, in dem du unter uns wohnst. Nun, heiliger Herr, von dem alle Heiligung ausgeht, bewahre dieses Haus, das vor Kurzem erst entsühnt wurde, unbefleckt in Ewigkeit« (2 Makkabäer 14,35–36).

Die Makkabäer hatten den beklagenswerten Zustand des Tempels betrachtet. Altäre für andere Götter allerorten, fremde Kultpraktiken an jeder Ecke. Die Makkabäer wollten den Anblick hellenistischer Einflüsse an ihrem Tempel nicht mehr ertragen, hatten deshalb aber nicht von Gott Hilfe erfleht, wie in den Psalmen. Sondern sie wollten das Heft des Handelns endlich selbst in die Hand nehmen. Statt des Hefts wählten sie allerdings das Schwert und wendeten sich mit Gewalt gegen die Fremdherrscher. Unter dem Mantel der Hüter für die religiöse Reinheit Jerusalems errichteten die Makkabäer ihre Herrschaft des Terrors und des Krieges wie ein Rudel wilder Löwen. Damit waren sie seit dem Untergang Jerusalems vor über vierhundert Jahren die ersten jüdischen Anführer, die sich wieder für solch eine Option entschieden. Sie hatten damit eine Option gewählt, die den Empfehlungen des Jeremia- oder des Ezechiel-Buches entgegenstand, obwohl diese Schriften doch inzwischen kanonische Glaubensgrundlage für das Judentum geworden waren. Sie hatten sich also gegen Empfehlungen alter heiliger Schriften gestellt. Deshalb mussten die Verfasser der Makkabäerbücher ihre Propaganda spielen lassen. Es mussten hohe jüdische Autoritäten gefunden werden, die als Vorbild für das Handeln der Makkabäer dienten, Autoritäten des jüdischen Glaubenskanons, denen man die Makkabäer gleichsetzen konnte. Und so wurden die Makkabäer in der Propaganda auf eine Stufe gesetzt mit Abraham, Josef, David und Anderen.[261] In ein höheres Regalfach konnte man gar nicht greifen!

Hier nun begann eine neue Entwicklung der jüdischen Gesellschaft, von der sie in den nächsten Jahrhunderten geprägt werden sollte. Es ging um die Frage: Wann endlich ist es so weit, dass die Juden mit Gewalt gegen die übermächtigen Feinde zuschlagen sollen? Oder müsste doch erst auf Gottes Zeichen gewartet werden? In den Makkabäerbüchern war die Antwort klar und eindeutig: Entsprechend den Vorfahren Josua oder David haben die Juden das Recht und die Verantwortung, das Schwert aktiv in die Hand zu nehmen und für das Judentum zu kämpfen, um religiöse Freiheit sowie nationale Einheit zu erhalten. Wie Josua einst das Heilige Land eroberte, wie David einst das Reich vergrößerte, so hatten die Juden jetzt das Schwert in die Hand zu nehmen, um für ihre Nation zu kämpfen. Kein Warten auf eine eschatologische Zukunft, sondern selbst aktiv werden – das war das neue Credo der nationalistischen Juden.[262]

Die Frage nach dem Aktivwerden, nach der Gewalt sollte die Gesellschaft Judäas weiterhin beschäftigen, ja spalten. All die Schriften, die in den nächsten Jahren verfasst wurden, versuchten stets, eine Antwort zu formulieren auf die drängende Frage, ob Gewalt anzuwenden ist, um den jüdischen Glauben zu sichern: Wie ist das Judentum in einer hellenisierten, romanisierten Welt zu retten? Das Buch Judit beispielsweise tat dies in Form eines Romans. Dieser erzählte von einem Mann namens Holofernes, der unter Nebukadnezar Oberbefehlshaber gewesen war und verheerende Gewalttaten verübt hatte. Die reiche Witwe Judit, deren Name nichts anderes als Jüdin bedeutet, schön und gottesfürchtig, bezirzte den Offizier während eines Fests. Nachdem er sich trunken hingelegt hatte, schlich Judit an sein Bett und enthauptete ihn kurzerhand mit dessen eigenen Schwert. Dieser Roman, weit nach Sirachs Tod erschienen, beschrieb in Form eines historischen Rückblicks die Sichtweise der unterdrückten Juden, die unter der Rücksichtslosigkeit fremder Herrscher zu leiden hatten. Die Namen der Herrscher waren inzwischen austauschbar geworden, seien es die Babylonier, die Perser, die Griechen oder sonstwer gewesen. In seinem Roman sprach sich jedenfalls der Autor für ein mutiges, gottesfürchtiges Handeln aus. Dann drohe dem Judentum keine Gefahr. Der Roman lieferte so einen Diskussionsbeitrag zu der Frage, ob die Ermordung eines despotischen Fremdherrschers erlaubt sei, um das Überleben der eigenen Kultur zu sichern. Und Judit war dabei im Roman als die brachiale Bezwingerin des unterdrückerischen Holofernes dargestellt, die sich durch Gewaltanwendung rettete und die ein Pogrom gegen die Juden mit ungehemmter Rachegewalt beantwortete. Doch andererseits schloss der Verfasser des Romans sein Buch mit den Worten, der jüdische Gott »ist ein Gott, der den Kriegen ein Ende setzt« (Judit 16,2). Letztlich beantwortete das Buch Judit somit die Gewaltfrage längst nicht so eindeutig, wie sich das manch einer wünschte.[263]

Solcherlei historische Romane wurden in den unruhigen Zeiten gern gelesen. Sie projizierten die zeitgenössischen Verhältnisse der Leserinnen und Leser in die Vergangenheit und gaben Anlass, über das richtige Verhalten in der Gegenwart zu diskutieren. Ähnlich arbeitete auch der Verfasser des Buches Ester, das in einer fiktiven Geschichte, die in der Perserzeit spielte, den Sieg des Judentums über all die Feinde in der Welt feierte. Es erzählte von der Verfolgung der Juden durch den König und seine Beamten und spiegelte damit die Erfahrung der Juden wider, in der hellenisierten Welt Außenseiter zu sein. Randfiguren, die bisweilen ausgeschlossen, verspottet, gar unterdrückt werden. Der Verfasser des Romans plädierte für einen listigen und kämpferischen Einsatz, um jüdisches Leben und jüdische Kultur für die Zukunft zu bewahren.[264]

Eine Erfahrung, die Juden in der Diaspora immer wieder machen mussten, war die heftige Kritik, die auf sie einprasselte, wenn sie gesellschaftlichen Ereignissen fernblieben und daran nicht teilnahmen. Wurden in den Städten, in denen sie wohnten, Feierlichkeiten in den Tempeln veranstaltet, dann blieben sie fern und hielten sich zurück, weil sie die Verehrungsrituale für fremde Götter ablehnten. Wenn sich jüdische Familien solchen Zusammenkünften verweigerten, gerieten sie natürlich in das gesellschaftliche Abseits. Auf das Abseits folgten Ausgrenzung und Ablehnung. Solche Erfahrungen griff eine Vision der beliebten Erzählung von Daniel in der Löwengrube auf (Daniel 14,23–42). Die

Geschichte erzählte ihrer Leserschaft von einem Mann namens Daniel, den der König dazu zwingen wollte, einen Drachen anzubeten. Aber anstatt dem Drachen die Ehre zu erweisen, tötete Daniel das Untier. Zur Strafe warf man ihn in die Löwengrube, doch Gott befreite ihn daraus. Diese Erzählung wollte verdeutlichen, dass Tierkulte und Bilderverehrung unter allen Umständen abzulehnen sind. Eine Teilnahme an entsprechenden Festen und Kulten sei zu verweigern. Symbole fremder Götter seien zu vernichten. Denn allein der jüdische Monotheismus stelle die wahre Religion dar. Wer in der Absicht, dem Monotheismus treu zu bleiben, Gewalttaten unternimmt, der stehe unbedingt unter dem Schutz Gottes.[265]

Die Geschichte von Daniel in der Löwengrube wurde gemeinsam mit anderen kurzen Erzählungen veröffentlicht, in einer Sammlung mehrerer Novellen und apokalyptischer Visionen. Sie alle griffen die Erfahrung des Judentums auf, ständig neue Fremdherrscher in ihrem Land erleben zu müssen: erst die Babylonier, dann die Perser, nun die Griechen, bald die Römer. Und dies obwohl man doch von der Herrschaft des einzigen Gottes, ihres Gottes, auszugehen habe! Warum nur errichtete dieser Gott nicht seine Herrschaft, obwohl die Juden doch fromm und gottesfürchtig lebten? Wann sollte es denn endlich so weit sein? Wann kommt der Zeitpunkt, an dem Gott seine Herrschaft aufrichtet? Die Fragen wurden für die Juden angesichts der immer prekärer werdenden Fremdherrschaft drängender. Wann endlich sollte denn die goldene Zukunft, die Gott versprochen hatte, anbrechen? Es mussten neue Antworten gefunden werden!

Nachdem im weisheitlichen Denken der Judäer einst der Tun-Ergehen-Zusammenhang aufgelöst worden war, indem man die Herrschaft Gottes sowie die individuelle Belohnung auf eine künftige, eschatologische Zeit geschoben hatte, ging die Daniel-Schrift jetzt noch einen Schritt weiter. Sie löste sich vollständig von der realen Welt und beschrieb Gottes wunderbare Herrschaft in einer fernen, zeitlich völlig unbestimmten Zukunft und malte diese Zeit in konkreten Bildern aus. Sie enthüllte ihrer Leserschaft Bilder der Zukunft, apokalyptische Bilder. Solche apokalyptische Literatur fand in der Zeit zunehmender Gewalt immer mehr Verbreitung. Die Apokalyptik malte die Zukunft aus und rechnete mit einem vollständigen Wandel, einem Abbruch des bisherigen Weltenlaufs und der Neueinrichtung einer anderen Herrschaft, eben einem ganz neuen Äon.[266]

Im Daniel-Buch wurde die Hauptfigur als junger Prinz aus dem judäischen Königshaus eingeführt, der nach dem Untergang Jerusalems an den babylonischen Hof kam und dort auf die Könige Nebukadnezar und Belschazzar traf. Daniel deutete Träume und Visionen, die ihm Geheimnisse über die künftig anbrechende Endzeit verrieten. Nebukadnezars Traum von einer Statue mit goldenem Kopf, silbernen Armen, erzenem Leib, eisernen Beinen und tönernen Füßen deutete Daniel als Symbolisierung der vergangenen Reiche, unter denen die Juden leiden mussten. Die Babylonier auf dem Höhepunkt ihrer Macht als goldenes Reich, ihre Nachfolger der Meder, der Perser und der Griechen oder Hellenen als absteigende Reiche, die zerstört werden, als ein Stein auf die tönernen Füße der Statue fällt und sie zu Staub zermalmt (Daniel 2). Genau so werde eines Tages Gottes wahrhaftiges Reich die weltlichen Reiche zerquetschen und ablösen.

Ein solches Buch, das die ferne, aber unfassbar tröstliche Zukunft in anschaulichen Bildern beschrieb, fand eine breite begeisterte Leserschaft. Solcher Literatur hatte es bedurft, als die Juden ohnmächtig mitansehen mussten, dass fremde und ungläubige Herrscher in ihrem Land das Sagen hatten. Das Buch Daniel wurde zu einem Buch mit ungeheurer politischer Sprengkraft. Unverhohlen sprach es von der begrenzten Zeit der fremden Herrscher in Judäa. Seleukiden und Ptolemäer kämpften mit wechselndem Erfolg in ewigem Hin und Her um die Provinz Juda, die Truppen der Römer standen am Horizont ebenfalls bereit.[267] Diese Zeit des ewigen Kämpfens erschien den Apokalyptikern wie der Anbruch der so oft beschriebenen Endzeit, in der Gott erscheinen und Gericht halten würde. Die Mächtigen der Welt würden ihre Macht abgeben müssen, und zwar an die Machtlosen, die unter den Mächtigen bislang leiden mussten. Das Buch Daniel war ein Aufruf zum Widerstand, zum Umsturz, zum Kampf gegen das ungerechte Herrschaftssystem. Besonders beeindruckend stellte sich die Vision vom Menschensohn dar, der künftig von Gott die ewige Herrschaft übertragen bekomme (Daniel 7,13–14). Die Worte dieser Vision bezogen sich auf die Herrschaft von König Antiochus IV. Epiphanes, der den Juden als besonders grausam erschien. Denn er hatte den Jerusalemer Tempel entheiligt.[268] In dieser Vision träumte Daniel von vier furchteinflößenden Tieren, darunter einem grausamen Monstrum mit Zähnen aus Eisen. Alle Bestien wurden noch soeben im Zaum gehalten durch einen alten Greis auf einem Thron. Dieser übertrug schließlich einem Menschensohn die Herrschaft, nachdem der elfte Herrscher des grausamsten aller Weltreiche von Gott gerichtet worden war. Die Grausamkeit und der rücksichtslose Zorn des Antiochus IV. Epiphanes war den Juden sprichwörtlich. Antiochos galt als das Horn an jenem Monster. Sobald die Herrschaft dieser Bestien ende, werde die Menschlichkeit im Reich Gottes Einzug halten. Dieses Bild tröstete.

Der Verfasser des Buches Daniel beschrieb hier einen Plan Gottes, der vorsieht, dass eines Tages Gottes Herrschaft durchbrechen werde, wenngleich sie derzeit noch verborgen ist. Aber im Gegensatz zu all den aufgetretenen und wieder untergegangenen irdischen Weltreichen werde das Reich Gottes ewigen Bestand haben. Und in diesem Reich würden dann Gottes Verehrer endlich die Herren sein (Daniel 7,18.22.27). Solche apokalyptische Sichtweise machte den einstmaligen israelitisch-judäischen Nationalgott endgültig zum universalen Gott der gesamten Welt. Alle Bewohner des Erdkreises würden ihn verehren. Die Apokalyptiker verbreiteten die Ansicht, dass all diejenigen Rettung erfahren, die sich seiner ewigen Herrschaft beugen, alle anderen hingegen seien dem Untergang geweiht. Auch für die bereits Verstorbenen hatten Daniels Visionen eine Zukunft zu bieten. Auch sie würden dereinst Anteil an der zu erwartenden Herrschaft Gottes erhalten. Erlösung komme auch auf die Toten zu. Die Überzeugung von einer Auferstehung hatte sich nun Bahn gebrochen.[269]

Da solche apokalyptische Sichtweise jetzt zu der vorherrschenden Perspektive wurde, erhielten auch andere Schriften stellenweise einen derartigen apokalyptischen Anstrich, so auch das Zwölfprophetenbuch. In ihm ergänzten die Schreiber beispielsweise eine Ankündigung, dass alle hellenistischen Machthaber und deren jüdischen Kollaborateure vernichtet würden: »Gegen die Hirten ist mein Zorn entbrannt, die Leithammel suche ich heim. Ja, der Herr der Heerscharen hat heimgesucht seine Herde, das Haus Juda, und wird es zu einem Prachthengst im Kampf machen« (Sacharja 10,3). Den Gottesverehrern, dem glaubenstreuen Volk wurde die Freiheit nach einem großen Gericht versprochen. Dieser Tag des Gerichts werde keineswegs das gesamte Volk der Juden freisprechen, sondern nur die Glaubenstreuen unter ihnen.[270] Die politische Sprengkraft der Apokalyptik richtete sich also zunehmend nicht nur gegen die fremden Machthaber, sondern auch gegen Teile des eigenen Volks. Nicht alle würden das Gottesreich erleben dürfen! Die apokalyptischen Schriften dieser Zeit stellten also auch wieder keine Unterstützung dar, um die Bürgerkriege der Juden untereinander endlich zu beenden.

Der Punkt Null

Dies ist der Rahmen und Denkhorizont, in den hinein in den letzten Regierungsjahren des Königs Herodes ein Zimmermannsohn namens Jesus in dem kleinen Dorf Nazareth geboren wurde. Sein Leben, Glauben und Reden bewegte sich in dem Spannungsfeld zwischen römischer Fremdherrschaft, apokalyptischen Erwartungen und einer allgegenwärtigen Torah, nach der sich das Verhalten auszurichten hatte. Nach der Torah hatte man sich sowohl im Bereich der kultischen Rituale als auch im Zusammenhang des ethischen und sozialen Verhaltens zu richten. Ob es um Opfer, Sabbat und Reinheit oder um Zivilrecht, Straftaten und um landwirtschaftliche Regelungen ging, die Entscheidungen hatten gemäß der Torah gefällt zu werden. Da die Torah aber nicht jede Lebenslage wörtlich abdeckte, fanden sich allerorten Gelehrte, die an der angemessenen Auslegung der Torah für den Alltag arbeiteten. Aber die Torah konnte keinen Frieden errichten. Gewalt war an der Tagesordnung, ob durch Römer gegen Juden, wenn die Machthaber das jüdische Volk ausbeuteten, vertrieben und missbrauchten. Ob durch Juden gegen Juden, wenn hellenistisch geprägte Juden mit den Orthodoxen stritten, Reformer gegen Moderate wetterten, Nationale auf Liberale trafen. Ob durch Juden gegen Römer, wenn die zelotischen Rebellen den römischen Soldaten einen Hinterhalt legten oder die »Dolchträger« im Gewühl hinterrücks meuchelten. Die beinahe täglich zu beobachtende Gewalt, das Morden, der überall begegnende Terror befeuerten die glühende Erwartung eines rettend einschreitenden Messias immer stärker. Die Hoffnung, dass Gott die Endzeit endlich anbrechen lässt, weil sich die untragbaren Verhältnisse immer weiter zuspitzten, führte dazu, dass immer wieder einmal junge Männer in der Öffentlichkeit auftraten, die sich berufen fühlten, das Judentum aus dem Elend herauszuführen. Hin und wieder tauchte irgendwo eine Gruppe auf, die einem selbsternannten Retter mit messianischem Anspruch zujubelte. Der verstand sich meist als Werkzeug Gottes, kündigte Zeichen an und prophezeite das baldige Ende der Welt. In der tiefen Provinz Palästinas setzte sich ein Schafhirte namens Athronges einen Reif auf, um seinen Anspruch auf den Davidsthron zu verdeutlichen. In Galiläa weigerte sich ein Mann namens Judas, mit der römischen Steuerbehörde zusammenzuarbeiten, und zettelte aus religiösen Gründen eine Aufstandsbewegung an, nachdem er ein Waffenlager in der Stadt Sepphoris geplündert hatte. In der Wüste sammelten immer wieder Zeichenpropheten eine Schar um sich, von der sie als Retter und Messias gefeiert wurden. Einer, den sie den »Ägypter« nannten, versprach, die Heilige Stadt für sich einnehmen zu können, und gelobte, die Mauern Jerusalems zum Einsturz zu bringen wie einst die Israeliten die Mauern Jerichos stürzten. Die Römer machten mit solchen, aus ihrer Sicht gefährlichen Volksaufhetzern normalerweise kurzen Prozess und setzten ihrem Treiben ein blutiges Ende.[271]

Der junge Mann namens Jesus aus Nazareth teilte mit jenen Männern den Glauben an den einen einzigen Gott, der die Welt erschaffen hatte, die Juden als sein Volk erwählt hatte und als Vollender der göttlichen Herrlichkeit auftreten werde. Auch Jesus schloss sich einer Gruppe an, die einem Prediger in die Wüste folgte und dort hörte, dass die anbrechende Gottesherrschaft unmittelbar bevorstand. Dieser Prediger namens Johannes bot allen die Taufe an, die dereinst vor dem göttlichen Gericht retten werde. Zwar löste sich Jesus bald wieder von dem Prediger, aber er blieb von der glühenden Naherwartung des Gottesreiches erfüllt. In einer Vision hatte Jesus den gestürzten Teufel gesehen: »Ich sah den Satan wie einen Blitz aus dem Himmel fallen«, verkündete Jesus den Menschen, die ihm zuhörten (Lukas 10,18). Und jetzt war es seine Absicht, die letzten Bastionen des Bösen nach dem Fall Satans auszumerzen, die letzten verbliebenen Dämonen zu besiegen: »Wenn ich aber im Geist Gottes die Dämonen austreibe, dann ist das Reich Gottes schon zu euch gekommen« (Matthäus 12,28). Besonders intensiv war Jesus vom Buch Sacharja geprägt, dem Aufruf: »Kehrt um zu Gott!«[272] Diese Aufforderung wurde zu einem Kern seiner eigenen Botschaft: Kehrt um, macht mit, lasst uns gemeinsam die Gottesherrschaft aufrichten! Und wie sollte dies gelingen? Jesus kannte sich sehr gut in den Schriften der Torah aus. Auf die Frage nach der wichtigsten Vorschrift antwortete er einmal mit dem Hinweis auf das Sch'ma Israel (Deuteronomium 6,4–5),[273] also der Forderung, Gott mit ganzem Herzen zu lieben, ergänzte aber sofort die Vorschrift aus Levitikus 19,18: »Du sollst deinen Nächsten lieben wie dich selbst«. Das alle vereinende Band der Liebe war für Jesus der Schlüssel dazu, das Gottesreich aufzurichten.[274]

32

Dritter Teil – Geschichte des Zweiten Testaments

Zwischen zwei Welten

Die Welt hatte sich verändert. Ausgebaute Straßen verbanden die Metropolen des Imperiums, das die Römer errichtet hatten. Das Zentrum lag nicht mehr im Osten, nicht mehr in Babylonien oder in Ninive, Rom war das Maß der Dinge geworden. In Rom kam jetzt die Welt zusammen. Von dort aus regierte ein Kaiser all die Länder, die an dem großen Meer lagen, das die Römer in der ihr eigenen Bescheidenheit einfach »unser Meer« nannten. Im neunzehnten Regierungsjahr des Kaisers Tiberius, dem Jahr, das später als das Jahr zweiunddreißig nach Christi Geburt bezeichnet wird, nutzte ein Mann des jüdischen Glaubens die römische Straße von Jerusalem nach Damaskus.

Berufung zum Missionar

Es war die letzte Etappe der Reise nach Damaskus, der wichtigen Handelsstadt am Rande der arabischen Wüste. Vor ein paar Tagen war Paulus mit seinen Begleitern aus Jerusalem aufgebrochen, weil er in Damaskus einen dringenden Auftrag zu erledigen hatte. Die dortige Gemeinde der Juden wurde aufgemischt von einigen Glaubensbrüdern, die davon redeten, dass der Messias endlich erschienen sei. Sie erzählten von einem Messias, der von den Römern ans Kreuz genagelt worden, aber wieder lebendig erschienen sei. Über solche Lehren war in den jüdischen Synagogen in Damaskus heftiger Streit ausgebrochen, die Unruhe war groß geworden. Der Messias war erschienen? Als hilfloser Gekreuzigter? Und wieder Auferstandener? Paulus hatte den Auftrag, die Verbreiter solch abstruser Lehren zu züchtigen. Für derartige Fälle gab es im Judentum die Synagogenstrafe: vierzig Peitschenhiebe weniger einen. Wer Irrlehren vertrat, wurde mit Peitsche oder Stock geschlagen, vierzig Mal – damit sich der Schläger nicht versehentlich verzählte und vertat, wurde vorsichtshalber auf den vierzigsten Hieb verzichtet.

Paulus hatte sich also auf die anstrengende Reise begeben. Er war stolz auf seine jüdische Herkunft und darauf, Glied des erwählten Gottesvolks zu sein. Er führte sich und seine Familie auf den Stamm Benjamin zurück, von dem es in den Heiligen Schriften hieß, dass aus seinen Reihen der erste König Israels stammte. In Sachen seines jüdischen Glaubens war Paulus sehr konservativ eingestellt. Er hatte sich als Pharisäer ausbilden lassen, deren hervorstechende Merkmale eine exakte Kenntnis der überlieferten Schriften und eine strenge Befolgung der rituellen Vorschriften waren. Paulus hatte die Torah intensiv studiert, kannte auch all die anderen Schriften des Glaubens: die Propheten Jesaja, Jeremia, Ezechiel und das Zwölfprophetenbuch, die weisheitlichen Schriften wie das Hiobbuch oder die Psalmen waren ihm ebenso vertraut.[275] Er befolgte die Gesetze Gottes in aller Strenge und Leidenschaft. Mit »dem größten Eifer setzte ich mich für die Überlieferungen meiner Väter ein« und »war untadelig gemessen an der Gerechtigkeit, die im Gesetz gefordert ist«, schrieb er über sich selbst.[276]

Mit der neuen Gruppe, die einen Jesus von Nazareth als Messias verehrte, konnte Paulus nichts anfangen. Deren Mitglieder verehrten einen am Kreuz Hingerichteten als Gesalbten Gottes. Das aber widersprach für Paulus den Heiligen Schriften. Denn in der Torah stand geschrieben, dass ein am Holz Erhängter von Gott verflucht ist (Deuteronomium 21,22–23). Wie konnte man da als Jude nur einen Gekreuzigten als Messias betrachten? Einen Verfluchten Gottes! Die Erhöhung eines Verfluchten Gottes zum Gesalbten Gottes erschien Paulus als unerträgliche Gotteslästerung, als unerhörte Provokation, als Missachtung der Heiligen Schriften.[277] Aber mit Argumenten aus der Schrift war diesen Messiasgläubigen nicht beizukommen. Sie waren zutiefst überzeugt von der Messianität ihres Meisters und mussten aus der Sicht des Paulus gezüchtigt werden. Sie mussten »vernichtet« werden![278]

Um seine Gegner zu widerlegen, argumentierte Paulus gern mit den heiligen Schriften. Er nutzte Aussagen der Schriften, um eine Beweisführung für seine Auffassung zu finden. Er war in der argumentierenden Logik sehr bewandert, war rhetorisch geschult. Seine Eltern, die ihm auch den jüdischen Namen Saul gegeben hatten, hatten ihm eine gehobene hellenistische Bildung zukommen lassen. Paulus war mit der griechisch-römischen Philosophie vertraut, kannte sich in der rhetorischen Literatur aus. Er und seine Familie waren in der Kultur der griechisch-hellenistischen Städte zu Hause, sie besaßen sogar das römische Bürgerrecht.[279] Sie waren keine Provinziellen, ihr Lebensraum war die hellenistische, die römische Stadt. Die Familie zählte sich zur städtischen Mittelschicht: ausreichend versorgt, gut gebildet, stark vernetzt. Paulus war durch und durch ein Stadtmensch. Immer wieder verwendete er in Gesprächen und Briefen Metaphern aus dem Stadtleben, sei es der Häuserbau, sei es die Wettkampfarena.[280] Paulus sprach und schrieb perfekt Griechisch, die Weltsprache, die überall im Osten des Römischen Reiches verstanden wurde – von den Händlern, den Gastwirten, den Beamten in den Behörden, den Offizieren der Legionen, den Vertretern der Reedereien und Transportunternehmen. Paulus konnte die Septuaginta, die griechische Übersetzung der hebräischen Heiligen Schriften, genauso lesen wie deren Originalfassungen auf Hebräisch, er kannte Zitate aus beiden Versionen auswendig.[281]

Auf der Straße, kurz vor Damaskus, widerfuhr Paulus nun jedoch etwas, das sein Leben vollständig umkehrte. Plötzlich und unvorbereitet überfiel ihn ein helles Licht. Eine Erscheinung göttlichen Ursprungs riss ihn um. Der Gott des Judentums wendete sich unmittelbar an ihn. Gott offenbarte ihm durch eine Vision seinen Sohn im Lichtglanz.[282] Verwirrt und verunsichert kam Paulus in Damaskus an. Was sollte diese Offenbarung bedeuten, warum zeigte sich ihm der helle Glanz? Paulus sann über die Bedeutung des empfangenen Lichts, der Offenbarung Gottes nach. Ihm kam eine Stelle aus der Jesajaschrift in den Sinn, die er auf sein Erlebnis beziehen konnte: Dort hieß es, im Gebiet östlich des Jordans, dort wo Damaskus lag, werde ein helles Licht erscheinen, das den Nichtjuden gewidmet sei.[283] Paulus begriff diese Schriftstelle als Aufruf zu einer endzeitlichen Mission unter den Nichtjuden, den fremden Völkern, den Heiden. Das Licht in Damaskus war sein Auftrag, den Nichtjuden in aller Welt bis an deren Ende die Botschaft von der Rettung der Welt durch den jüdischen Gott zu verkündigen. Dies war die von Gott an ihn gerichtete Aufgabe.[284]

Mit Hilfe seiner ausgezeichneten Kenntnisse der heiligen Schriften war es Paulus gelungen, die erfahrene Vision zu deuten. Gott wollte ihm zeigen, dass der Messias gekommen ist und dass diese Botschaft allen Menschen weltweit überbracht werden muss. Und er, Paulus, sollte diese Aufgabe übernehmen! Von da an lag ihm offen vor Augen, dass mit dem Tod Jesu am Kreuz und seiner anschließenden Auferweckung etwas völlig Neues begonnen, ein neues Zeitalter eingesetzt hatte. Jesus war nicht der am Kreuz Gescheiterte, sondern seine Auferweckung war das erste Zeichen des neuen Anfangs. Jetzt würde sich alles umkehren, alles anders werden. Das vom Tod geprägte Zeitalter ging auf sein Ende zu. Kreuz und Auferstehung zeigten den Beginn des Neuen an.[285] Zwar blieben für Paulus noch einige Fragen offen. Es galt zu klären, welche Bedeutung die jüdischen Gesetze, die Torah angesichts des neuen Zeitalters nach dem Christusereignis haben sollten. Sie waren für Paulus stets wichtig gewesen. Welche Rolle sollten künftig die Beschneidung und all die anderen jüdischen Rituale spielen, mit denen sich die Juden als Angehörige des Gottesvolks auszeichneten? War die Beachtung der jüdischen Vorschriften noch notwendig angesichts des Auftrags, das Christusereignis bei den Nichtjuden zu verkündigen? Konnte und durfte er als Jude überhaupt den Kontakt zu nichtjüdischen Menschen suchen, die sich nicht nach den göttlichen Vorschriften richteten? Aber zunächst einmal fühlte sich Paulus von Gott dazu auserkoren, den Nichtjuden diese neue Botschaft vom Messias und dem Weltende zu überbringen: »Als es aber Gott gefiel, der mich schon im Mutterleib auserwählt und durch seine Gnade berufen hat, in mir seinen Sohn zu offenbaren, damit ich ihn unter den Völkern verkünde« (Galaterbrief 1,15–16), begann ein neuer Zeitabschnitt. Paulus verstand die Offenbarung vor Damaskus als seine Berufungsvision, als Beauftragung, der Bote Gottes zu sein. Er war der Auserwählte Gottes, der die Botschaft von dem Messias Jesus an die Nichtjuden zu richten hätte.[286]

Und so beeilte sich Paulus, die ersten Schritte seines Missionsauftrags zu unternehmen. Er wendete sich von Damaskus nach Süden in das Reich der Nabatäer. Dort regierte seit über vierzig Jahren König Aretas IV., der seit seinem tapferen Widerstand gegen die Invasionsversuche der übermächtigen Römer stolz den Beinamen Philopatris, Freund des Vaterlandes, trug. Paulus unternahm in dessen Land erste, tapsige Missionsversuche, die vor allem Unruhe unter seiner Zuhörerschaft schürten. Ein neues Zeitalter? Ein neuer Messias? Ein neuer König? Der Nabatäerkönig war nicht daran interessiert, Missionare mit irgendwelchen neuen abstrusen Lehren auftreten zu lassen. Paulus floh deshalb nach drei Jahren erfolgloser Missionsarbeit zurück nach Damaskus, um vor Nachstellungen durch Aretas sicher zu sein. Aber der Arm des mächtigen Nabatäerkönigs reichte weit! Aretas instruierte den Leiter der nabatäischen Handelskolonie in Damaskus, Paulus festzunehmen und zu ihm zu bringen. In Damaskus, der bedeutsamen Handelsstadt, hatten verschiedene Reiche und Fürsten ihre Handelsniederlassungen, deren Leiter die Interessen ihrer Könige vertraten. Das nabatäische Reich als direkter Nachbar von Damaskus war besonders einflussreich. Und so ließ man die Stadt nach Paulus durchkämmen, an die Stadttore setzte man Wachposten, um Paulus aufzugreifen. Paulus war nicht mehr sicher, er musste die Stadt unerkannt verlassen. Freunde besaßen glücklicherweise ein Haus direkt an der Stadtmauer. In einer dunklen Nacht setzte sich Paulus in einen stabilen Korb, der durch eine Luke an der Mauer herabgelassen wurde.[287]

Paulus war vorerst gerettet. Doch wohin sollte er sich nun wenden? Der Weg nach Süden und Osten war verbaut. Denn Aretas und seine Schergen kontrollierten die großen Karawanenrouten in Arabien. Paulus reiste also zunächst einmal nach Jerusalem, pilgerte dort zum Zionberg und besuchte den Tempel, die Wohnstatt des jüdischen Gottes, der ihm den Auftrag zur Mission unter den Nichtjuden gegeben hatte. Bei dieser Gelegenheit stattete er Petrus einen Besuch ab. Paulus wollte den Jünger Jesu, der einst mit dem Messias durch Galiläa gewandert war, persönlich kennen lernen. Zwei Wochen blieb er bei ihm, um alles über den Messias Jesus zu erfahren. Auch auf den leiblichen Bruder des Jesus, Jakobus, traf Paulus in Jerusalem, bevor er die Stadt wieder gen Norden verließ, um seinem Auftrag zur Mission bei den Nichtjuden nachzugehen.[288] Unruhe überfiel ihn bei dem Gedanken daran, welch große Aufgabe vor ihm lag.

Zuerst in die Synagogen

Doch wie sollte die Mission unter den Nichtjuden gelingen? Wie konnte man ihnen die Rettung durch den einen Gott nahebringen? Wie sollte Paulus sie erreichen? Die Nichtjuden unmittelbar anzusprechen, hatte im Reich der Nabatäer für nachhaltige Probleme gesorgt. Paulus musste seine Missionsstrategie ändern. In allen größeren Städten des Römischen Reiches gab es jüdische Diasporagemeinden, die selbständige Gruppen innerhalb der hellenistischen Bürgerschaften bildeten. Den meisten Nichtjuden waren diese Gemeinden durchaus suspekt, weil deren Mitglieder an Kultfeiern zu Ehren der Stadtgötter niemals teilnahmen, sich auch bei gesellschaftlichem Essen zurückhielten. Außerdem waren den Juden von den römischen Behörden zahlreiche Privilegien zugestanden worden wie die Befreiung vom Kaiserkult, Erleichterungen bei Steuerzahlungen und Ähnliches. Man konnte sich nicht recht erklären, wieso diese jüdischen Gemeinden eine Sonderbehandlung erfuhren. Andererseits war es so, dass die opferlosen und von Schriftinterpretation geprägten und daher philosophisch wirkenden jüdischen Gottesdienste in den Synagogen durchaus attraktiv und anziehend für einige Nichtjuden wirkten. Die jüdischen Synagogen waren offen für die so genannten Gottesfürchtigen, für solche Nichtjuden, die ein Interesse an der jüdischen Religion zeigten und die Idee des Ein-Gott-Glaubens interessant fanden, aber vor einem Übertritt zum Judentum zurückschreckten, weil sie nicht bereit waren, sich beschneiden zu lassen und alle Speise- und Reinheitsvorschriften zu übernehmen. Doch gerade der ethische Anspruch der jüdischen Religion, der Verzicht auf vielfältige Götterfiguren, auch die Sabbatpraxis erregten Aufmerksamkeit und Interesse unter griechischen und römischen Nichtjuden. Deshalb fanden sich im Umfeld der Synagogen viele gottesfürchtige Nichtjuden, an die sich Paulus nun verstärkt wenden wollte. Er als Jude, der in der Diaspora, fernab von Jerusalem, aufgewachsen war, konnte bei einer Mission unter Nichtjuden, die Sympathie für die jüdische Religion hatten, von seinen kulturellen Kenntnissen des Hellenismus und seiner hohen hellenistischen Bildung profitieren. Er war mit seinem Wissen und Erfahrungshintergrund prädestiniert, die Predigt vom jüdischen Messias Jesus in einem neuen Kulturkreis, der sich an das Judentum anlehnte, aber dennoch außerhalb stand, einzuführen. Er war der richtige Mann für diese Aufgabe, ein Mann zweier Welten: aus einer jüdischen Gemeinde in einer hellenistischen Stadt stammend. Er war verwurzelt in der Torah und im jüdischen Glauben, war verankert in der griechisch-römischen Kultur und Bildung. Er wusste, wie er den gottesfürchtigen Nichtjuden zu begegnen hatte.

Bei seinen Missionsversuchen unter den Gottesfürchtigen im Umfeld der Synagogen knüpfte Paulus zunächst im Judentum an, wenn er im Anschluss an die Schriftverlesung im Synagogengottesdient die Heiligen Schriften auf den Messias Jesus hin auslegte, auf seinen Tod und seine Auferstehung hin. Wenn er verdeutlichte, dass Gott das Jesusereignis »durch seine Propheten im Voraus verheißen hat in heiligen Schriften« (Römerbrief 1,2). Aber dann die Gültigkeit dieser Worte auf die Gottesfürchtigen ausweitete und auch sie einlud, an Gottes Heilshandeln Anteil zu nehmen. Mit dieser Missionsweise hatte Paulus nun endlich den erhofften Erfolg. Und dies blieb den Leitern der neuen Jesusnachfolgergemeinde in Antiochia nicht verborgen. Sie holten diesen jungen Prediger in ihre Stadt, die, direkt am Fluss Orontes gelegen, eine halbe Tagesreise vom Mittelmeer entfernt, mit bald einer halben Million Einwohner die drittgrößte Stadt des Reiches war. Hier lebten mehrere tausend Juden in lebendigen Gemeinden. Und unzählige griechisch sprechende Nichtjuden besuchten die Synagogen. In Antiochia war Paulus der richtige Mann am richtigen Ort. Hier lernte er die einflussreichen Gemeindeleiter der jungen Jesusbewegung kennen: Menaen, einen inzwischen etwa 60-jährigen Jugendgefährten des jüdischen Fürsten von Galiläa. Oder Josef Barnabas, einen ebenfalls wohlhabenden und grundbesitzenden Juden, der aus Jerusalem stammte.[289]

Die antiochenische Gemeinde der Jesusnachfolger um Paulus, Barnabas und Menaen verfeinerte nun eine zunehmend erfolgreiche Missionsstrategie. Es ging nicht mehr darum, in Dörfern auf dem Land vom Messias Jesus zu erzählen. Jetzt entsendete man Missionare in die benachbarten größeren Städte in den römischen Provinzen Syrien, Kilikien, Zypern und Galatien. Die Missionare wendeten sich von Antiochia aus in Städte, die man über die römischen Verkehrswege rasch erreichen konnte. Das Römische Imperium hatte ein umfassendes und relativ sicheres Straßennetz aufgebaut. So war die Verbindung der neuen Jesusgemeinden zur antiochenischen Muttergemeinde stets gewahrt, bei Schwierigkeiten und Rückfragen konnten die neuen Gemeinden sich schnell an ihre Missionsväter wenden. So stellten sich große missionarische Erfolge, vor allem auch unter Nichtjuden, ein. Paulus selbst überquerte als junger Missionar das Taurus-Gebirge durch die Kilikische Pforte, um auf der Kaiserstraße Via Sebaste den Weg durch Kleinasien in Richtung Westen einzuschlagen. Die Straße führte durch die Bergregionen Galatiens und man konnte weiterreisen bis nach Ephesus, der Hauptstadt der Provinz Asia an der Ägäisküste. Paulus machte immer wieder Station in Städten, in denen sich jüdische Gemeinden befanden. In deren Synagogengottesdiensten konnte er durch seine Missionspredigt anknüpfen und auch Nichtjuden für den Glauben an den Messias Jesus gewinnen. In Städten wie Derbe, Lystra, Ikonion und Antiochia bei Pisidien gründete er neue Jesusgemeinden.[290]

Die Missionserfolge der Antiochener unter solchen Menschen, die nicht unmittelbar zum Judentum gehörten, sorgten auch in Jerusalem für Freude und Anerkennung, nachdem man dort von den Entwicklungen gehört hatte. Paulus plante einen erneuten Besuch in Jerusalem und berichtete dann dort über die erfolgreiche Vorgehensweise und die große Anzahl neuer Jesusanhänger unter den Nichtjuden. Petrus, Jakobus und der ehemalige Jesus-Jünger Johannes fanden anerkennende Worte für die Missionsarbeit des Paulus,[291] der sich schließlich ein neues Ziel setzte: die Mission in Europa. Paulus trennte sich von Antiochia und brach auf zu einer weiten Reise, bei der er von anderen Männern begleitet wurde: Timotheus und Silvanus. Zunächst führte sie der Weg durch die alten Gemeindegründungen des Paulus in Galatien. Die Mehrzahl der dortigen Messiasgläubigen bestand inzwischen aus Nichtjuden, die jedem Vielgötterglauben abgesprochen hatten. Nach den Zwischenstationen dort wendete sich Paulus mit seinen Begleitern in nordwestlicher Richtung zur Ägäis, um von der Hafenstadt Troas aus nach Europa überzusetzen. In der römischen Kolonie Philippi machte er Halt und gründete in bewährter Weise eine neue Jesusgemeinde, indem er über die jüdischen Synagogengottesdienste seine Botschaft vom Messias Jesus bekannt machte und erneut besonders unter Nichtjuden auf Gehör stieß. Über viele Jahre hinweg sollte sich zwischen der neuen Gemeinde in Philippi und ihrem Gemeindegründer ein enger Kontakt über Briefe und persönliche

Besuche ergeben. Noch viele Jahre später unterstützte die Gemeinde von Philippi den Missionar durch Gaben, auch wenn er zwischenzeitlich fernab weilte.[292]

Die Festigung der neuen Jesusanhänger in ihrem Glauben war nie einfach. Die noch kleinen Gruppen hatten oft mit Nachstellungen zu kämpfen. Paulus selbst berichtete von Misshandlungen in Philippi, die er am eigenen Leibe zu ertragen hatte (1. Thessalonicherbrief 2,2). Und erst als sich seine Jesusgemeinde in Philippi nach mehreren Monaten konsolidiert hatte und er sie alleine lassen konnte, wagte Paulus die Weiterreise, die ihn jedoch nicht zur nächstgelegenen Metropole führte. Ampipholis, eine Stadt von zentraler Bedeutung für das Umland, da verkehrsgünstig an der Mündung des Strymon gelegen, hätte sich für eine nächste Gemeindegründung durchaus angeboten. Denn von dort aus hätte man gut in das Hinterland hineinmissionieren können. Paulus jedoch zog es vor, in Thessaloniki, der Hauptstadt Makedoniens zu wirken, weil es hier eine kleine jüdische Synagogengemeinde gab, die ihm wieder einmal Anknüpfungsmöglichkeiten bot. Doch während seines mehrwöchigen Aufenthalts dort ergaben sich diesmal sehr heftige Probleme. Die Mitglieder der jüdischen Synagogengemeinde wetterten hitzig gegen die Missionspredigten des Paulus. Es kam wiederholt zu Tumulten und Paulus musste eines Tages Hals über Kopf die Stadt verlassen. Nicht alle Mitglieder der jungen Jesusgemeinde in Thessaloniki konnten den hastigen Aufbruch des Paulus nachvollziehen. In Philippi war er doch auch standhaft geblieben! Aber ihm war der Boden zu heiß geworden, eine Rückkehr schien ihm zu gefährlich und er hielt sich lieber vorübergehend im benachbarten Beröa versteckt, einer kleineren Stadt abseits der großen römischen Straßen. Immerhin konnte er bald Timotheus nach Thessaloniki zurückschicken, aber das neue Ziel des Paulus war nun Rom, die Hauptstadt des Weltreichs, das Zentrum, der Moloch. Über die zentrale West-Ost-Verbindung der Römerwege, die Via Egnatia, war ein schnelles Reisen an die Küste der Adria möglich. Und von dort wollte Paulus mit einem Schiff nach Italien übersetzen. Der Plan war gut. Doch die Reise wurde jäh unterbrochen.[293]

In Rom hatte Kaiser Claudius in seinem neunten Regierungsjahr hart gegen Juden durchgegriffen. In den Synagogen der Hauptstadt war es wiederholt zu Streitigkeiten zwischen traditionellen Juden und messiasgläubigen Juden gekommen. Immer wieder hatten die Diskussionen über die rechte Auslegung der Schriften zwischen den beiden Parteien zu Handgreiflichkeiten geführt, zu gewaltsamen Auseinandersetzungen. Kaiser Claudius hatte seit Jahren eine Stärkung der traditionellen römischen Religion verfolgt, religiöse Streitigkeiten empfand er da als störende Manöver. Als der Rhetorikberater Seneca dann aus seinem Exil auf Korsika an den Kaiserhof zurückgekehrt war, gab es eine zutiefst judenkritische Stimme am Hof. Wenn dann die Missionare eines Messias Jesus in ihren apokalyptischen Prophezeiungen die bevorstehende Herrschaft ihres Meisters ankündigten, steigerte das die kritische Haltung gegenüber dem Judentum am kaiserlichen Hof. Eine Unterscheidung zwischen Juden, Apokalyptikern, messiasgläubigen Juden oder messiasgläubigen Nichtjuden war für die römische Verwaltung undurchsichtig, für sie war nur wichtig, dass von jüdischen Kreisen erhebliche Streitigkeiten und Gefahr für die Ordnung in Rom ausgingen. Deshalb erließ Claudius ein Edikt, das kurzerhand alle Juden aus Rom auswies. Als Paulus mehrere Wochen später von diesem Erlass erfuhr, war ihm klar, dass der Zugang nach Rom für ihn versperrt war. Die römischen Behörden würden vorerst jeden Zuzug neuer Juden nach Rom unterbinden. So war er gezwungen, von seinem Plan, nach Rom zu reisen, abzuweichen. Stattdessen wählte er das südliche Griechenland, die römische Provinz Achaia, als neues Missionsgebiet.[294]

Nach einer Zwischenstation in Athen wendete sich Paulus der Hauptstadt Achaias zu: Korinth. In seinen Gedanken blieb er freilich bei seinen Gemeinden, die er in Philippi und in Thessaloniki gegründet hatte. Er wusste darum, dass die von ihm aufgebauten Gemeinden der Jesusnachfolger zarte Pflänzlein waren. Besonders die vielen Nichtjuden unter ihnen hatten ihre vertrauten Beziehungen aufgegeben. Wer neu zum Glauben an den Messias gekommen war, hatte sich von Götterkulten jeder Art losgesagt und war dadurch in eine gesellschaftliche Isolation in seiner Stadt geraten. Freunde, Nachbarn, Geschäftspartner und Bekannte nahmen an den regelmäßigen Kultfeiern in der Stadt teil, in Thessaloniki war beispielsweise der lebensfrohe Dionysos-Kult heimisch, Gläubige in Ekstase zogen in Prozessionen durch die Straßen. Aber den Messiasgläubigen war eine Beteiligung an den großen, attraktiven Festlichkeiten zu Ehren des Weingotts nicht mehr möglich. Die neuen Gemeindeglieder hatten deswegen bisweilen sogar mit ihrer Familie brechen müssen. Paulus wusste, dass nach dem Abflauen einer ersten Begeisterung für die neue Religion dem einen oder anderen in der jungen Gemeinde durch den Kopf gegangen sein dürfte, diesen Glauben doch lieber wieder aufzugeben. Die Anwesenheit eines charismatischen Predigers wie Paulus in der Gemeinde war dann wichtig. Und deshalb kam Paulus auf die Idee, brieflich mit seinen Gemeinden Kontakt zu halten. Seine Briefe sollten seine Anwesenheit ersetzen, in den Gemeindeversammlungen vorgelesen werden. In den Briefen konnte er sich den Problemen und Krisen seiner neu gegründeten Gemeinden einfühlsam zuwenden. In seinem ersten Brief an die Gemeinde in Thessaloniki, den er wenige Wochen nach seinem fluchtartigen Verlassen der Stadt gemeinsam mit seinen Mitarbeitern Timotheus und Silvanus verfasste, blickte Paulus empfindsam auf die gemeinsame Zeit zurück und mahnte die Gemeinde feinfühlig zur Standhaftigkeit im neu gewonnenen Glauben trotz aller erfahrenen Bedrängnis. Mit fürsorglichem, väterlichem Rat sprach er den Jesusgläubigen Mut zu, ihre Außenseiterrolle, die die Bekehrten in der Gesellschaft Thessalonikis nun einnahmen, zu bewältigen.[295]

In Korinth angekommen, traf Paulus auf das Ehepaar Aquila und Priska. Sie gehörten zu derjenigen Gruppe von Juden, die durch das Edikt des Kaisers Claudius betroffen war. Sie hatten in Rom gelebt, dort den Glauben an den Messias Jesus angenommen und die Stadt verlassen müssen, weil Claudius die Tumulte nicht länger akzeptieren wollte. Aquila und Priska hatten daraufhin Korinth als Wohnort für die Zeit ihrer Verbannung gewählt, um sich dort eine neue Existenz aufzubauen. In ihrer Werkstatt zur Lederbearbeitung fand Paulus Anstellung, in ihrer Wohnung Unterkunft. Gemeinsam bauten sie in Korinth eine neue Gemeinde der Messiasgläubigen auf. In bewährter Weise knüpfte Paulus in den Synagogengottesdiensten mit seiner Botschaft vom Messias Jesus an, bekehrte einige Juden, aber noch mehr Nichtjuden zum neuen Glauben.[296]

Korinth war ein Schmelztiegel der Kulturen. In der pulsierenden Stadt mit den zwei Häfen an der Landenge des Isthmus boten sich alle Möglichkeiten und Gefahren eines Abenteuers. Hier lebten in gedrängter Enge Einwanderer aus Kleinasien, Italien, Moesien oder Makedonien neben den alteingesessenen Korinthern. Exotische Sprachen mischten sich an allen Gassenwinkeln. Aufgrund der verkehrsgünstigen Lage war Korinth zentraler Umschlagplatz für Güter aus aller Welt. Handelsvertretungen aus aller Herren Länder hatten sich hier niedergelassen. Glattzüngige Händler aus allen Winkeln der Erde machten hier gute Geschäfte. Ägypter, Hispanier oder Thraker trafen aufeinander. Der Handel blühte. In der in jeder Hinsicht freizügigen Stadt ließ sich schnelles Geld verdienen oder auch verlieren, besonders in den verruchten Bars im Hafenviertel mit ihren enthaarten Tänzerinnen, die sich ekstatisch zu den Klängen von Flöte und Tamburin verrenkten. Überbordende Unmäßigkeit, verkommene Angebote und Bordelle mit allen denkbaren und undenkbaren Dienstleistungen luden zum Geldausgeben ein. Die soziale Schere zeigte in der Stadt weit auseinander, Luxus und Elend fanden sich in Korinth nebeneinander. Große Villen an den Hängen dominierten das Stadtbild, in den Häfen suchten die armseligen Tagelöhner verzweifelt nach Arbeitsaufträgen. Ihr tägliches Brot konnten sie sich häufig nur durch die kostenlose Getreideverteilung der öffentlichen Behörden oder privater Gönner leisten. Sklaven bestimmten das Stadtbild, als billige Arbeitskräfte oder als Hausangestellte. In überfüllten Mietshäusern, die man nur durch stinkende Gassen erreichte, lebten Menschen in großer Enge zusammen, konnten sich kaum aus dem Weg gehen. Paulus, der Stadtmensch, fühlte sich hier wohl, blühte nach den Nackenschlägen zuletzt wieder auf. In der Stadt boten sich ihm so viele Möglichkeiten. Hier missionierte Paulus tatkräftig. Tagsüber kam er mit Kunden in der Werkstatt von Aquila und Priska ins Gespräch, mit den Inhabern der benachbarten Werkstätten, Läden und Tavernen in der Straße, mit den Bewohnern der Wohnungen oberhalb der Werkstatt in der Mietskaserne. Man traf sich täglich, Privatsphäre gab es im Stadtleben sowieso kaum, das Leben spielte sich ja im Öffentlichen ab. Hier fand Paulus immer wieder Anknüpfungspunkte, um über seinen Glauben zu reden. Es gelang ihm, einzelne Menschen vom Glauben an den Messias Jesus zu überzeugen, auch ganze Hausgemeinschaften von reichen Häusern mitsamt den dortigen Sklaven. So öffnete sich Paulus ein weites soziales Netzwerk. In den Häusern der Reichen und Mächtigen Korinths fand er weitere Anknüpfungspunkte. Hier gingen Sklaven und Klienten täglich ein und aus, Paulus konnte sie jederzeit ansprechen. Die Häuser von Oberschichtangehörigen wie Stephanas, Gaius, Erastus oder Krispus wurden zu so etwas wie Gemeindezentren der Jesusnachfolger.[297] Sie boten Platz für Gottesdienste, Schutz vor unliebsamen Nachstellungen, waren offener Treffpunkt für die Glaubensunterweisung und Diskussionen im Atrium oder im Peristyl der Häuser. Die Türen standen dort offen, während das Familienoberhaupt im Atrium seine Geschäfte erledigte und Gespräche führte, ergaben sich unter den Wartenden Unterhaltungen über den Glauben an den Messias. Fremde kamen und gingen. So war der neue Glaube bald in aller Munde.[298]

Trotz der missionarischen Erfolge blieb es für Paulus bei regelmäßigen Auseinandersetzungen mit der Synagogengemeinde. Immer wieder wurde auf verbaler Ebene Streit geführt, inwiefern die heiligen Schriften der Juden auf den Messias Jesus zu beziehen seien oder eben nicht. Man diskutierte leidenschaftlich über die korrekte Anwendung von Schriftzitaten auf das Jesusereignis. Doch es blieb nicht immer bei verbalen Auseinandersetzungen, wie sie im Argumentationsaustausch in schriftgelehrten Kreisen üblich waren. Dann und wann kam es auch zu Handgreiflichkeiten, die gar in gewalttätige Konflikte ausarten konnten. Immer wieder forderten Synagogengemeindemitglieder Züchtigungsstrafen für die messiasgläubigen Juden, verlangten die Verbannung des Paulus als Unruhestifter aus Korinth.

Aus diesem Grund zerrte man Paulus eines Tages vor Gericht. Der neue Statthalter Lucius Junius Gallio Annaeus, römischer Senator und älterer Bruder des Seneca, hatte im elften Jahr des Kaisers Claudius sein Prokonsulat in Achaia angetreten. Vor ihm wurde der Antrag auf Verbannung des Paulus aus Korinth verhandelt. Aber Gallio, der zum Judentum eine ähnlich kritische Haltung besaß wie sein Bruder, interessierte sich nicht für die jüdischen Streitigkeiten und zeigte wenig Interesse an einer Regulierung durch seine Person. Sicherlich hatte er noch die Ereignisse in Rom im Hinterkopf, die zur Ausweisung von Juden durch Claudius geführt hatten. Gallio wollte sich nicht in jüdische Angelegenheiten einmischen. Die Versuche, einen Stadtausschluss gegen Paulus zu erwirken, liefen somit ins Leere. Trotzdem führte die Unbeliebtheit des Paulus zu weiteren Gefahren, weshalb er nach eineinhalb Jahren Missionsarbeit in Korinth beschloss, die Stadt wieder zu verlassen.[299]

Rom war für neu ankommende Juden nach wie vor verschlossen, Kaiser Claudius war inzwischen seit über einem Jahrzehnt Herrscher in seinem Palast auf dem Palatin und hatte das Edikt nicht wieder aufgehoben. Paulus kehrte deshalb nach vielen Jahren erst einmal zurück nach Antiochia. Dort traf er auf Petrus, der inzwischen Jerusalem verlassen hatte und ebenfalls als Wandermissionar umherreiste, sich anders als Paulus aber vor allem der Mission unter Juden widmete. Das Gemeindeleben in Antiochia lief in den gewohnten Bahnen, Juden und Nichtjuden feierten gemeinsam Gottesdienste zu Ehren des Messias Jesus und zelebrierten zusammen das Abendmahl. Dies änderte sich freilich, als Gesandte aus Jerusalem der Gemeinde in Antiochia einen Besuch abstatteten. In Jerusalem hatten sich die Konflikte zugespitzt. Die Stadt war längst zu einem religiösen Hexenkessel geworden, ein Sammelbecken für fanatische Splittergruppen, prophetische Endzeitankündiger, selbsternannte Retter des Judentums. Radikale Bewegungen hatten an Einfluss gewonnen, darunter die Zeloten. Sie betrachteten die römische Gewaltherrschaft in Palästina als Zeichen für eine einsetzende Endzeit und einen bevorstehenden Äonenwechsel. Mit Schwert und Dolch in der Hand wollten sie ihre Bereitschaft zum letzten Kampf zeigen. Alle

Juden, die von einem friedlichen Messias träumten oder mit dem römischen Feind kooperierten oder mit anderen Nichtjuden irgendeine Art von Gemeinschaft pflegten, waren ihnen verhasst. Und so fiel ihr Verdacht auch auf die Messiasgläubigen. Denn die Jesusanhänger waren auch in Jerusalem, dem kultischen und politischen Zentrum des Judentums, dafür bekannt, mit Nichtjuden Tischgemeinschaft zu pflegen. Ein Verhalten, das vielen verdächtig vorkam. Deshalb übten Zeloten erheblichen Druck auf die Jerusalemer Gemeinde aus, ließen sie nicht in Ruhe. Und so baten die Jerusalemer Gesandten bei den jüdischen Messiasgläubigen in Antiochia darum, auf ihre Lage in Jerusalem Rücksicht zu nehmen, damit sie sich den Zeloten gegenüber verteidigen und darauf verweisen könnten, dass der Kontakt zu Nichtjuden aufgegeben sei. Dann wäre der Fortbestand ihrer Gemeinde in Jerusalem nicht mehr weiter gefährdet. Petrus, Barnabas und andere jüdische Messiasgläubige in Antiochia erkannten die Notwendigkeit einer Rücksichtnahme und verzichteten fortan auf die Tischgemeinschaft mit nichtjüdischen Messiasgläubigen. Paulus hingegen platzte, als er das Verhalten sah, der Kragen. Heuchlerisch nannte er es.[300]

In aller Öffentlichkeit herrschte Paulus seinen Glaubensbruder Petrus an: »Obwohl du ein Jude bist, lebst du wie ein Mann aus den Völkern – und nicht wie ein Jude. Warum zwingst du dann die Menschen aus den Völkern, wie Juden zu leben? Unserer Herkunft nach sind wir Juden und nicht Sünder, wie die Menschen, die aus den Völkern stammen. Aber wir wissen: Kein Mensch gilt vor Gott als gerecht, weil er das Gesetz befolgt. Als gerecht gilt man nur, wenn man an Jesus Christus glaubt. Deshalb kamen auch wir zum Glauben an Jesus Christus«[301]. Paulus befürchtete, dass durch das heuchlerische Verhalten des Petrus all die Nichtjuden, die zum Glauben an den Messias Jesus gekommen sind, gezwungen würden, vollständig den jüdischen Glauben mitsamt allen Vorschriften zu übernehmen, um noch Gemeinschaft mit den jüdischen Messiasgläubigen halten zu können. Eine Bekehrung der Nichtjuden zum Judentum stand für Paulus aber nicht zur Debatte. Er fühlte sich von Gott beauftragt, die Nichtjuden als Nichtjuden zum Glauben an den Messias Jesus zu bringen. Deshalb betrachtete er Angriffe gegen nichtjüdische Messiasgläubige als grundsätzliche Angriffe gegen seine Missionsarbeit, die ihm von Gott auferlegt worden war.

Gegner in Galatien

Enttäuscht brach Paulus bald wieder aus Antiochia auf, besuchte erneut seine alten Gemeindegründungen in Galatien und zog dann weiter nach Westen, bis er in Ephesus, der Hauptstadt der römischen Provinz Asia, ankam. Dort fand er abermals Unterkunft im Hause Aquilas und Priskas, die ihren Wohnort zwischenzeitlich von Korinth nach Ephesus verlegt hatten. In der Hauptstadt der Asia angekommen, hörte Paulus bald von Problemen in seinen Gemeinden Galatiens, die er gerade erst verlassen hatte. Auch dort waren nämlich jene jüdischen

Messiasgläubigen aufgetreten, die von den nichtjüdischen Gemeindemitgliedern die Beschneidung forderten,[302] damit diese vollgültige Mitglieder des Gottesvolks würden. Solange die Beschneidung nicht erfolgt sei, fehle den Messiasgläubigen das Zeichen des Bundes, das die Zugehörigkeit zum Gottesvolk anzeige. Die Galater überlegten tatsächlich daran, sich beschneiden zu lassen und alle jüdischen Vorschriften vollumfänglich zu beachten. Wenn sie schon einen neuen Glauben angenommen hatten, dann wollten sie doch auch vollgültige Mitglieder der neuen Gemeinschaft sein. Der letzte Schritt sollte noch gegangen werden.

Paulus jedoch war entsetzt über diesen neuerlichen Angriff auf seine Missionsarbeit. Bestürzt nahm er sich Zeit und verfasste einen bitterbösen Brief an die Galater. Ohne die üblichen Höflichkeitsfloskeln in den Briefen seiner Zeit sprach er unmittelbar die Probleme an: Er sei »verwundert«, dass die Galater »so schnell« seine Botschaft aufgegeben hätten (Galaterbrief 1,6). Er »verfluche« die Gegner in Galatien, die eine Beschneidung aller Messiasgläubigen einforderten (1,8). Er beschimpfte die Gemeindemitglieder als »unvernünftige Galater« (3,1). Er verzichtete auf abschließende Grüße in seinem Brief. Auch für die in Galatien aufgetauchten Gegner hatte er kein gutes Wort übrig. Sie waren für ihn Blender, Hetzer und Unruhestifter.[303] Paulus hatte für sie, die von Unbeschnittenen eine Beschneidung forderten, nur die Empfehlung übrig, »sich doch selbst kastrieren zu lassen« (5,12).

Sehr genau überlegte sich Paulus, wie er seine Galater wieder überzeugen könnte. Er fühlte sich angegriffen von den fremden Missionaren. Deshalb entschied er sich, seine professionellen Kenntnisse in der Rhetorik zu nutzen und seine briefliche Argumentation wie eine Verteidigungsrede vor Gericht aufzubauen: Mit einer kurzen Einführung baute er eine intensive Verbindung zwischen sich und den Adressaten auf, erinnerte an ihr gutes Zusammenleben, als er sie erstmals besucht hatte. In einer lebendigen Erzählung schilderte er anschließend, dass seine Missionsinhalte göttlichen Ursprungs sind. In einer knappen Zusammenfassung umriss er die Lösung für den Streit in Galatien, dass nämlich die Mission unter Nichtjuden auf eine Beschneidungsforderung zu verzichten habe. In mehreren Beweisgängen brachte er dafür Nachweise vor. In Warnungen und Empfehlungen forderte er dann seine Adressaten zum konsequenten Handeln auf. Und in einem wirkungsvollen Abschluss, setzte er sich und seine Person nochmals in Beziehung zu den Adressaten und der Mission.[304]

In seinem Schreiben an die Galater kritisierte Paulus nun, dass man in Galatien die Beachtung der jüdischen Regelungen zu einer Vorbedingung für den Zugang zu Gott machen will. Paulus ging es nicht darum, die Vorschriften der Torah aufzuheben und außer Kraft zu setzen. Er wollte vielmehr die gesetzesfreie Freudenbotschaft an die Nichtjuden als Nichtjuden bewahren. Der Zugang zu Gott sollte allein über den Glauben führen und nicht über die Forderungen des Gesetzes, der jüdischen Torah. Für diese Ansicht führte er in seinem Schreiben mehrere Argumente in einzelnen Beweisgängen auf. Zuerst schilderte er in einer autobiographischen Argumentation, dass er unmittelbar von Gott den Auftrag erhalten habe, den Nichtjuden als Nichtjuden diese Botschaft zu verkünden.

Keine menschlichen Autoritäten hätten ihn dazu aufgefordert. Unabhängig von Anderen und nur in Bezug auf die Offenbarung durch Gott habe er seine Missionsarbeit geleistet (Galaterbrief 1,11–2,16).

In einem anderen Argumentationsgang, dieses Mal unter Zuhilfenahme der heiligen Schrift des Judentums, wies Paulus darauf hin, dass bereits Abraham, der Stammvater des Judentums, vor Gott aufgrund seines Glaubens gerecht gesprochen worden sei und keinesfalls aufgrund irgendwelcher Taten (Galaterbrief 3,6–18 mit Bezugnahme auf Genesis 15,1–6). Die Gegner in Galatien hatten genau entgegengesetzt argumentiert: Für sie war Abraham der Gewährsmann der Beschneidung. Wer als Mann nicht, wie der Erzvater des Judentums, beschnitten war, konnte für sie nicht zum Gottesvolk gehören. Wer das Erbe des Erzvaters antreten wollte, musste sich den Forderungen der Torah nach Beschneidung und anderen Verhaltensweisen unterwerfen. Denn ansonsten wäre das Judesein, die besondere Zugehörigkeit zu Gott, aufgeweicht. Paulus drehte das Argument seiner Gegner um. Er bezog sich auf Vers 6 in Genesis 15: Abraham »glaubte dem Herrn, und das rechnete er ihm als Gerechtigkeit an«. Für Paulus war es allein der Glaube Abrahams, der ihn vor Gott gerecht erscheinen ließ. Und das Gleiche galt dementsprechend auch für die Nichtjuden in Galatien: Ihr Glaube entschied über ihre Zugehörigkeit zu Gott! »Die aus dem Glauben leben, sind ... Abrahams« Kinder (Galaterbrief 3,7). Wer darüber hinaus eine Befolgung von Vorschriften der Torah einfordere, der stelle sich gegen Gott und gegen das Christusereignis, das ein neues Zeitalter eingeläutet hat. Der verrate die Wahrheit der Botschaft von Gott.

In seiner Aufgeregtheit konnte sich Paulus kaum zügeln. Er sprach den Gegnern in Galatien ab, Gottes Botschaft richtig verstanden zu haben! Aus der Sicht des Paulus waren sie Knechte, Unfreie, die sich unter die Rute der Torah stellten, obwohl doch das Christusereignis die Freiheit gebracht hatte. Auch dazu fand Paulus ein Argument in der Schrift. Wieder ging es um Abraham: Dieser hatte zwei Frauen, eine Freie, nämlich Sara, und eine unfreie Magd, nämlich Hagar. Mit beiden zeugte er einen Sohn, Isaak und Ismael (Genesis 16). Wer sich unter die Forderungen des Gesetzes stelle, sei Nachkomme der Unfreien. Wer sich aber dem Glauben an das Christusereignis zuwende, der sei Nachkomme der Freien (Galaterbrief 4,21–5,1). Die messiasgläubigen Galater sprach Paulus als Kinder der freien Frau Abrahams an, die Gegner in Galatien hingegen als Kinder der Knechtschaft. Paulus schloss das Argument mit dem triumphierenden Ausruf: »Zur Freiheit hat uns Christus befreit« (5,1).

Abschließend zog Paulus einige Folgerungen für das persönliche Verhalten. Er wies die Galater auf die neue Freiheit hin, die ihnen im Glauben an Christus gewährt sei. Sie führe zu einem Wandel in der geistlichen Haltung, zu einer Orientierung an der Liebe (Galaterbrief 5,2–6,10). Es verbiete sich also, die Forderungen der Torah als Grundlage für einen Zugang zu Gott zu verstehen. Beschneidung, jüdische Speisevorschriften und andere Kultriten führten nicht zu Gott.[305]

In Ephesus

Als Paulus den Brief an seine Gemeinden in Galatien schrieb, hielt er sich gerade in Ephesus auf, wo er, wie gewohnt, zunächst in den Synagogengottesdiensten die Botschaft vom Messias Jesus verkündigte. Nach wenigen Monaten erlebten seine Predigten einen solchen Zulauf, dass er sich gezwungen sah, einen großen Saal anzumieten, um dort seiner beträchtlichen Zuhörerschaft genügend Platz bieten zu können. Für etwa drei Jahre sollte Paulus in der Metropole an der Ägäis wirksam bleiben.[306] Eines Tages erreichten ihn dort überraschende Nachrichten aus Korinth. Über geschäftliche Beziehungen zu einer Unternehmerin namens Chloe erhielt er Informationen über den Zustand seiner Gemeinde, die er viele Monate zuvor verlassen hatte. Paulus war von diesen Nachrichten schockiert. Die Gemeinde hatte sich in Gruppen gespaltet, Gemeindemitglieder prozessierten vor Gerichten gegeneinander, Lustknaben und Trunkenbolde wühlten die Gemeinde auf, sogar von einem Inzuchtfall war zu berichten.[307] Paulus war dermaßen erschrocken, dass er sofort seinen gutmütigen Mitarbeiter Timotheus entsendete, der vor Ort deeskalierend eingreifen sollte. Rasch setzte sich Paulus dann nieder und formulierte einen Brief nach Korinth: »Paulus, durch Gottes Willen berufener Apostel Christi Jesu, und der Bruder Sosthenes an die Kirche Gottes, die in Korinth ist – die Geheiligten in Christus Jesus, die berufenen Heiligen. Gnade sei mit euch und Friede von Gott, unserem Vater, und dem Herrn Jesus Christus. Ich danke meinem Gott jederzeit euretwegen für die Gnade Gottes, die euch in Christus Jesus geschenkt wurde, dass ihr in allem reich geworden seid in ihm, an aller Rede und aller Erkenntnis. Denn das Zeugnis über Christus wurde bei euch gefestigt, sodass euch keine Gnadengabe fehlt« (1 Korintherbrief 1,1–7). So formulierte Paulus gemeinsam mit Sosthenes den Briefanfang in wohlwollendem Tonfall, um den Korinthern unvermittelt zu verdeutlichen, dass sie durch ihren Glauben doch alles haben, was sie benötigen.[308] Aller irdische Kampf, alles Streben nach Glanz, alle menschliche Weisheit verblasse angesichts des Christusereignisses, das stets im Zentrum allen Denkens und Handelns zu stehen habe. Nicht umsonst nannte Paulus in den wenigen Sätzen am Anfang fünfmal Christus!

Paulus rang um eine überzeugende Formulierung: »Denn das Wort vom Kreuz ist denen, die verloren gehen, Torheit; uns aber, die gerettet werden, ist es Gottes Kraft« (1,18). Der Glaube an einen am Kreuz Gestorbenen erscheint wie eine Torheit, ist aber einzige Rettung. Er muss zur Grundlage allen Denkens und Handelns werden. Demut und Aufgabe weltlicher Weisheit und Denkkategorien machten für Paulus das Leben eines Messiasgläubigen aus, nicht Glanz, Rhetorik, Esoterik oder andere Phänomene. Deshalb ermahnte er im weiteren Verlauf seines Schreibens die korinthischen Gemeindemitglieder zur Einheit und zur Reinheit.[309]

Während Paulus und Sosthenes an den Formulierungen ihres Briefes feilten, erreichte sie weiterer Besuch aus Korinth. Stephanas, ein begüterter Korinther, den Paulus einst mit seiner Familie und der gesamten Hausgemeinschaft getauft hatte, war gemeinsam mit zwei Freunden aus Korinth aufgebrochen zur Reise über die Ägäis nach Ephesus,[310] um an Paulus ein gutes Dutzend Anfragen aus Korinth zur rechten Verhaltensweise im neuen Glauben zu übergeben. Die Fragen drehten sich um Sexualität, um Ehe und Wiederverheiratung, um enthusiastisches und ekstatisches Verhalten, um den Besuch bei Prostituierten, um die Feier des Abendmahls, um Tod und Auferstehung, um Götzenopferfleisch, das von Opfertieren aus den Tempeln stammte und auf Märkten zum Verkauf oder bei privaten Einladungen zum Verzehr aufgetischt wurde. Gerade letztere Thematik stellte ein durchaus bedeutendes Problem dar, weil den Messiasgläubigen allerorten Tempel und Altäre begegneten, an denen Opferhandlungen für die unterschiedlichen Götter und Göttinnen durchgeführt wurden, für die traditionellen griechischen oder die lokalen Gottheiten oder auch für die römische Staatsreligion. Das bei den rituellen Schlachtungen übrig gebliebene Fleisch der Opfertiere gelangte immer wieder in den Rückverkauf auf die Märkte. Und die Messiasgläubigen diskutierten darüber, ob für sie solches Fleisch verpönt sein müsste, weil es ja den fremden Göttern geweiht war.

Diese Anfragen aus Korinth machten eine Erweiterung des soeben begonnenen Briefes notwendig. Paulus ergänzte also den Brief um Auskünfte zu den in Korinth brennenden Fragen. Und bei all seinen Antworten ging er immer wieder von derselben Lösung aus: der Theologie des Kreuzes. Die Botschaft vom Kreuzestod Jesu, die im Gegensatz zur Weisheit der Welt stehe, biete die rechte Orientierung und verlange Gemeinschaftlichkeit statt Individualismus, Einsatz für Andere statt für sich selbst. Der neue Messiasglaube gewähre keinen Raum mehr für ein Pochen auf individuelle Rechte und Freiheiten, auf egoistische Ziele, auf Ausleben eigener Stärken. Ein Leben im neuen Glauben an das Kreuz erfordere Dankbarkeit für Gottes Gaben, Verzicht, Achten auf den Anderen. Paulus führte sich dabei selbst als Vorbild an. Denn er verzichtete auf das Unterhaltsrecht, das Missionaren auf Wanderschaft zustand. Stattdessen arbeitete er mit eigenen Händen und orientierte sich an der Leidensfähigkeit Jesu. Auch all die anderen sehr konkreten Anfragen aus Korinth beantwortete Paulus unter der Maßgabe der Kreuzestheologie, der Theologie der Zuwendung. Immer wieder empfahl Paulus die Rücksichtnahme. Da gab es beispielsweise einige Gemeindemitglieder in Korinth, die zum Götzenopferfleisch die Haltung entwickelt hatten, dass man es selbstverständlich genießen könne. Denn die Götzen existierten doch sowieso nicht. Paulus gab ihnen prinzipiell Recht. Empfahl aber immerhin den Verzicht auf solches Fleisch, wenn andere Gemeindemitglieder anwesend wären, die durch den Verzehr in ihrem Glauben verunsichert würden. Rücksichtnahme auf den Anderen blieb für Paulus das Gebot, solange man sich in einer Welt befindet, in der man auf die baldige Wiederkehr des Christus wartete.[311]

Nachdem Paulus und Sosthenes alle Fragen der Gemeinde in Korinth abgearbeitet hatten, formulierten sie am Schluss ihres Schreibens einige versöhnliche Grüße. Paulus griff dafür gar persönlich zum Schreibwerkzeug (1 Korintherbrief 16,21–24). Er ließ die korinthische Gemeinde überdies herzlich von Aquila und Priska grüßen (16,19), die ihnen ja persönlich bekannt waren, er empfahl den Empfängern einen aufrichtigen Umgang mit Timotheus, Stephanas und Anderen (16,10–18). Paulus kündigte den Korinthern seinen baldigen Besuch an, bis zum kommenden Pfingstfest wolle er zwar noch in Ephesus bleiben, danach aber über Makedonien nach Korinth reisen und dort bei den Freunden mindestens einen Winter verbringen (16,5–9). Diesen Reiseplan hatte Paulus aus ganz konkretem Anlass gefasst. Denn er war inzwischen von einer besonderen Idee angetrieben. Er wollte in all seinen Gemeinden eine Kollekte für Jerusalem einsammeln (16,1–4)[312]. Diese sollte ein Ausdruck der Einheit und Zusammengehörigkeit seiner nichtjüdisch geprägten Messiasgemeinden mit der jüdischen Messiasgemeinde in Jerusalem sein. Dieses Projekt sollte ihn künftig viele weitere Monate beschäftigen.[313]

Die korinthische Delegation um Stephanas nahm den ausformulierten und nun recht lang geratenen Brief mit auf ihre Heimreise. In der Gegenrichtung kehrte Timotheus zu Paulus nach Ephesus zurück – mit erneut schlechten Nachrichten aus Korinth: Er berichtete über gegnerische Wandermissionare, die in Korinth ihr Unwesen trieben. Es handelte sich um jüdische Jesusnachfolger, die wandernd durch die Länder zogen, um Menschen zum Glauben an den Messias zu bringen. Sie hatten in Korinth Empfehlungsschreiben vorgelegt, die ihnen Wundertaten bescheinigten, und von den Korinthern Unterhalt beansprucht. Freie Kost und Unterkunft stand überzeugenden Wandermissionaren tatsächlich zu. Diese hier, die in Korinth aufgetreten waren, waren rhetorisch äußerst versiert und attackierten in überzeugender Weise vor den Korinthern die Person des Paulus: Sie nannten dessen schwaches Auftreten lächerlich, eines Jesusmissionars nicht würdig, diffamierten ihn als rhetorisch unqualifiziert und sahen in ihm gar keinen vollwertigen Messiasgläubigen. Sie stellten den Vorwurf in den Raum, Paulus habe bei seinem Aufenthalt in Korinth nur deshalb auf den ihm zustehenden Unterhalt verzichtet, weil er genau wisse, dass er gar kein qualifizierter Missionar sei.[314]

Gegen solche Attacken konnte sich Paulus vor Ort nicht verteidigen, die Korinther waren verunsichert, was sie davon halten sollten. Schon wieder war Paulus gezwungen, seine fehlende Anwesenheit in Korinth durch einen Brief zu ersetzen. Er verfasste ein Schreiben, in dem er sich gegen die fremden Missionare in Korinth wendete und um Versöhnung warb: »Liebe Korinther! Wir haben ganz offen mit euch geredet und lassen euch tief in unser Herz blicken. Wir haben es euch gegenüber nicht verschlossen. Aber ihr habt eure Herzen vor uns verschlossen. Ich spreche zu euch als meinen Kindern: Macht es doch wie wir und öffnet auch eure Herzen. Zieht nicht mit den Ungläubigen an einem Strang« (2 Korintherbrief 6,11–14)[315]. Paulus blickte auf die verbindende Vergangenheit zwischen ihm und den Korinthern und bat auch um eine gemeinsame Zukunft. Ein Ausdruck dieser gemeinsamen Zukunft war für ihn auch die Kollekte, die Paulus nach wie vor organisierte und an die er seine korinthische Gemeinde eindringlich erinnerte. Er stellte die Sammlungsaktion in Korinth gar den Gemeinden in anderen Städten als Vorbild vor Augen (9,1–2).

Angesichts der Lage änderte Paulus nun seinen ursprünglichen Reiseplan, über Land durch Makedonien nach Korinth zu reisen, und wollte stattdessen per Schiff direkt nach Korinth aufbrechen. Doch dieser fieberhaft erstrebte Besuch geriet zum endgültigen Desaster der Beziehung zwischen Paulus und seiner geliebten Gemeinde. Als Paulus in Korinth vor Ort war, trat man ihm, dem Gründer der Gemeinde, sehr verhalten entgegen, der respektlose Einfluss der fremden Wandermissionare war mit Händen greifbar. Eines der korinthischen Gemeindemitglieder verstieg sich gar zu einer demütigenden Beleidigung gegenüber Paulus, niemand ergriff für den Gemeindegründer Partei, weshalb Paulus so überstürzt wie er gekommen war wieder abreiste. Zurück in Ephesus wählte er erneut den Weg, einen Brief zu schreiben. Unter Tränen und in bitterer Enttäuschung über das zerrüttete Verhältnis verfasste er wieder einmal ein Schreiben für die Korinther, in dem er sich polemisch und beißend verteidigte. Erneut führte er seine Theologie vom Kreuz an, die Demut und Rücksichtnahme einforderte, während seine Kritiker in Korinth die Herrlichkeit Jesu und den Glanz betonen wollten. Paulus kündigte nun einen weiteren Besuch an, den er dieses Mal in aller Härte durchführen wolle und bei dem er niemanden schonen wolle – schon gar nicht die fremden Missionare, die er ironisch bis verächtlich nur »Superapostel«[316] nannte und als »unehrliche Arbeiter« bezeichnete, die sich bloß als »Apostel Christi tarnen« wie sich auch »der Satan als Engel des Lichts« tarne (11, 13–14).[317]

Paulus beauftragte einen weiteren Mitarbeiter, Titus, damit, den Brief nach Korinth zu überbringen und dort weiterhin die Organisation der Kollekte voranzutreiben. In Korinth angekommen, begegnete Titus schließlich einer zitternden, furchtvollen und gehorsamen Gemeinde, die sich nur noch über die ständig wechselnden Reisepläne des Paulus beschwerte. Aber die fremden Missionare hatten jeden gefährlichen Einfluss verloren. Die Wogen waren erfolgreich geglättet.

Der in Ephesus zurückgebliebene Paulus hatte derweil eine lebensgefährliche Situation zu überstehen. Er befand sich in Gefangenschaft. Die örtlichen Behörden hatten ihn in Sicherungsverwahrung genommen, nachdem es in Ephesus zu einem großen Aufruhr gekommen war. Der Stadt Wahrzeichen und Identitätsmerkmal war das beeindruckende Heiligtum, das auf einer Anhöhe errichtet war. Es war der jungfräulichen Artemis, der Göttin der Jagd, des Waldes und der Geburt geweiht und war der wohl größte Tempel des Römischen Imperiums überhaupt. Für die Stadt und ihre Einwohner war er das identitätsstiftende Gebäude schlechthin. Alles drehte sich um ihn. Von dem Kult für die Göttin Artemis profitierten viele Menschen in der Stadt: Die Viehzüchter und der Viehhandel der Region sorgten für steten Nachschub an Opfertieren, die in hoher Zahl benötigt wurden. Alle Formen des Gastgewerbes vom Herbergsbesitzer über den Tavernenkoch bis zu den Prostituierten boten für Pilger und Besucher ihre Leistungen an, ebenso die Blumenhändler oder die Lebensmittelhändler, das gesamte Transportwesen und nicht zu vergessen die Andenkenhändler, die mit dem Verkauf von Souvenirs aller Arten ihre Gewinne erzielten. Die Besucherzahlen für den Tempel der Artemis sicherten der Stadt und ihren Bewohnern gute Einkünfte. Und nun waren in Ephesus die Jesusnachfolger um Paulus mit ihrer offensiven Mission aufgetreten und hatten verkündigt, dass es neben dem jüdischen Gott, der Jesus vom Tod auferweckt habe, keine anderen Götter gäbe. Eine solche Botschaft konnte schnell zur Gefahr für den Artemiskult werden. Ein Einbruch der Besucherzahlen hätte einen finanziellen und damit verbunden politischen Bedeutungsverlust der Stadt zur Folge, den sich die Hauptstadt der Provinz weder leisten konnte noch wollte. Einige hohe Verwaltungsbeamte der Provinz, die Asiarchen, hatten Paulus noch davor gewarnt, mit allzu aggressiver Missionspolitik die Stimmung in der Stadt anzuheizen – nicht, dass er als Saboteur des Kults angegriffen würde. Aber nach der Ermordung des Prokonsuls der Provinz, Marcus Junius Silanus, war die öffentliche Sicherheit nicht mehr zu garantieren und Paulus musste einige Wochen in Gewahrsam verbringen.[318]

Paulus hatte immerhin die Möglichkeit, während seiner Haft Besuche zu empfangen. Auch Briefe konnte er weiterhin schreiben. So hatte beispielsweise seine Gemeinde in Philippi, mit der ihn seit der Gemeindegründung vor bald einem Jahrzehnt ein herzliches Verhältnis verband, von der Haft gehört und rasch einen Boten, Epaphroditus, zur Unterstützung gesendet. Dieser war trotz einer unterwegs erlittenen Krankheit ohne Rücksicht auf seinen Gesundheitszustand bis Ephesus weitergereist.[319] An die Philipper richtete Paulus dann ein in sehr freundlichen Tönen formuliertes Dankesschreiben, in dem er gemeinsam mit Timotheus Ermahnungen und Hinweise zum Verhalten gegenüber konkurrierenden Missionaren aussprach. Seine persönliche Zukunft war für Paulus zu diesem Zeitpunkt ungewiss. Wie es mit ihm im Gefängnis weitergehen sollte, war noch nicht abzusehen. Deshalb sollte Timotheus bald nach Philippi aufbrechen: »Diesen also hoffe ich schicken zu können, sobald ich meine Lage übersehe« (Philipperbrief 2,23). Wenige Wochen später sah es besser aus, Paulus hoffte auf baldige Freilassung. In einem Brief an drei befreundete Messiasgläubige konnte er schon formulieren: Bereitet »eine Unterkunft für mich vor! Denn ich hoffe, dass ich euch durch eure Gebete wiedergeschenkt werde« (Philemon 22).

Nachdem Paulus schließlich aus der Haft freigelassen worden war, zögerte er nicht, sich endlich um den Abschluss der Kollektensammlung in seinen Gemeinden zu kümmern. Er hatte sich nun doch wieder dazu entschlossen, auf dem Landweg zunächst seine Gemeinden in Makedonien zu besuchen, dann nach Korinth weiter zu reisen und die Geldsammlung schließlich persönlich in Jerusalem abzuliefern. Doch stellte diese Reise für Paulus nur eine Zwischenstation dar. Endlich wollte er seinen schon lange verfolgten Plan, nach Rom zu reisen, in die Tat umsetzen. Denn Kaiser Claudius war inzwischen gestorben, Nero hatte ihn abgelöst. Das alte Edikt, wonach Juden der Zugang nach Rom verwehrt war, besaß keine Gültigkeit mehr. Eine große Rückkehrwelle der Verbannten und Exilierten setzte ein. Auch Aquila und Priska brachen ihre Zelte in Ephesus wieder ab und siedelten über in ihre alte Heimat.[320]

So brach Paulus bald auf, reiste an der Küste der Ägäis entlang nach Norden bis Troas, wo ihm »der Herr eine Tür öffnete« (2 Korintherbrief 2,12) zur erfolgreichen Missionierung. Aber trotz dieses Hochgefühls der gelungenen Arbeit blieb Paulus angespannt und unruhig, weil er auf Nachrichten aus Korinth wartete. Würde sich das einstmals zerrüttete Verhältnis zur Gemeinde wiederherstellen lassen wie früher? Paulus wusste, dass sich Titus auf der Rückreise aus Korinth befand, er wollte ihn unter allen Umständen abfangen. Deshalb gab er die erfolgreiche Arbeit in Troas auf und setzte nach Makedonien über. Auch dort fand er einfach »keine Ruhe. Überall bedrängten uns Schwierigkeiten: von außen Kämpfe, von innen Ängste. Aber Gott, der die Niedergeschlagenen tröstet, hat auch uns getröstet, und zwar durch die Ankunft des Titus. Er erzählte uns von eurer Sehnsucht, eurer Klage, eurem Eifer für mich, sodass ich mich noch mehr freute« (2 Korintherbrief 7,6–7), so formulierte es Paulus in seinem Schreiben nach Korinth. Der dortigen Gemeinde taten die Vorfälle und die Eskalation beim letzten Besuch des Paulus Leid, der Übeltäter, der Paulus beleidigt hatte, war bestraft worden.[321] Schnell formulierte Paulus einen Brief an die Gemeinde, in dem er auf den letzten, unter Tränen geschriebenen Brief zurückblickte. Er sei zwar hart formuliert gewesen, habe aber das Richtige bewirkt (7,8–9). Paulus war froh, dass die guten Beziehungen zur Gemeinde, mit der ihn so vieles verband, wiederhergestellt waren (7,13–16). Versöhnlich erzählte Paulus in seinem Brief von seinem Verhältnis zur Gemeinde und schloss mit einem Ausblick auf die Kollekte: »Wie ihr aber an allem reich seid, an Glauben, Rede und Erkenntnis, an jedem Eifer und an der Liebe, die wir in euch begründet haben, so sollt ihr euch auch an diesem Liebeswerk mit reichlichen Spenden beteiligen« (2 Korintherbrief 8,7).

Nach einiger Zeit kam Paulus persönlich in Korinth an. Den Winter verbrachte er als Gast im Haus des Gajus, den Paulus einst zum Glauben an Jesus bekehrt hatte. Hier stand für Paulus ein Schreiber zur Verfügung, dem er Briefe und Gedanken diktieren konnte, so auch ein Schreiben an die Gemeinden der Messiasgläubigen in Rom.[322] Paulus wollte sich den dortigen Jesusnachfolgern vorstellen, den messiasgläubigen Menschen in der Hauptstadt des Reiches, die ihn persönlich nicht kannten. Ihnen wollte er die Grundsätze seiner Missionspredigt erläutern, um eine aufrichtige Beziehung zu ihnen aufzubauen. Daher nahm sich Paulus viel Zeit, seine Gedanken zu ordnen und zu Papier zu bringen. Er bemühte sich darum, seine missionarische Praxis theoretisch zu erläutern – seine Praxis, die Nichtjuden ohne Übertritt zum Judentum in Gottes Heil zu integrieren, also die Ankündigungen der Heiligen Schriften wahrzumachen, dass die fremden Völker den Gott der Juden anbeten.

Paulus feilte lange an den Formulierungen und am Aufbau des Briefes. Als das Schreiben endlich ausformuliert war, stellte der Brief an die Römer schließlich eine Art Testament des Paulus dar, seine grundsätzlichen Ansichten zum Geltungsbereich der jüdischen Torah, der Rechtfertigung vor Gott, der Rolle der Juden im Heilshandeln Gottes. Die Befolgung der Torah war für Paulus keine Vorbedingung, um das Heil des jüdischen Gottes zu erlangen. Die Tür zu diesem

Gott stand offen, auch für die Welt der Nichtjuden. Darauf wies Paulus immer wieder hin, nicht ohne an einer Heilszusage für diejenigen Juden auch weiterhin festzuhalten, die nicht vom Glauben an den Messias Jesus überzeugt werden konnten. In mehreren Beweisanläufen erläuterte Paulus in seinem Brief an die Römer, dass das Christusereignis notwendig gewesen sei, um alle Menschen, Juden wie Nichtjuden, zu retten und den Beginn der Heilszeit anzuzeigen.

Sammlung der Paulusbriefe

In Korinth wurden die vielen Briefe, die Paulus im Laufe der Zeit an die Gemeinde gesendet hatte, gesammelt, redaktionell zusammengefügt und kopiert, damit man sie auch anderen Gemeinden zur Verfügung stellen konnte. Die Worte des Apostels sollten nicht verloren gehen.[323] Das gegenseitige Austauschen von missionarischen Briefen zwischen den Gemeinden wurde unter den Messiasgläubigen zu einem gewöhnlichen Verfahren. »Und wenn der Brief bei euch vorgelesen worden ist, sorgt dafür, dass er auch in der Gemeinde von Laodizea vorgelesen wird und dass ihr auch den aus Laodizea lest«, formuliert der Verfasser des Kolosserbriefes (4,16). So erhielten die Briefe einen Status als theologische Informationsschriften für alle Messiasgläubigen. Zwar galt ihr Inhalt als durchaus kompliziert: »In ihnen ist einiges schwer zu verstehen« (2 Petrusbrief 3,16). Aber die Sammlung der missionarischen Briefe erfuhr Verbreitung unter den Gemeinden der Messiasgläubigen im gesamten Römischen Reich.[324]

Paulus hatte für den Glauben an den Messias Jesus ein Konzept gefunden, das universell war und alle Menschen der römischen Welt einschloss. Als Jude und als römischer Bürger war er im Judentum wie in der hellenistischen Kultur zu Hause. Dies hatte ihn befähigt, die Grenzen der jüdischen Welt zu überschreiten und den Völkern der Welt den neuen Glauben durch seine Mission nahezubringen. Er betonte das Christusereignis an sich, das Kreuz und die Auferweckung, und er stellte die Bedeutung der Torah als Heilsweg zu Gott zurück. Dadurch hatte Paulus den alten Traum in den Heiligen Schriften Sacharjas und Jesajas verwirklicht: Die Völker außerhalb des Judentums kamen nun zu Gott.

Nach dem Tod des Paulus sammelten die Bewunderer des Missionars dessen Briefe, fügten sie in einer gemeinsamen Ausgabe aneinander, überarbeiteten sie dafür stellenweise ein wenig. Auch ergänzten sie die Sammlung um weitere Briefe, die sie unter seinem Namen verfassten, um das Leben in ihren Gemeinden auf neue Bedingungen und aktuelle Bedürfnisse hin zu strukturieren. Dabei nahmen sie sich den Briefstil des Paulus zum Vorbild und beriefen sich inhaltlich auf seine Lehren. Solche Briefe und Anweisungen unter der Autorität des berühmten, nahezu legendären Paulus machten selbstverständlich Eindruck. Den Nachfolgern und Nachahmerinnen des Paulus ging es darum, in einer schon wieder veränderten Zeit das Erbe des Missionars zu bewahren. Sie wollten nicht täuschen oder betrügen, falsche Autorenschaft vorgeben, sondern die Lehre des

Paulus fortführen und im Sinne dieser Lehre aktuelle Probleme lösen. Damit folgten sie dem Beispiel von griechischen Philosophenschulen, an denen die Lehren des verstorbenen Meisters ebenfalls unter seinem Pseudonym von Schülerkreisen aktualisiert und fortgeschrieben worden sind.[325]

All die Briefe, die unter dem Pseudonym des Paulus, aber doch Jahre nach seinem Tod verfasst worden sind, behandelten nicht mehr die Gemeindeprobleme aus der Gründungszeit, sondern nun aus der Phase der Konsolidierung der messiasgläubigen Gemeinden, als man feste Strukturen zu bilden und Leitplanken von Normen für das Handeln im Alltag zu finden versuchte. Jetzt war die Zeit geprägt von Fragestellungen rund um das Zusammenleben in den Gemeinden. Da entstanden unter den Messiasgläubigen Fragen nach der Leitung der Gemeinden. Wer sollte das Sagen haben? Der Gründungsmissionar war längst verstorben, er konnte nicht mehr kontaktiert werden. Neue Führer mussten bestimmt werden. Da gab es Gruppen unter den Messiasgläubigen, die bestimmte Speisetabus eingehalten wissen wollten, die jüdischen Messiasgläubigen wollten am Sabbat festhalten, Festzeiten befolgen. Da erwuchsen andere Forderungen, Wünsche, Zurückweisungen in den Gemeinden der Messiasgläubigen. Das Gemeindeleben musste geregelt werden. Es drohten Zersplitterungen.

In diesen Zeiten formulierten Briefe unter der Autorität des Paulus Antworten auf die drängenden Fragen der Zeit, manchmal in Form von Zurechtweisungen, von Mahnungen, bisweilen auch in harschen Worten: »Gebt Acht, dass euch niemand mit leerem Trug einfängt« (Kolosserbrief 2,8) oder »Wenn einer etwas anderes lehrt und sich nicht an die gesunden Worte Jesu Christi, unseres Herrn, hält und an die Lehre, die unserer Frömmigkeit entspricht, der ist verblendet; er versteht nichts, sondern ist krank« (1 Timotheusbrief 6,3). Allein Christus sei der Orientierungspunkt für die Gemeinden, denn er allein sei die Macht in der Schöpfung und der Herr über alle Gewalten (Kolosserbrief 2,10.15). Andere Vorschriften als die Orientierung an Christus seien nicht notwendig. Er stelle das Haupt der Gemeinschaft der Messiasgläubigen dar, die einheitlich zusammenstehen sollen im Gegenüber zur ungläubigen, heidnischen Welt (Epheserbrief 1, 22–23; 4,25.31–32). Besonders die ehemaligen Heiden, die Nichtjuden, die zum Glauben an Christus gekommen sind, wurden angesprochen: »Erinnert euch also, dass ihr früher von Geburt Heiden wart und von denen, die äußerlich beschnitten sind, Unbeschnittene genannt wurdet. Zu jener Zeit wart ihr von Christus getrennt, der Gemeinde Israels fremd und von dem Bund der Verheißung ausgeschlossen« (Epheserbrief 2,11–12). Ihnen war der Zugang zum Gottesvolk erst durch das Christusereignis ermöglicht, das eine neue Einheit schaffte, die aus Dankbarkeit zu bewahren sei. Konkreten Forderungen nach Askese oder anderen Verhaltensvorschriften setzten die Briefe unter dem Pseudonym des Paulus ausformulierte Gemeinderegeln entgegen, die das Zusammenleben im Haus organisieren sollten (Kolosserbrief 3,18–4,1 und Epheserbrief 5,22–6,9), unter der verantwortlichen Leitung fürsorglicher Gemeindeleiter (1 Timotheusbrief 3,1–13 und Titusbrief 1,5–9), durch welche die Tradition des Apostels bewahrt bleiben solle bis zu dem Tag, an dem die Wiederkunft Christi erwartet wurde (2 Thessalonicherbrief 1,5–2,12).[326]

Paulus, der Mann zwischen zwei Welten, der sich in der jüdischen Kultur genauso heimisch fühlte wie in der römisch-hellenistischen, hatte den Messiasglauben in die Welt der Griechen und Römer getragen. Der Glaube an den Messias Jesus hatte sich im Leben der Griechen und Römer breitgemacht, bestimmte den Alltag, war auf dem Weg, in der anderen Welt, jenseits von Palästina und Judentum, anzukommen.

Angekommen in der anderen Welt

Lukas[327] saß an seinem hölzernen Schreibtisch und war in Gedanken versunken. Wie sich die Zeiten doch geändert haben: Mehr als zehn Jahre war es jetzt her, dass Kaiser Nero gestorben ist. Er hatte sich zu seinen Lebzeiten als Gott anreden lassen. Er hatte die Statuen, die ihn darstellten, mit einem Strahlenkranz bekrönen lassen, damit er wie ein Sonnengott auf die Menschen herabschaut. Und sein überdimensioniertes, kolossales Standbild hatte seinen Platz mitten in Rom, neben dem Forum zugewiesen bekommen. Lukas hatte das aufgedunsene Gesicht des Kaisers noch lebendig vor Augen, die breite Nase, die affektierten Gesten Neros, der sich für einen großartigen Künstler gehalten hatte. In seine Regierungszeit waren die schrecklichen Ereignisse der jungen Religion der Jesusnachfolger gefallen: der Tod von Paulus, der Tod von Petrus, der Tod von vielen Glaubensgenossen, die den wahnsinnigen Nachstellungen erlegen waren, die Nero nach dem großen Brand in Rom veranlasst hatte. Und zu allem Unglück war in Jerusalem auch noch Jakobus, der Bruder von Jesus, gesteinigt worden. So viele Messiasgläubige aus der ersten Generation waren damals gestorben, so viele Augenzeugen, die Jesus noch erlebt hatten, so viele Empfänger von Offenbarungen, die von Jesus als dem Auferstandenen berichten konnten. Die Zeit der Augenzeugen und der Gründermissionare der Jesusbewegung war jetzt unwiderruflich an ihr Ende gekommen.[328]

Viel schlimmer war die Situation allerdings nach dem Tod des extrovertierten Kaisers geworden. Nur wenige Monate nachdem Nero Selbstmord begangen hatte, waren im Imperium auf einmal drei Kaiser gleichzeitig an der Macht gewesen: Galba, Otho und Vitellius. Alle waren sie Generäle der römischen Armee und hatten sich nacheinander von unterschiedlichen Truppenteilen zum Kaiser ausrufen lassen. Und so war damals natürlich rasch ein Bürgerkrieg zwischen den Parteien entbrannt, der zu monatelangen Auseinandersetzungen geführt hatte, die vor allem für die zivile Bevölkerung Roms zermürbend waren. Erst ein weiterer General, Vespasianus, der sich in Judäa von seinen Truppen zum Imperator hatte ausrufen lassen, beendete die Gewalttaten, Verbrechen und Plünderungen mit seinem siegreichen Heer. Gemeinsam mit seinem Sohn Titus war es ihm anschließend gelungen, eine neue Dynastie auf dem Kaiserthron aufzubauen, Ruhe in Rom einkehren zu lassen, dem Römischen Imperium ein Gefühl von Frieden zu vermitteln.[329]

Titus war dann derjenige gewesen, der mit seinen Truppen Jerusalem und den Tempel vollständig zerstört hatte. Kein Stein war auf dem anderen geblieben, als er ein Jahr nach der Thronbesteigung seines Vaters den Krieg in Judäa endgültig beendet hatte. Und nun? Nicht nur, dass die alten Autoritäten unter den Messiasgläubigen, die noch Augenzeugen der Taten Jesu gewesen sind, verstorben waren – mit dem Untergang des Tempels fehlte jetzt auch noch die ideelle Verbindung der Jesusnachfolger zum Judentum.[330] Alle Traditionen, alle Wurzeln schienen wie aufgelöst: keine Augenzeugen mehr, keine Gründungsmissionare, kein Tempel – Lukas dachte darüber nach, was Gott wohl mitteilen wollte, wenn er die Tode und die Zerstörungen zuließ? Welches Zeichen wollte er damit senden? Sollte dadurch das bevorstehende Ende der Welt angekündigt werden? Steht das Gericht Gottes bevor, die Wiederkehr Jesu?[331] Sollte es ein Zeichen sein, dass Gott den Tempel nicht mehr wollte, weil Jesus an dessen Stelle tritt?[332]

Jedenfalls musste jetzt unbedingt die Geschichte Jesu schriftlich festgehalten werden – für künftige Missionare, die Jesus weder lebendig noch als Auferstandenen gesehen hatten. Für die Messiasgläubigen, die wissen wollten, was sich damals in Palästina zugetragen hatte. Für die Verlesung im Gottesdienst, damit die Gemeindemitglieder ihren Glauben stärken könnten. In der chronologisch korrekten Reihenfolge müsste alles notiert werden, dachte sich Lukas. Dies wäre ein Projekt, das organisiert angegangen werden müsste, damit die überlieferten Geschichten von Jesus verlässlich für die Zukunft gesichert würden. Ein zuverlässiger Bericht über Jesus und die Anfänge des Messiasglaubens – das war es, was Lukas vorschwebte. Ein Bericht, der auch helfen sollte, die gegenwärtigen Probleme der Gemeinden zu lösen: den Tod so vieler Glaubensvorbilder, das Verhältnis zu den Juden, die nicht an Jesus glauben wollten, die Fragen zu angemessenen ethischen Verhaltensregeln, zur Verteilung von Reichtum und Armut in der Gemeinde, Fragen nach der Leitung der Gemeinde, nach dem Zusammenleben von jüdisch geprägten Messiasgläubigen und aus dem Heidentum stammenden Messiasgläubigen, die sich allmählich gemeinsam als Christen verstanden und nicht mehr über die Zugehörigkeit zum Judentum definierten. Solche Fragen müssten beantwortet werden, indem man aus dem Vorbild Jesu Lebensregeln für die neue Zeit ableitet.[333]

Lukas, der Historiker

Bevor die Erinnerung an die Zeit Jesu und der ersten Missionare schwinden würde und um die Bedeutung des Jesusereignisses für die jetzt so veränderte Zeit deutlich zu machen, wollte Lukas ein Werk verfassen, das Rückblick und Gegenwartsdeutung zugleich bieten sollte. Das war nichts bahnbrechend Neues.

Als gebildeter Bürger kannte Lukas all die historischen Monographien, die berühmte Geschichtsschreiber vor ihm verfasst hatten: die Darstellung des Krieges zwischen Athenern und Spartanern, die Thukydides vor langer Zeit abgefasst hatte. Oder Sallusts Bericht über die Verschwörung des Catilina gegen Konsul Cicero. Lukas hatte auch den Band von Timaios über die Kriege des Königs Pyrrhos gelesen und auch einige der berühmten Bücher von Polybios über die ältere Geschichte Roms. Auch die Makkabäerbücher zählte er zu den großen historischen Werken, die allesamt über vergangene, wichtige Ereignisse berichteten, die heute noch Bedeutung hatten. Etwas Vergleichbares müsste es doch auch für Jesus und für die Geschichte der Mission geben! So dachte Lukas, eine historische Darstellung über die Biographie Jesu und die Ausbreitung des Glaubens müsste niedergeschrieben werden. Ähnlich all den Geschichtsdarstellungen, die es in Form von Biographien über Könige, Generäle und Philosophen zuhauf auf dem Büchermarkt der Stadt zu kaufen gab, als Erzählberichte über die Entwicklung einer Stadt, eines Heiligtums oder einer Philosophenschule.[334] Jetzt eben als Erzählung über Jesus und die ersten Messiasgläubigen.

Gut, ein Buch über den wandernden und am Kreuz gestorbenen Jesus gab es bereits. Lukas' Gemeinde besaß davon sogar ein Exemplar, eine Schriftrolle, die regelmäßig in den Gottesdiensten vorgelesen wurde.[335] Dieses Buch würde sich vielleicht als Grundlage für ein größeres, historisches Werk anbieten. Es erschien Lukas jedoch recht unvollständig. Denn in jenem Buch fehlte doch so vieles: die vielen Aussprüche Jesu, die in einer alten Sammlung zu finden waren, von der Lukas gehört hatte.[336] Oder der Stammbaum Jesu, den Lukas kannte.[337] Oder all die wunderschönen Geschichten, von denen Lukas wusste, zum Beispiel die über die Berufung der ersten Jünger durch Jesus.[338] Oder Jesu Gleichnis vom verlorenen Sohn.[339] All dies fehlte in der Schriftrolle, die seine Gemeinde besaß. Außerdem wollte Lukas ein Werk eigens für eine gebildete Leserschaft verfassen. Es sollte erkennbar sein als ein anspruchsvolles Werk eines Historikers, in das auch Verweise auf Personen und Ereignisse von weltgeschichtlicher Bedeutung eingeflochten sind.[340] Lukas wollte damit angedeutet wissen, dass der neue Glaube einen Beitrag zur Weltgeschichte, zur Änderung des Weltenlaufs leistete. Es ging ihm also darum, einen Bericht abzufassen, der auf überprüfbaren Quellen beruht und durch Augenzeugen abgesichert ist. Augenzeugen, die Lukas selbst befragt hatte, wie das Historiker eben tun. Die Wahrheit des Glaubens an den Messias Jesus sollte bestätigt werden und den Römern die Angst vor diesem Glauben genommen werden. Dass die Christen einen göttlichen Menschen verehrten, der heilend durch das Land gezogen war und zu Unrecht als Aufrührer zum Tode verurteilt worden war, musste unbedingt endlich schriftlich dargelegt werden! Das Werk musste auf dem Büchermarkt erscheinen, weshalb sich Lukas auf die Suche nach einem finanzstarken Gönner begab, dem er sein Werk dann widmen würde.[341]

Er hatte nämlich vor, nicht mehr auf Schriftrollen zu schreiben, sondern der neuen Mode in Rom zu folgen und einzelne Blätter zu beschreiben, die man dann zu einem Stapel zusammenbinden konnte. Das erleichterte das Lesen und das Auffinden einer Textstelle. Lukas wollte, passend zur neuen Religion, die eine neue Welt betrat, neue Wege beschreiten.[342]

Frohe Botschaften

Nun nahm sich Lukas zunächst einmal jene Schriftrolle vor, die in den Gottesdiensten seiner Gemeinde immer wieder verlesen wurde. Sie enthielt eine Frohe Botschaft, auf lateinisch: Evangelium. Solche Evangelien, frohe Botschaften oder Siegesbotschaften, waren unter Kaiser Vespasian groß in Mode gekommen. Zu dessen Zeit waren aus dem Kaiserhaus immer wieder freudenvolle, segensreiche Botschaften in das ganze Reich gesendet worden: über den Friedensbringer Vespasian, der den Bürgerkrieg im Reich beendet hatte. Das war nichts Anderes als politische und religiöse Propaganda in Form von Mitteilungen über siegreiche Schlachten, Wundertaten von Vespasian und heilsbringende Entscheidungen des Kaisers, inszeniert als segensreiche Nachrichten für Rom und das Imperium. Vespasian wurde darin zu einem höheren Wesen stilisiert. Das hatte der Kaiser auch nötig, der aus einfachen Verhältnissen stammte und keinen traditionsreichen Familienstammbaum vorweisen konnte wie all seine Kontrahenten. Er hatte sich in Rom einen Namen gemacht als einfacher Soldat und Offizier. Aber als ein »neuer Mann« in Rom, ein homo novus, zählte er in der höheren römischen Gesellschaft höchstens als kleiner Emporkömmling. An das Ansehen der Nachkommen und der Freundeskreise der Familie der Caesaren reichte er nicht heran. Und so war er zeitlebens gezwungen, seine Herrschaft zu legitimieren, religiös abzusichern. Im Osten des Imperiums hatte er gelernt, dass man als Herrscher und Führer anerkannt wird, wenn man Wundertaten vorzuweisen hatte und sich gottgleich verehren ließ. Und wenn man dann noch Frieden mitbrachte, war einem die Gefolgschaft sicher. Vespasian und sein Hof hatten verstanden. Regelmäßig verkündete sein Haus die Evangelien, die frohen Botschaften des Kaisers Vespasian. Der Verkündigung solcher frohen Botschaften des Kaiserhauses hatte der Verfasser jener Schriftrolle, die jetzt vor Lukas lag, ironisch-provokativ eine andere frohe Botschaft entgegengesetzt: eine frohe Botschaft nicht vom Kaiser in Rom, sondern von einer anderen Rettergestalt, einem Friedensbringer aus der Provinz Judäa, einem Jesus aus Nazareth.[343]

Der Verfasser jener Schriftrolle, den man Markus genannt hatte, wollte deutlich machen: Nicht der ach so glorreiche Kaiser in Rom ist Gott, nicht er bringt den Frieden, nicht er verkündigt frohe Botschaften. Sondern: Jesus ist Gott, Friedensbringer, Retter, er ist die frohe Botschaft! Der, der am Kreuz starb![344] Der Tod Jesu am Kreuz war der zentrale Aspekt dieses Evangeliums, das nun vor Lukas lag. Es war von Markus in Rom verfasst worden, wo Paulus wenige Jahre zuvor die hervorragende Bedeutung des Kreuzes als Zeichen für die Rettungstat des Gottessohns gepredigt hatte.[345] Deshalb war es Markus so wichtig, in seinem Evangelium immer wieder darauf hinzuweisen, dass die Bedeutung jüdischer

Gesetzesvorschriften hinter die Bedeutung des Kreuzesereignisses zurücktritt. Deshalb war in seinem Evangelium nicht mehr von Speisevorschriften die Rede, sondern nur von Empfehlungen. Die Rettung erfolgt nicht durch deren Beachtung, sondern allein durch Jesus. Deshalb formulierte Markus in seinem Evangelium den Satz: »Damit erklärte Jesus alle Speisen für rein« (Markusevangelium 7,19).

Markus hatte sein Evangelium über Jesus, seine frohe Botschaft des Retters, sehr bewusst geordnet und aufgebaut. Er hatte eine noch ältere Vorlage gehabt, die über den Verrat an Jesus in Jerusalem, über Jesu Festnahme, das Verhör und die Kreuzigung sowie über die Grablegung berichtet hatte. Diese Vorlage ergänzte Markus durch Gleichnisse, Streitgespräche, Wundererzählungen und andere Jesusgeschichten.[346] Und dann gestaltete er sein Evangelium über Jesus als einen Weg, den der irdische Jesus als Sohn Gottes gegangen war:[347] Der Weg begann in der Wüste, wo der Bußprediger Johannes auftrat. Markus zeichnete dessen Gestalt in den Zügen der alttestamentlichen Propheten: Er ließ ihn ein vernichtendes Gericht ankündigen und eine letzte Chance gewähren für die, die umkehren und sich reinigen. An dieser Stelle brachte Markus den Protagonisten seines Evangeliums ins Spiel – zunächst als Täufling, dann als Nachfolger des Johannes. Bereits bei der Beschreibung dieser Taufe machte Markus deutlich, dass dieser Täufling in die Nähe Gottes gehört. Dafür gestaltete Markus die Erzählung so, dass der Geist Gottes aus dem offenen Himmel auf Jesus herabsank. Schon ab der ersten Station des Weges war so für alle aufmerksam Lesenden erkennbar, wer der wahrhaftige Sohn Gottes ist, von dem die wahre Frohe Botschaft ausgeht (Markusevangelium 1,1–13).

Der weitere Weg, den Markus entwarf, führte Jesus von der Wüste in die bewohnten Gegenden am Ufer des Sees Genezareth (1,14–8,26). Am See entlang führte der Weg, auf dem Markus Jesus als Lehrer und Wundertäter auftreten ließ, der Macht über Dämonen besaß und Gegnern widerstand. Den Auftakt zu diesem Weg gestaltete Markus durch die Erzählung von der Jüngerberufung, um zu verdeutlichen, dass es der Mitarbeit Vieler bedurfte, um die widergöttliche Macht in der Welt zu brechen. Konflikte müssten ausgefochten werden, war die Botschaft des Markus an seine Leserschaft. Dementsprechend schloss Markus diesen Abschnitt mit einer Blindenheilungsgeschichte, in der Jesus zwei Anläufe unternehmen musste, bis die Heilung vollends gelang – es läuft eben nicht immer alles im ersten Versuch glatt!

Auf diesen Abschnitt ließ Markus eine Darstellung des weiteren Unterwegsseins Jesu folgen (8,27–10,52), die er erneut symbolisch mit einer Blindenheilung abschloss. Nun allerdings sofort erfolgreich und mit dem Ergebnis, dass der Geheilte Jesus nachfolgte. So verdeutlichte Markus, dass es auch beim wahren Ruf in die Jeususnachfolge bisweilen mehrere Versuche benötigt, bis man die Augen geöffnet bekommt für den rechten Weg.

Der weitere Weg, den Markus seinen Protagonisten gehen ließ, verlief schließlich durch Jerusalem (11,1–15,41), wo Auseinandersetzungen auf Jesus warteten, die ihn bis zum Kreuz führten. Dieser Abschnitt der Passionserzählung bildete den Höhepunkt im Evangelium von Markus, das mit dem Bekenntnis eines römischen Zenturio unter dem Kreuz endete. Wenn dieser Vertreter des fremden und unerbittlichen Imperiums im Angesicht des Todes Jesu erkannte: »Wahrhaftig, dieser Mensch war Gottes Sohn« (15,39), dann lag auch für jeden, der das Evangelium des Markus las, klar vor Augen, dass am Ende des Weges die Erkenntnis der Gottessohnschaft dieses Jesus stand. Markus wollte am Schluss des Weges für alle erhellen, wer Jesus gewesen ist: der leidende Retter.

Das Finale seines Evangeliums bildete Markus, indem er den Weg im Grab enden ließ (15,42–16,8[348]). Hier erhielten nun Leser und Leserinnen selbst die Verantwortung, zu entscheiden, ob man dem Weg, der im Evangelium angelegt ist, weiter folgen wollte oder nicht. Dies war der Weg, der mit Jesus in Galiläa anfing, über die Kreuzigung in Jerusalem führte und die Leserschaft im Römischen Reich zu einer Entscheidung einladen wollte.

Das Doppelwerk des Lukas

Jenes von einem Markus verfasste Evangelium über Jesus, den Christus, war für Lukas also das Vorbild, an dem er sich orientieren wollte. Aber Lukas wollte das Projekt besser angehen, er wollte intensive Recherchen betreiben, Quellen studieren, Augenzeugen befragen, er wollte alles in der richtigen Reihenfolge beschreiben, eine ausführliche Darstellung geben von den Anfängen der Geburt Jesu bis zu seinem Tod und seiner Auferstehung und in einem zweiten Werk auch über die Anfänge des neuen Glaubens berichten, wer die ersten Jesusnachfolger gewesen sind, wie sie geglaubt haben, wie sie gelebt haben. Lukas wollte also ein umfassendes Doppelwerk verfassen. Der erste Band sollte eine Jesus-Biographie werden, der zweite eine Beschreibung, wie es nach Jesus weiterging, wie sich der Glaube im Römischen Imperium ausgebreitet hatte bis hin nach Rom, hinein in die begüterten Häuser seiner gebildeten Leser.[349] Eine solch umfassende Darstellung erschien Lukas deshalb notwendig, weil den Messiasgläubigen eine sorgfältige Einführung in die Grundlagen ihres Glaubens bislang fehlte. Diese Absicht erläuterte Lukas in einem Vorwort zu seinem Evangelium, das er dem Doppelwerk voranstellte: »Schon viele haben es unternommen, eine Erzählung über die Ereignisse abzufassen, die sich unter uns erfüllt haben. Dabei hielten sie sich an die Überlieferung derer, die von Anfang an Augenzeugen und Diener des Wortes waren. Nun habe auch ich mich entschlossen, nachdem ich allem von Beginn an sorgfältig nachgegangen bin, es für dich, hochverehrter Theophilus, der Reihe nach aufzuschreiben. So kannst du dich von der Zuverlässigkeit der Lehre überzeugen, in der du unterwiesen wurdest« (Lukasevangelium 1,1–4).

Mit diesem, in geschliffenem Griechisch verfassten Vorwort wies Lukas seine Leserschaft deutlich darauf hin, dass sein Buch einen außerordentlich wichtigen Gegenstand behandelte, dass er verantwortungsvoll Recherchen betrieben hatte und dass er geordnet wie wahrheitsgemäß Bericht erstattete, mit dem Ziel, der Leserschaft ein eigenständiges Urteil über diesen Gegenstand zu ermöglichen. Lukas wollte zum Einstieg in seine Erzählung hervorheben, dass er reale Ereignisse recherchiert, geordnet und aufgeschrieben hat, um sie den Jesusanhängern zugänglich zu machen. Selbstverständlich kannte er seine Vorgänger, die Gleiches unternommen, aber nicht zu seiner Zufriedenheit bewerkstelligt hatten. Lukas verdeutlichte sofort in den ersten Sätzen seines Buches, dass er sich als sprachgewandter Schriftsteller versteht, der den großen Verfassern historischer Monographien wie Thukydides oder Sallust in nichts nachsteht. Er wollte sein Werk als Geschichtsschreibung verstanden wissen, die zuverlässig Informationen vermittelte und das zu verblassen drohende Wissen sicherte. Denn Lukas und seine Leserschaft lebten schließlich in der Zeit des großen Umbruchs. Die alten Traditionen waren abgeschnitten und unwiederbringlich verloren. Jerusalem, der Ort der Kreuzigung und Sitz des Tempels, war zerstört und lag seit Jahren in Trümmern, die ersten Christen und Augenzeugen Jesu waren gestorben, die Juden standen der Botschaft vom Messias Jesus skeptisch gegenüber, die versprochene Wiederkunft des Herrn Jesus ließ auf sich warten. Die Jesusgemeinden waren kleine Gruppen in einer Umwelt, die ihnen vielfach verständnislos gegenüberstand. Deshalb wollte Lukas die Gemeindemitglieder in ihrem Glauben stärken, ihnen Sicherheit, Mut und Selbstvertrauen geben, indem er ihnen Geschichten über Jesus erzählte, über seine Taten und sein Sterben, über seine Auferstehung und seine Himmelfahrt, über die Gründung der Gemeinden der Leserschaft des zweibändigen Werks.[350] Darum entwickelte Lukas ein Konzept der Zeitenwende. In seinem ersten Band, dem Evangelium, beschrieb Lukas die Zeit, in der Jesus lebte und predigte, als eine Zeit, die frei von der Macht des Satans war und in der das Böse machtlos war. Für Lukas war dies die »Mitte der Zeit«, die er mit dem Verschwinden des Satans beginnen ließ (Lukasevangelium 4,13). Auch nach dem Tod Jesu, nach der Auferstehung und nach der Himmelfahrt blieb nach Lukas' Überzeugung der Geist Gottes in der Welt wirksam. Aber nun hatte die Zeit der Glaubensgemeinde begonnen, jetzt setzte die Zeit der Mission, der Ausbreitung des Glaubens an den Messias Jesus ein.[351] Diese Zeit ließ Lukas mit seiner Pfingstgeschichte beginnen (Apostelgeschichte 2,1–41). Die Verkündigung der frohen Botschaft in der Welt setzte die Wirksamkeit Gottes in der Welt fort. Der Geist Gottes wirkte nun in den Missionaren in die Welt hinein. Das war es, was Lukas deutlich machen wollte.

Und so ließ Lukas in seinem zweiten Band, der Apostelgeschichte,[352] seinen Protagonisten Paulus die frohe Botschaft vom Messias Jesus von Jerusalem aus bis nach Rom tragen.[353] Lukas ließ Paulus als sicheren Spieler zwischen jüdischen Traditionen und griechisch-hellenistischen Themen auftreten und verarbeitete so die Bedürfnisse seiner Leserschaft, die in hellenistischer Umwelt Anhänger einer jüdischen Religion geworden waren. Deshalb beschrieb Lukas in seinem zweiten Band, wie sich der neue Glaube an den jüdischen Messias allmählich und schrittweise für Nichtjuden, Griechen und Römer, öffnete: wie der Missionar Philippus erstmals vorsichtig die Grenzen des Judentums überschritt und wie der Jesusjünger Petrus erstmals nichtjüdische Synagogenbesucher zum Glauben an den Messias Jesus brachte.[354] Lukas ließ nicht unerwähnt, dass die Missionare mit Autoritäten aneckten. Dass Paulus in Philippi ins Gefängnis kam, in Korinth vor dem Statthalter erscheinen musste, in Ephesus eine ganze Menschenmenge Lynchjustiz an ihm vornehmen wollte oder er in Jerusalem verhaftet wurde, erzählte Lukas, um immer wieder zu betonen, dass alle Vorwürfe unberechtigt waren. Immer wieder kam Paulus frei, konnte die Mission fortgesetzt werden. Paulus wurde von Lukas gezeichnet als der unermüdliche Streiter für die Botschaft vom Messias Jesus, der unerschrocken und mutig den Gefahren trotzte, seien es Gefangenschaften, Verfolgungen oder gar Steinigungen. So stellte Lukas seiner Leserschaft den Missionar Paulus als den Inbegriff des gläubigen Jesusnachfolgers vor Augen.

Weil mit dem Tod der ersten Generation der Messiasgläubigen und der Zerstörung des Tempels die zentralen Autoritäten und Symbole der Jesusnachfolger ausgefallen waren, sah es Lukas als notwendig an, das Verhältnis zum Judentum neu zu bestimmen. Viele Messiasgläubige hatten gar kein Interesse daran, allzu nahe an das Judentum herangerückt zu werden. Es gab da nämlich seit Kaiser Vespasian eine Judensteuer, die neuerdings zunehmend intensiv von den Behörden eingetrieben wurde.[355] Die Frage, wie nah man sich da noch an das Judentum binden wollte, wurde somit finanziell sehr bedeutsam. Juden hatten nämlich jetzt eine jährliche Steuer an Rom zu entrichten und die römischen Beamten überprüften in jeder Stadt und in jedem Dorf genau, wer Jude war. Wer die jüdischen Rituale befolgte oder sich regelmäßig im Umfeld der Synagogen zeigte, hatte unmissverständlich die Zahlungen zu leisten. Da gab es durchaus auch Juden, die ihre Zahlungen vermeiden und ihre Judesein verbergen wollten, aber die Behörden nahmen ihre Prüfungen sehr sorgfältig und mit allem Nachdruck vor. Bei einem Greis, der behauptet hatte, kein Jude zu sein, überzeugten sie sich durch Sichtprüfung, ob er beschnitten war.[356] Angesichts dieser zu entrichtenden Steuer überlegten die Messiasgläubigen nun, ihre Nähe zum Judentum aufzugeben, um der Steuer nicht mehr zu unterliegen. Dieser Tendenz kam Lukas in seinem Doppelwerk entgegen, indem er immer wieder eine Distanz zum Judentum aufbaute und auf Differenzen zwischen Jesusverehrern und Juden hinwies.

Das Gesetz soll bleiben

Zeitgleich mit Lukas arbeitete ein jüdischer Messiasgläubiger in Syrien an einem ähnlichen Projekt. Er stellte sich die Frage: Welche Informationen über Jesus benötigten wohl die Mitglieder meiner Jesusnachfolgergemeinde, um in ihrem Glauben gestärkt zu werden? Matthäus, so wurde der Mann genannt, erlebte gerade, dass die Mehrheit seiner jüdischen Glaubensgenossen Jesus nicht als Messias anerkannten, hingegen viele Nichtjuden zum Glauben an den Messias Jesus kamen. Viele Männer und Frauen, die die jüdischen Traditionen und Gesetze gar nicht kannten, waren in die Gemeinschaft der Jesusnachfolger eingetreten. Was sollte da jetzt für die Regelungen der jüdischen Torah folgen? Waren die jüdischen Gesetze aufzugeben, weil die Mehrheit der Jesusnachfolger sie gar nicht mehr kannte? Sollten die alten jüdischen Traditionen einfach so ihren Wert verlieren?

Keinesfalls! So dachte Matthäus. Er wollte die Torah vollständig gültig halten: »Bis Himmel und Erde vergehen, wird kein Jota des Gesetzes vergehen«[357], ließ er Jesus in seinem Evangelium sagen, das Matthäus für seine jüdische Leserschaft unter den Jesusgläubigen verfasste. Auch Matthäus nahm sich, wie Lukas, das Markusevangelium als Vorbild, ergänzte es ebenso wie Lukas, immer mit dem Ziel, die jüdische Seite der Jesusnachfolge zu betonen. So stellte Matthäus den Juden Petrus und den Kreis der jüdischen Jünger Jesu als die Leitfiguren der Mission unter den Völkern der Welt heraus: »Die elf Jünger gingen nach Galiläa und als sie Jesus sahen, sagte er zu ihnen: geht und macht alle Völker zu meinen Jüngern«[358]. Matthäus dachte und schrieb jüdisch. Matthäus bedauerte, dass sich der Messiasglaube vom Judentum abzukoppeln begann. Trotzdem oder gerade deswegen setzte er sich mit den Juden auseinander, die nicht an Jesus glauben wollten, und fügte in sein Evangelium Streitereien zwischen Jesus und den Pharisäern ein. Matthäus wollte verdeutlichen, dass rechter jüdischer Glaube die Treue zur Jesusnachfolge einschließt.[359]

Matthäus war in seiner Gemeinde der Jesusnachfolger ein angesehener Lehrer. Deshalb zeichnete er in seinem Evangelium Jesus als einen vollendeten Lehrer, der vor seinen Anhängern immer wieder lange Reden hielt. Matthäus fügte viele kunstvoll aufgebaute, rhetorisch versierte Reden Jesu in sein Evangelium ein,[360] die umfassendste und eindrucksvollste ist die Predigt Jesu auf dem Berg (Matthäusevangelium 5–7). Matthäus verriet an solchen Stellen seine hohe Bildung, die ihn befähigte, eine beachtenswerte Rede aufzubauen. Geschliffen formuliert und stilvoll konstruiert begegnete der Leserschaft eine versierte Rede, die dem antiken Redeschema folgte: Begrüßung, Entfaltung der These der Rede, Aufzählung von Gründen für die These, Zurückweisung von Gegengründen und ein Schlussteil mit Zusammenfassung, Erregung von Unwillen in der Zuhörerschaft und abschließend Erregung von Mitgefühl, mit dem die Zuhörerschaft entlassen werden sollte. So stellte sich der antike Rhetoriker die ideale Rede vor – und Matthäus richtete die Rede Jesu danach aus: In einer Vorrede ließ er Jesus seine Zuhörer mit Seligpreisungen und bildreichen Worten begrüßen, die zum Einstieg verdeutlichten, worum es im Folgenden gehen sollte: um eine Idealvorstellung der künftigen und bald anbrechenden Zeit (5,3–16). Darauf folgte mit aller Wucht die These, die der Grundausrichtung des Matthäus entsprach: Diese Zeit sei nur versprochen, wenn das Gesetz, die Torah, vollständig erfüllt ist (5,17–20). An der Torah ist also keinesfalls zu rütteln! Warum nicht? Dies ließ Matthäus seinen Jesus in mehreren Begründungsgängen entfalten (5,21–48), jedenfalls machte Matthäus deutlich: Das Gesetz ist in aller Schärfe zu befolgen. Den Regelungen ist eher noch eins drauf zu setzen, als dass sie aufgeweicht werden dürften. Und auch umgekehrt ließ Matthäus Jesus argumentieren: wie nicht zu handeln sei. Er gab Ratschläge zu Verhaltensweisen im Alltag auch gerade dazu, wie man sich eben nicht zu verhalten habe (6,1–7,11). Mit der Goldenen Regel erfolgte schließlich die Zusammenfassung der Rede: »Alles, was ihr wollt, dass euch die Menschen tun, das tut auch ihnen« (7,12), bevor durch Warnungen und Mahnungen die Zuhörer nochmals herausgefordert wurden (7,13–23) und mit dem Beispiel eines Hausbauers, der sein Heim auf Sand gebaut hatte, abschließend bei den Zuhörern Mitleid erregt wurde (7,24–27). Die Rede endete somit mit der Mitleidsbekundung für all die, die das Gesetz, die Torah, eben nicht befolgen.[361]

Matthäus sprach mit seinem Evangelium diejenigen Jesusnachfolger an, die aus dem Judentum kamen und als Juden zum Glauben an den Messias Jesus gefunden hatten. Für sie bestätigte er: Die Torah ist weiterhin wichtig.[362] Für sie blieb er hartnäckig bei der Feststellung, dass Jesus das Einhalten aller jüdischen Verhaltensregeln eingefordert hatte.[363] Selbst einen Seitenhieb gegen Paulus, der die jüdische Gesetzesbeachtung nicht als Voraussetzung für eine Jesusnachfolge betrachtet hatte, konnte sich Matthäus nicht verkneifen. In der schon erwähnten Bergpredigt ließ er Jesus sagen, dass jeder, der die Gebote der Torah auflöse, im Himmelreich dereinst ein Kleiner sein werde (5,19) – der Name Paulus bedeutete im Lateinischen »der Kleine«.[364]

Matthäus konzipierte sein Evangelium als Vorlesewerk, das im Gottesdienst gehört werden sollte. Er ließ es dem entsprechend mit einem Versprechen enden: »Ich bin mit euch alle Tage bis zum Ende der Welt« (28,20). Von diesem Versprechen her hatte Matthäus sein Werk konzipiert. Wer sich an Jesus, den Messias, und an die Gebote Gottes in der Torah hält, der wird leben! Diese Zusage war nach Matthäus für Alle in der Welt gültig – aber eben nur in unbedingter Kontinuität zum Judentum. Die Torah musste gültig bleiben, gehörte niemals abgeschafft. Die Verbindung zum Judentum durfte von den Messiasgläubigen niemals gekappt werden. Eine ähnliche Stoßrichtung verfolgten einige Jahre nach Matthäus auch die Autoren des Hebräerbriefes und des Judasbriefes, die ebenfalls vielfach in ihren Werken auf alttestamentliche Traditionen und auf die Torah anspielten. Auch jene Schriften entstammten dem jüdischen Teil unter den Messiasgläubigen und wollten an der jüdischen Ausrichtung der Jesusnachfolge festhalten.

Ein Brief über Taten

Die Zerstörung des Jerusalemer Tempels durch die römischen Truppen und die harte Judensteuer, die forthin an die römischen Behörden zu entrichten war, hatten die Jesusnachfolger dazu gezwungen, über ihr Verhältnis zum Judentum nachzudenken. Der Tempel als gemeinsamer Ort des Betens existierte nicht mehr! War dadurch nicht schon ein wichtiges Band zwischen Judentum und Messiasgläubigen zerschnitten? Weil es nicht mehr möglich war, gemeinsam im

Tempel von Jerusalem den einen Gott zu verehren? War es nicht sogar vorteilhaft, das Judesein aufzugeben, um keine zusätzliche Steuer zahlen zu müssen? Gab es nicht gute innere wie äußere Gründe, sich vom Judentum abzukapseln? Oder sollte die Verbindung bewahrt werden?

Eine sehr eindeutige Haltung nahm dazu ein Briefschreiber ein, der seinen Namen anonym hielt und seine Gedanken lieber unter dem Pseudonym des Jakobus, des Bruders Jesu, veröffentlichte. Jakobus hatte die jüdischen Gesetze zeitlebens streng befolgt. Er galt als jüdische Autorität unter den Messiasgläubigen und hatte seit seinem Märtyrertod einen legendenhaften Status eingenommen. Ihn hatte der anonyme Schreiber als Vorbild ausgewählt, um in seinem Brief die strenge Ausrichtung an der Torah für alle Messiasgläubigen zu empfehlen: »Denn wer das ganze Gesetz hält, aber gegen ein einziges Gebot verstößt, der hat sich gegen alle verfehlt« (Jakobusbrief 2,10). Der anonyme Schreiber ärgerte sich über das, was er in den Briefen des Paulus lesen musste. Wenn er dort las, dass »der Mensch nicht aus Werken des Gesetzes gerecht wird, sondern aus dem Glauben an Jesus Christus«[365], oder dass Abrahams Glaube und nicht seine Taten vor Gott entscheidend gewesen seien,[366] dann hatte der Schreiber das Gefühl, dem widersprechen zu müssen. Für ihn hatte Paulus mit solchen Worten das Judentum verraten, den jüdischen Ursprung des Messiasglaubens aufgegeben, als er den Weg zu den nichtjüdischen Völkern gegangen war. Der anonyme Schreiber setzte seine Sicht der Dinge dagegen: »Abraham, unser Vater, wurde er nicht aus den Werken als gerecht anerkannt, als er seinen Sohn Isaak auf den Opferaltar legte? Du siehst, dass der Glaube mit seinen Werken zusammenwirkte und dass der Glaube aus den Werken zur Vollendung kam« (Jakobusbrief 2,21–22). Der anonyme Verfasser des Jakobusbriefes wollte wie Matthäus die jüdische Identität der Jesusnachfolger unbedingt bewahren, der Glaube an den Messias Jesus sollte keinesfalls von nichtjüdischen Ansichten dominiert werden. Deshalb betonte er immer wieder mit allem Nachdruck die Einheit von Glauben und Tun, denn das Gericht Gottes werde danach gehalten werden, wie intensiv man die Torah befolgt habe.[367]

Daher formulierte der anonyme Schreiber Kritik an all denen, die sich nicht um den sozialen Ausgleich bemühen. Er wollte die konkreten guten Taten sehen. Er kritisierte die Reichen, die auf ihrem Geld saßen. Er forderte die Unterstützung für Witwen und Waisen und den Verzicht auf Statussymbole.[368] Er formulierte eine Sozialkritik wie einst die alten Propheten Amos oder Hosea zur Zeit der Königreiche Israel und Juda und stellte sich damit in die Tradition der jüdischen Prophetie. Wie damals bekamen all diejenigen in deutlichen Worten ihr Fett weg, die ihren Besitz zur Schau stellten anstatt gute Taten zu vollführen: die ungerechten Großhändler, die unsozialen Grundbesitzer.[369]

Gemeinden des Johannes

Die offene Frage, wie viel Judentum noch zu dem neuen Messiasglauben gehören sollte, blieb für viele Jahre ein wunder Punkt in der weiteren Entwicklung der jungen Gemeinden der Jesusnachfolger. Diese Wunde sollte auch immer wieder aufreißen und schmerzen: An der Ägäisküste der römischen Provinz Asia hatte ein Mann namens Johannes in mehreren benachbarten Ortschaften kleine Gemeinden von Messiasgläubigen gegründet. Verantwortungsvolle und vertrauenswürdige Personen hatte er mit der Leitung dieser Ortsgemeinden beauftragt. Wie sein Vorbild Paulus, den er einst als junger Mann in Ephesus kennen gelernt hatte, blieb er mit ihnen brieflich in Kontakt, um theologische Fragen und praktische Glaubensprobleme zu lösen. Johannes, inzwischen von hohem Alter und Ansehen, war ein Mann mit Charisma, für die Messiasgläubigen in den Küstenorten eine Autorität, beeindruckende Gründergestalt ihrer Gemeinden. Er hielt die Organisation der Gemeinden in seinen Händen und hatte den Anspruch, sie zu führen. Neben seinen regelmäßigen Briefkontakten besuchte er die Jesusnachfolger immer wieder vor Ort.[370] Dann konnte er sich ein Bild von den Gläubigen machen, Fehlentwicklungen korrigieren, ihren Glauben bestärken. So kannte er seine Gemeinden gut, sie hingen an ihm und folgten ihm.

In einer seiner Gemeinden hatte Johannes einen Mann namens Diotrephes als Leiter vor Ort eingesetzt. Diotrephes war als Nichtjude zum Glauben an den Messias Jesus gekommen, hatte zuvor die griechischen Götter verehrt. Nun war er stark und fest im Messiasglauben verankert. Er hatte Führungsqualitäten, mit einem durchsetzungsstarken Charakter. Er konnte vorangehen, andere folgten und vertrauten ihm. Deshalb hatte Johannes ihn gern als Leiter der Gemeinde vor Ort eingesetzt. Diotrephes war aber auch eine dominante Persönlichkeit, wollte niemals zurückstecken, wollte eigenständig führen, bisweilen war er herrschsüchtig, machtgierig, ja er neigte auch zur Arroganz. Die Autorität des Johannes geriet durch Diotrephes in dieser kleinen Gemeinde allmählich ins Wanken. Zwei ähnlich starke Persönlichkeiten prallten hier aufeinander. Johannes wurde allmählich unsicher: War es ein Fehler gewesen, diesen Mann damals zum Gemeindeleiter gemacht zu haben? An einem kleinen Konflikt entzündete sich ein Feuerwerk, das zwischen den beiden Männern einen Brand auslöste.

Die Gemeinde des Diotrephes erhielt eines Tages Besuch von Wandermissionaren. Dies war auch über ein halbes Jahrhundert nach dem Tod Jesu keine Seltenheit. Einige Messiasgläubige entschieden sich immer wieder dafür, in aller Konsequenz in die Nachfolge von Jesus zu treten. Sie ahmten seine Lebensweise nach, ohne Besitz, ohne festen Wohnsitz, und zogen von Gemeinde zu Gemeinde. Unterwegs waren sie auf Unterkunft und Bewirtung durch Messiasgläubige angewiesen, nahmen die Gastfreundschaft der Jesusnachfolger in Anspruch. Im Gegenzug boten sie den Gemeinden ihre Fähigkeiten bei Exorzismen und Heilungen an. Sie bereicherten mit ihrem spirituellem Glanz und ihrer charismatischen Überzeugungskraft die Gottesdienste, die Zusammenkünfte und die

Abendmahlsfeiern. Sie waren dank ihrer tiefen Überzeugung in der Lage, Begeisterung zu entzünden und die Hoffnung auf eine unmittelbar bevorstehende Wiederkunft Jesu anzufachen. Damit stellten sie die Dringlichkeit des christlichen Glaubens noch einmal lebendig vor Augen: Wer jetzt nicht zum Glauben an den Messias Jesus kommt, ist bald verloren![371]

Es entsprach der Gepflogenheit in den jungen Gemeinden der Jesusnachfolger, solche Wandermissionare freundlich aufzunehmen, mit ihren charismatischen Fähigkeiten das Gemeindeleben anzureichern und ihnen schließlich nach einiger Zeit Unterstützung für den weiteren Weg mitzugeben.[372] Auch in der Gemeinde des Diotrephes war immer so gehandelt worden. Nun aber reagierte Diotrephes erstmals anders. Eine Gruppe von Wandermissionaren wies er ab und verjagte sie aus dem Ort. Er nahm sich sogar das Recht heraus, diejenigen Gemeindemitglieder, die die Wandermissionare dennoch unterstützen wollten, aus der Gemeindeversammlung auszuschließen. Diotrephes hielt die Wandermissionare für Betrüger, für gefährliche Irrlehrer, die den wahren Glauben an Jesus verfälschten. Man konnte doch nicht jedem Dahergelaufenen trauen, der an der Haustür klopfte und vom Messias Jesus erzählen wollte! Dieser Überzeugung war Diotrephes. Wenn jemand an den Grundfesten seiner Überzeugungen rütteln wollte, dann konnte er aufbrausend sein.

Als ehemaliger Anhänger der griechischen Götter verstand Diotrephes den Messias Jesus als einen Gott in menschlicher Form. Ein Gott blieb immer ein Gott. Wenn er auf die Erde gekommen war, hatte er einen Scheinleib angenommen. Als Gott konnte er nicht Mensch sein. Nur mit solchen Überzeugungen konnten Menschen, die der griechischen Religion anhingen, für den Glauben an den Messias Jesus gewonnen werden. Das Göttliche musste göttlich bleiben. Aber die Wandermissionare erzählten etwas von dem Menschen Jesus, der Jude gewesen ist, und stellten immer wieder das Judesein ins Zentrum. Damit konnte Diotrephes nichts anfangen. Das war für ihn rückschrittig gedacht. Er betrachtete sich und seine Denkweise als fortschrittlicher. Er hatte schließlich erkannt, dass der göttliche Messias Jesus nur scheinbar Mensch geworden ist. Dieser Gott stand über allem Menschlichen. Zu allem Übel hatten sich diese falschen Wandermissionare auch noch auferlegt, keine Unterstützung von Nichtjuden anzunehmen[373] – damit betrieben sie doch eine Spaltung der Gemeinde! Deshalb musste Diotrephes aktiv werden, er musste diese Wandermissionare und ihre Unterstützer der Gemeinde verweisen![374]

Solch eine Eigenmächtigkeit und Engstirnigkeit konnte und wollte Johannes, der als überzeugter Jude zum Glauben an den Messias Jesus gekommen war, wiederum nicht unwidersprochen hinnehmen. Er war es doch schließlich, der hier die grundlegenden Entscheidungen zu treffen hatte! Dieses selbstherrliche Gebaren des Diotrephes stieß ihm sauer auf. Dem musste Einhalt geboten werden! Diotrephes selbst war es doch, der hier den Glauben an Jesus verfälscht, so dachte Johannes. Der Messias Jesus war echt und vollständig Mensch geworden, und zwar Jude geworden! Das Judentum war und blieb der zentrale Bezugspunkt des Glaubens an den Messias Jesus. Dies war die tiefe Überzeugung des Johannes. Und so setzte er sich rasch nieder und verfasste zwei Briefe: Den einen richtete er an die Gemeinde des Diotrephes, zu der er ein enges Verhältnis pflegte.[375] Mit all seiner Autorität als »Ältester« sprach er inständig die Bitte aus, das gegenseitige Liebesgebot einzuhalten. Respekt und Ausrichtung des Lebens an Gott seien die Grundlagen eines angemessenen Lebens. Ungefiltert, aber ohne Diotrephes direkt zu erwähnen, warnte Johannes vor solchen antichristlichen Verführern, die eine vollständige Menschwerdung des Messias Jesus nicht anerkennen: »Denn viele Verführer sind in die Welt hinausgegangen, die nicht den im Fleisch gekommenen Jesus Christus bekennen« (2 Johannesbrief 7). Damit hatte sich Johannes deutlich genug gegen Diotrephes und seine Ansicht positioniert, der Messias Jesus sei stets ein Gott geblieben.

Der zweite Brief, den Johannes verfasste, richtete sich an seinen Freund Gaius. Er dankte ihm, dass Gaius zu denen gehört habe, die die Wandermissionare bei sich aufgenommen hatten, so wie es der Gepflogenheit unter Messiasgläubigen entsprach. Und er empfahl ihm dringend, die Missionare für ihre weitere Reise auszustatten.[376] Johannes kritisierte offen das Verhalten des Diotrephes und nannte ihn jetzt direkt beim Namen. Er kündigte eine Maßregelung beim nächsten Besuch in der Gemeinde an und sandte zudem seinen bewährten Mitarbeiter Demetrius zur Unterstützung, bis er selbst die Gelegenheit finden würde, in die Gemeinde zu kommen.[377]

Der Einfluss des Diotrephes reichte bereits weit, auch in andere Gemeinden hinein. Deshalb musste Johannes diesen Mann unbedingt öffentlich maßregeln. Johannes fürchtete um seinen Einfluss in all den anderen Gemeinden seines Verbandes. Er wollte seine Gemeinden weiterhin fest an sich gebunden wissen. Er wollte alle Gemeinden vor dem Irrglauben des Diotrephes bewahren. Vor der falschen Lehre, dass der Messias Jesus nicht voll und ganz Mensch gewesen sei. Und so setzte sich Johannes ein drittes Mal nieder und verfasste ein Schreiben, das in allen seinen Gemeinden zirkulieren sollte. Um die Einigkeit zwischen ihm und den Gemeinden hervorzuheben, wendete er einen rhetorischen Kniff an. Er formulierte seinen Brief nicht mehr so, dass er selbst die einzige und alleinige Autorität darstellte und er verzichtete auf die Ich-Form. Stattdessen verwendete er nun die Pluralform: »was wir gesehen und gehört haben, das verkünden wir auch euch, damit ihr Gemeinschaft mit uns habt« (1 Johannesbrief 1,3). Johannes wollte damit bewirken, dass seine Leserschaft, seine geliebten Gemeindemitglieder sich mit ihm als große Einheit betrachteten. Eine Einheit, die durch Diotrephes gefährdet sei. Johannes sprach von einer gefährlichen Spaltung, die den Gemeinden drohte: »Ihr habt gehört, dass der Antichrist kommt, und jetzt sind viele Antichristen aufgetreten. Daran erkennen wir, dass die letzte Stunde da ist. Sie sind aus unserer Mitte gekommen, aber sie haben nicht zu uns gehört« (2,18–19). Und diese Spaltung bestand darin, dass einige Messiasgläubige das Menschsein Jesu bestreiten wollten. Johannes konnte nicht begreifen, wie man das Menschsein Jesu leugnen konnte. »Dieser ist es, der durch Wasser und Blut gekommen ist: Jesus Christus. Er ist nicht nur im Wasser gekommen, sondern im Wasser und im Blut« (5,6). Johannes wetterte mit deutlichen Worten gegen die für ihn vollkommen abstruse Vorstellung, der Messias Jesus sei kein vollkommener Mensch gewesen: »Viele falsche Propheten sind in die Welt hinausgezogen. Daran erkennt ihr den Geist Gottes: Jeder Geist, der Jesus Christus bekennt als im Fleisch gekommen, ist aus Gott und jeder Geist, der Jesus nicht bekennt, ist nicht aus Gott. Das ist der Geist des Antichrists, über den ihr gehört habt, dass er kommt« (4,1–3). »Das ist der Antichrist, der den Vater und den Sohn leugnet« (2,22).

Johannes bedauerte es, dass Diotrephes mit seiner Ansicht viel Gehör fand, ihm viele zustimmten. Es waren vor allem die griechisch gebildeten Intellektuellen, die auf die These von einem Scheinleib Jesu ansprangen. Sie kannten sich alle in Platons Philosophie aus, wonach die Dinge unserer Welt nur scheinbare Bilder des wahrhaft Guten und Schönen sind, nur Abbilder des Wirklichen. Sie verstanden es, wenn Diotrephes lehrte, der göttliche Messias sei nur scheinbar als Mensch auf Erden gewesen, tatsächlich aber immer von göttlicher Natur geblieben, die von der menschlichen Art so grundlegend unterschieden ist. Aber wer so etwas glaubt, hatte doch nichts verstanden, dachte Johannes: »Sie sind aus der Welt; deshalb sprechen sie, wie die Welt spricht, und die Welt hört auf sie. Wir aber sind aus Gott. Wer Gott erkennt, hört auf uns« (4,5–6). Wer den Messias Jesus als Gott im menschlichen Scheinleib betrachtete, der leugnete doch, dass Gott zum Mensch geworden ist. Dann würde doch das irdische Leben Jesu, der Mensch Jesus unwichtig werden. Dann würde das ganze irdische Dasein Jesu unwichtig sein, auch seine jüdische Religion. Dies betonte Johannes immer wieder.

Deshalb entstand im Kreis um Johannes bald die Idee, eine umfassende Schrift zu verfassen, die das irdische Leben des Messias Jesus beschreiben sollte und die darlegte, wie der himmlische Gott der Juden zu einem Menschen auf der Erde wurde: »Im Anfang war das Wort und das Wort war bei Gott und das Wort war Gott. Und das Wort ist Fleisch geworden und hat unter uns gewohnt und wir haben seine Herrlichkeit geschaut, die Herrlichkeit des einzigen Sohnes vom Vater« (Johannesevangelium 1,1.14). So sollte der Anfang dieser Schrift über den Messias Jesus lauten. Stärker als die anderen Schriften über das Leben und das Sterben des Messias Jesus sollte diese neue Schrift Jesus deutlich als Mensch und Gott zeichnen. Stärker als die bisherigen Evangelien sollte diese Schrift aus dem Johanneskreis die menschliche Seite des Messias Jesus betonen: Er feierte (2,1–10), er war müde und durstig (4,6–7), er liebte (10,11; 11,3), er war zornig und er weinte (11,33–35), er starb (18,32; 19,30) wie ein Mensch. Aber zugleich sollte auch betont sein, dass er der von Gott gekommene Retter ist (4,46–54; 8,12; 11,25). Der Messias Jesus wurde in diesem jüngsten Evangelium als himmlischer Gott gezeichnet, der Mensch geworden ist, das menschliche Leben durchschritten hat, gestorben ist und nach seiner Auferstehung wieder zu Gott erhoben wurde. An das Ende dieses Evangeliums wurde schließlich eine Erzählung gesetzt, die die Identität des irdischen Leibes des Messias Jesus mit dem göttlichen Auferstandenen bestätigen sollte. Der Protagonist dieser Abschlusserzählung war der Jesus-Jünger Thomas, der die Anwesenheit des Auferstandenen erst dann wahrhaben konnte, als er den verletzten Leib des am Kreuz Gestorbenen betrachtet hatte (20,24–27).

Aus dem Streit in den Gemeinden des Johannes hervorgegangen, stellte dieses Evangelium schließlich so etwas wie eine grundlegende Einführung in den Messiasglauben dar: Es führte die Taten des Messias Jesus auf, »damit ihr glaubt, dass Jesus der Christus ist, der Sohn Gottes, und damit ihr durch den Glauben Leben habt in seinem Namen« (20,31). Das neue Werk sprach besonders die intellektuelle Bildungsschicht an, deren Vertreter das Jesusereignis aus philosophischer Perspektive betrachten wollten und den Messias Jesus als Wahrheit und Weltvernunft verstanden. Über Jahre hinweg bearbeiteten die Schüler aus dem Johanneskreis dieses neue Evangelium immer wieder, so dass es je nach Stand der theologischen Auseinandersetzung in den Messiasgemeinden aktuell lesbar blieb. Wie einst Paulus stellten sie das Jesusereignis, also den Tod am Kreuz und die Auferweckung, in den Mittelpunkt. Durch dieses Jesusereignis sahen auch sie ein neues Zeitalter, das neue Äon eingeläutet.[378]

Die Messiasgläubigen waren zutiefst überzeugt, dass in dem neuen Zeitalter all das Böse keine Macht mehr haben würde. Für jeden sichtbar werde das Neue, sobald der auferweckte und aufgefahrene Messias Jesus in die Welt zurückkehre. Diese Rückkehr wurde von den Messiasgläubigen jener Zeit sehnlichst erwartet. Aber mit zunehmendem Abstand wuchs die Erkenntnis, dass die Wiederkehr immer noch ausblieb, und die Jesusnachfolger stellten sich verstärkt die Frage, ob es sich überhaupt noch lohne, auf die Wiederkunft des Messias Jesus zu warten. Ob es sich noch lohne, all die sozialen Ausgrenzungen und rechtlichen Einschränkungen zu erdulden, die über die Messiasgläubigen im Römischen Reich hereinbrachen. Die Bearbeiter des Johannesevangeliums antworteten eindeutig: Ja! Denn bereits die jetzige Zeit sei vom Heiligen Geist Gottes geprägt und nur der Glaube an den Messias Jesus ebne den Weg hin zu Gott, der über die gegenseitige Liebe führe (Johannesevangelium 13,31–16,35).

Die Mitglieder des Kreises um den Gemeindegründer Johannes waren nicht die einzigen Jesusnachfolger jener Zeit, die aufgewühlt waren durch die Verzögerung der Wiederkunft des Messias Jesus. In vielen Gegenden des Römischen Reiches stellten sich Messiasgläubige die Frage nach dem Zeitpunkt, an dem der Messias das neue Äon einläuten würde. Immer wieder versuchten Jesusnachfolger schriftlich zu begründen, warum es dennoch Sinn macht, an der Überzeugung von der Wiederkunft festzuhalten: »Wir erwarten gemäß der Verheißung einen neuen Himmel und eine neue Erde, in denen die Gerechtigkeit wohnt« (2 Petrusbrief 3,13). Dass sich die Wiederkehr des Messias Jesus noch verzögere, dass es Messiasgläubige gab, die seine Wiederkunft nicht mehr erleben durften, war doch nicht so zu verstehen, dass Gott sein Versprechen aufgegeben hätte: »Der Herr der Verheißung zögert nicht, wie einige meinen, die von Verzögerung reden, sondern er ist geduldig mit euch, weil er nicht will, dass jemand zugrunde geht, sondern dass alle zur Umkehr gelangen. Der Tag des Herrn wird aber kommen« (3,9–10). Den Spöttern, die sich lustig machten über die Hoffnungen der Messiasgläubigen, sollte man besser nicht zuhören: »hütet euch, dass ihr nicht durch den Irrtum dieser ruchlosen Leute mitgerissen werdet und euren festen Halt verliert« (3,17[379]). Vielmehr versprachen sich die Jesusnachfolger reichen Lohn, wenn sie trotz allem auf die Wiederkehr vertrauten: »Wenn ihr das tut, werdet ihr niemals scheitern. So wird euch in reichem Maß gewährt, in das ewige Reich unseres Herrn und Retters Jesus Christus einzutreten« (1,10–11).

Offenbarung des Johannes

In Rom hatte derweil Kaiser Domitian nach einem einigenden Band für sein riesiges, in unterschiedliche Länder mit unterschiedlichen Kulturen zersplittertes Imperium gesucht. Und er hatte es im Kaiserkult gefunden, in der Verehrung seiner Person. Er forderte von seinen Untertanen, von seinen Fürsten und von seinen Stadtoberen ein, dass sie an Kultfeierlichkeiten zu seiner Verehrung teilzunehmen hätten. In den kaiserlichen Tempeln waren regelmäßige Opferzeremonien abzuhalten, bunte Kultfeiern zu Ehren des Kaisers waren mit viel Pomp durchzuführen, Statuen des Kaisers aufzustellen und zu würdigen. Vor allem im Osten des Reiches, wo gottgleiche Herrscherverehrung seit Generationen Tradition hatte, äußerte sich dies in einem durchaus veränderten Stadtbild. Eine Unzahl von gold- oder silberüberzogenen Kaiserstatuen auf öffentlichen Treppen und Plätzen, in Tempelgebäuden und neben den Toren waren aufgestellt. Die Menschen grüßten sie mit Handkuss oder Verneigung. In Tempelgebäuden von gigantischen Ausmaßen praktizierte man die kultische Verehrung vor überlebensgroßen Standbildern des Kaisers. Große Städte wie zum Beispiel Ephesus, in der einst Paulus die Briefe an seine Gemeinden verfasst hatte, konkurrierten gegeneinander um den großartigsten Tempel oder die aufwändigsten Feiern zu Ehren des Kaisers. Im alltäglichen Ablauf der Menschen trat der Kaiser, der doch eigentlich im fernen Rom sitzend seinen Untertanen niemals begegnete, ständig auf, wenn die Menschen mit Münzen bezahlten, auf denen sich Domitian als Jupiter mit Blitz in der Hand abbilden ließ. Die Botschaft war klar und eindeutig: Dein Kaiser in Rom, mächtig wie ein Gott, ist dein ständiger Begleiter. Auch in Briefen, im privaten wie im öffentlichen Bereich, wurden die Menschen ständig an ihren göttlichen Kaiser erinnert, wenn die Datierungen mit dem Hinweis auf das soundsovielte Regierungsjahr des Herrn und Gottes Domitian zu versehen waren.

Für die Jesusnachfolger, die ihren Gott als den einzig existenten Gott betrachteten und andere göttliche Wesen ablehnten, war der Kaiserkult eine ungeheuerliche Herausforderung, gar Provokation. Für die Juden, die ebenfalls nur an den einen Gott glaubten, war die Situation einfacher zu ertragen, da sie immerhin seit Jahrzehnten von einer verpflichtenden Teilnahme am Staatskult befreit waren. Zu den Kultfeiern mussten sie nicht erscheinen. Andererseits konnten sie dann auch nicht an den ausgelassenen und fröhlichen Stadtfesten anlässlich der Kultfeierlichkeiten teilnehmen. Einige litten sehr unter solcher sozialer Ausgrenzung, da sie sich mit ihren Familien zunehmend am Rand oder gar außerhalb der Gesellschaft bewegten.

Wenn sich nun auch die Messiasgläubigen bei solchen Feierlichkeiten zurückhielten, ihre Teilnahme bei Opferveranstaltungen vollständig verweigerten, dann deutete man dies auf Seiten der kaiserlichen Behörden bald als ein politisches Zeichen, das gegen den Römischen Staat gerichtet sei. Die Messiasgläubigen galten dann als politische Saboteure, gerieten unter den Generalverdacht, den Staat nicht unterstützen zu wollen – zumal sie ja einen Gekreuzigten als ihren Herrn verehrten, also einen als politischen Aufrührer Verurteilten. Was lag da näher als zu vermuten, dass es sich bei dieser neuen Sekte um eine staatszersetzende Organisation handle?

Jedenfalls hatte Kaiser Domitian ein erhebliches Interesse daran, die Bewohner seiner Provinzen und Städte unter seiner Person zu einer Einheit verschmelzen zu lassen. In der Provinz Asia stachelte er einen Wettstreit unter den dortigen Städten an: Dem Kaiser besonders treu ergebene Städte bekamen Ehrentitel verliehen, was zur Folge hatte, dass sie aus der kaiserlichen Schatulle Fördermittel zum Bau sakraler und anderer repräsentativer Gebäude erhalten konnten. Pompöse und von den Stadtbewohnern stark frequentierte Kultfeiern und Opferzeremonien wurden in Rom als Zeichen starker Zuneigung für den Kaiser aufgefasst. Wenn da nun einzelne Gruppen der städtischen Gesellschaft diesen Wettbewerb nicht unterstützten, hatte dies Folgen für die ganze Stadt und ihr Wohlergehen. Deswegen wurden Messiasgläubige immer wieder einmal denunziert, nicht an der Kaiserverehrung teilgenommen zu haben.[380]

In den Gemeinden der Messiasgläubigen entbrannte eine lebhafte Diskussion darüber, inwieweit man sich denn den Kultfeierlichkeiten und Opferzeremonien entziehen könne. Ist es angemessen, das Wohlergehen der eigenen Stadt aufs Spiel zu setzen? Sollte man dem gesellschaftlichen Leben fernbleiben? Oder ist man nicht durch den Glauben an den einen Gott und Retter sowieso über alle Götzendienerei erhaben? Ist es wirklich angemessen, am Geburtstag des Kaiser zu Hause sitzen zu bleiben, während der Rest der Stadt sich bei den bunten Umzügen durch die Stadt vergnügt, die Opferrituale an den Altären bestaunt und bei den öffentlichen Gastmählern an den Tischen sitzt? Wenn man nicht mehr die Wettkämpfe zu Ehren des Kaisers als Zuschauer im Theater oder in der Arena besucht und sich am Enthusiasmus berauscht? Wenn man all die Volksfeste ignoriert, bei denen für irgendwelche Götzen Schafe, Ziegen und Rinder geopfert werden, ihr Fleisch zum Verzehr angeboten wird, die Reste der Opfergaben wie Honig, Wein, Brot und Kuchen dem Volk geschenkt werden? Wenn man auf all die kulinarischen Genüsse verzichtet, die für mittellose Menschen sonst unerschwinglich waren? Und vor allem: Macht man sich nicht vollends zu Außenseitern, wenn man bei den gemeinschaftlichen Opferhandlungen durch sein Fehlen auffällt, wenn es darum geht, Seuchen abzuwehren oder Naturgewalten vorzubeugen? Begibt man sich dann nicht endgültig in die soziale Isolation?

Es gab einige angesehene Lehrer und Propheten unter den Messiasgläubigen, die solche Fragen mit einer klaren Haltung beantworteten, die eine Teilnahme der Jesusnachfolger am bunten gesellschaftlichen Leben weiterhin zuließ. Um nicht vollends alle Freuden im Leben aufgeben zu müssen, empfahlen solche wortführenden Männer und Frauen beispielsweise, das Opferfleisch, das bei Volksfesten, Feiern und Einladungen angeboten wurde, freudvoll zu verspeisen, weil ein Opfer für einen nicht existierenden Götzen gar kein Opfer sei. Um etwa als Kleinunternehmer, die auf Geschäftsessen mit Kunden oder Klienten angewiesen waren, seine eigene Existenz nicht aufs Spiel setzen zu müssen, ermutigten sie zu einer Teilnahme an Gastmählern, auch wenn dort Fleisch aus den Opferzeremonien angeboten wurde. Wer fest im Glauben an den einen Gott stehe, begebe sich nicht in die Gefahr, durch das Essen von Götzenopferfleisch seinen Herrn zu verraten. So etwas stelle keinen Abfall vom Glauben dar. Solche Empfehlungen zu einem laxen Umgang mit Götzenopfern forderten wiederum einige konservative Messiasgläubige heraus. Für sie war schon eine geringfügige Anpassung an Götzendienerei gleichzusetzen mit einem Abfall von der Reinheit des Glaubens der Jesusnachfolger. Die attraktiven, ausgelassenen Feierlichkeiten zum Kaiserkult und zu den Götzenopfern, die mehrtägigen Feste mit den üppigen öffentlichen Gastmählern galten ihnen als Versuchungen, denen ein wahrer Jesusnachfolger zu widerstehen habe.

Auf solchem Hintergrund verfasste ein messiasgläubiger Seher sein Buch der Offenbarung. Er zählte zu jenen Jesusnachfolgern, die einen laxen Umgang mit den Vorschriften heftig kritisierten. In emotionalen Worten wendete er sich direkt an Gemeinden in Pergamon und in Thyatira und forderte von den Gemeindemitgliedern dort, dass sie wenigstens die Mindeststandards hinsichtlich des Umgangs mit den Kultfeierlichkeiten einhielten (Offenbarung 2,14–24). Der Seher, der ebenfalls den nicht seltenen Namen Johannes trug, warnte vor Fehlverhalten, kritisierte die Kraftlosigkeit des Glaubens, durch den einige Messiasgläubige bedroht seien: »Werde wach und stärke, was noch übrig ist, was schon im Sterben lag! Denn ich habe nicht gefunden, dass deine Taten in den Augen meines Gottes vollkommen sind« (3,2). Er malte eindrückliche Bilder, um zu beschreiben, welche Folgen das Verhalten eines jeden Messiasgläubigen haben werde.

Um deutlich zu machen, dass er unmittelbar auf das Verhalten der Messiasgläubigen einwirken wollte, verlieh Johannes seinem Buch der Offenbarung den Einstieg eines Briefes: »Johannes an die sieben Gemeinden in der Provinz Asien: Gnade sei mit euch und Friede von ihm, der ist und der war und der kommt« (1,4). Er lobte die treuen Gläubigen, die im Angesicht des Satans Nachstellungen erleiden mussten. Denn im Angesicht der Leib und Leben bedrohenden Gefahr waren sie standhaft und kompromisslos in ihrem Gauben geblieben, trotz der Bedrängnisse, die ihnen widerfahren waren (2,9.13). Einige Messiasgläubige sind für ihre Haltung ins Gefängnis geworfen worden, einer ist sogar bereits getötet worden.[381]

Johannes blieb auch im Angesicht drohender Gefahren überzeugt, dass man seinen Glauben an den Messias Jesus kompromisslos auszuleben habe, alles andere sei nicht heilvoll. Sicher, die gegenwärtige Welt werde vom Kaiser beherrscht wie von einem wilden Tier. Die Priester der Kaiserkulte waren wie ein zusätzliches Untier, das von Allen Loyalität und Anbetung einfordert.[382] Natürlich, der Seher nahm das Unrecht wahr, das im Römischen Imperium um sich griff, er sah das in Strömen fließende Blut der leidenden Menschen, er beobachtete die Gewaltserien, er fühlte die Schmerzen der Gewaltopfer. All dies beschrieb er in seinem Buch, aber nicht als einen Blick in die Zukunft, nicht so, als würde er eine künftige Tragödie heraufziehen sehen, sondern seine Worte malten die Katastrophe der Gegenwart auf. Der Seher Johannes schilderte, wie das wilde Untier in der jetzigen Welt herumwütet. Und deutlich wollte er seine Leserschaft darauf hinweisen, dass mit diesem Tier seiner Offenbarung niemand Anderes gemeint ist als Kaiser Domitian, der die Menschen leiden lässt. Deshalb ließ Johannes in einer seiner Visionen die Ältesten, während sie Siegeskränze vor dem Thron Gottes niederlegten, sagen: »Würdig bist du, Herr, unser Gott« (4,11). Die Anspielung war eindeutig. Denn als »dominus et deus noster«, als: unser Herr und Gott, ließ sich Kaiser Domitian anreden.[383] Jedem war diese Formel für den Kaiser bekannt. Die Botschaft des Sehers war klar: Nicht der Kaiser, nicht Domitian, war der würdige Herr, sondern allein Gott, der Gott der Messiasgläubigen. Immer wieder wies Johannes in solchen versteckten Vergleichen darauf hin, dass man als Jesusnachfolger dem Kaiser Domitian keinerlei Unterstützung und Verehrung zukommen lassen dürfe.[384]

Johannes hatte Jahre zuvor bereits die Gräuel des Jüdischen Krieges unmittelbar miterlebt, die Gewalt in Jerusalem, die Schreie der Sterbenden, die Brutalität der Soldaten. Er hatte die Zerstörung des gewaltigen Tempels mit ansehen müssen. Der Ort, an dem er als Priester die Rituale durchgeführt hatte, war bis auf den letzten Stein zerschlagen worden. Jetzt lebte er auf einer Insel in der Ägäis und schrieb seine Visionen nieder, in denen er das Imperium, Rom, als die große Hure Babylon beschrieb, die nach Blut giert,[385] die den heiligen Ort Gottes zerstört hat. Tagtäglich spürte er die Todesgefahr, in der jeder schwebte, der sich dem Imperium nicht unterordnete – obwohl man sich doch nur dem Messias Jesus unterzuordnen habe. Eine Anerkennung des römischen Kaisers war für den Seher daher unvorstellbar. Ein Mitlaufen bei den Götzenopfern, und sei es nur durch den Fleischverzehr, war für ihn das gleiche wie eine Zustimmung zu den Machenschaften des Reiches. Deshalb forderte er eine kompromisslose Verweigerungshaltung, eine vollständige Enthaltung vom System der Römer, das gewaltdurchtränkt war, während doch Gott und Jesus für die Liebe standen.

Aber Johannes verblieb nicht dabei, nur die Schrecken der gegenwärtigen Welt zu umschreiben. Es würde keinesfalls alles im Untergang enden. Sein zentrales Thema war vielmehr der Sieg Gottes, der nach seiner Ansicht trotz aller Widerfahrnisse sicher bevorstand. Johannes setzte dem Römischen Reich, den gegenwärtigen Verhältnissen, die auch durch ein Mitläufertum unterstützt würden, eine neu geordnete Welt entgegen. Gegen die imperiale Macht stellte Johannes die Vision vom neuen Jerusalem, der himmlischen Stadt aus Gold und Edelsteinen, viel prachtvoller als das bloß aus Marmor errichtete Rom (Offenbarung 21,9–27). Den Leiden in der gegenwärtigen Welt stellte Johannes den Glanz der bald erscheinenden neuen Welt entgegen, um den Messiasgläubigen Hoffnung und Mut zu machen, weiterhin konsequent dem Kaiser und dem Reich zu widerstehen.

Johannes war nicht der einzige Jesusnachfolger, der in diesen Zeiten zum Schreibwerkzeug griff, um wankelmütige Messiasgläubige zu einer konsequenten Glaubensnachfolge zu ermutigen. Dass die Gemeindemitglieder der Jesusnachfolger sozial isoliert waren und mit Bestrafungen oder Sanktionen zu rechnen hatten, beschrieb auch jemand, der, anders als Johannes oder einst Paulus, seinen eigenen Namen nicht preisgeben wollte. Stattdessen suchte er nach einem Pseudonym, unter dessen Autorität er seine Empfehlungen stellen konnte. Er suchte nach einem Vorbild für seine Glaubensgenossen, das ähnlich wie sie selbst unsicher im Glauben war, aber dessen Leben dennoch als Belohnung für Glaubensstärke aufgefasst werden konnte. Dem unbekannten Verfasser kam Petrus in den Sinn: Dieser längst verstorbene Jesusjünger hatte einst aus Angst und Unsicherheit verleugnet, zu den Jesusnachfolgern zu gehören, war aber letzten Endes doch mutig bis zum Martyrium für seinen Glauben eingestanden.[386]

Unter dem Pseudonym des Petrus traute sich der unbekannte Verfasser, Empfehlungen an die Messiasgläubigen auszusprechen, die sich wie Fremde in der römischen Welt fühlten und leidvollen Erfahrungen der Ausgrenzung ausgesetzt waren. Der Unbekannte wollte die Glaubenden stärken, ihre Haltung stabilisieren, ihnen schreiben, um »zu ermahnen und zu bezeugen, dass es die rechte Gnade Gottes ist, in der ihr steht« (1 Petrusbrief 5,12[387]). Der Verfasser wollte seine Leserinnen und Leser dahin führen, dass sie das gegenwärtige Leiden als eine Form der Annahme vor Gott verstehen: »Denn es ist eine Gnade, wenn jemand deswegen Kränkungen erträgt und zu Unrecht leidet, weil er sich in seinem Gewissen nach Gott richtet« (2,19). Das Leiden der Messiasgläubigen, ihr Ausgegrenztsein ließ sich so als die rechte Nachfolge im Leiden des Messias Jesus interpretieren. Der Messias und sein Leiden wurden zum Vorbild für alle Jesusnachfolger stilisiert: »Christus hat für euch gelitten und euch ein Beispiel gegeben, damit ihr seinen Spuren folgt. Da Christus gelitten hat, wappnet auch ihr euch mit diesem Gedanken« (2,21; 4,1). So nahm der Verfasser des ersten Petrusbriefes die Geschehnisse und Ängste seiner Zeit auf, um den Jesusnachfolgern Empfehlungen und Hoffnung an die Hand zu geben.[388]

Der Glaube an den Messias Jesus, der seinen Ursprung in dem Glauben des kleinen Bergvolkes der Judäer an ihren Gott Jahwe hatte, war nun also im Römischen Imperium, im Weltreich angekommen. Von den abgelegenen Bergen in Palästina hatte sich der Glaube an den einen Gott im ganzen Römischen Reich und darüber hinaus verbreitet. Der Gott, der allein von den Judäern angebetet worden war, war inzwischen zum Gott vieler Menschen aus vielen Völkern geworden. Er war nicht mehr auf den Tempel in Jerusalem zentriert, sondern auf die Figur des Jesus von Nazareth, den die Messiasgläubigen als den Sohn Gottes verstanden und über den sie predigten. Vom Glauben der Menschen an den Gott

Jahwe und an den Messias Jesus erzählen die Schriften der Bibel, die von vielen unterschiedlichen Menschen niedergeschrieben wurden.

Nachwort

Das Buch endet hier. Zufällig? – Es ist immer schwierig zu entscheiden, womit man bei einer Geschichte aufhört. Selbst als alle biblischen Schriften, also diejenigen Schriften, die heute den biblischen Kanon bilden, verfasst waren, war es noch ein langer Weg, bis »Bibel« endgültig vorlag. Lange blieb offen, welche Schriften tatsächlich zum Kanon der biblischen Schriften, der »Heiligen Schrift« zählen sollten. Das Buch endet hier, weil die Menschen hinter den biblischen Texten, die Verfasser und Verfasserinnen der biblischen Schriften, nahezu alle vorgestellt sind. Das Thema des Buches sind die Lebensumstände dieser Menschen, die ihre Erfahrungen mit Gott niedergeschrieben haben. Mit der Kenntnis solcher Hintergründe können wir die biblischen Schriften besser einordnen, verstehen und interpretieren, anwenden in der heutigen Zeit. Selbstverständlich gibt es weitere Menschen und weitere Texte aus der Antike, die sich mit Jahwe oder mit dem christlichen Gott beschäftigt haben. Da gibt es ein so genanntes Protoevangelium des Jakobus, das das Familienleben Marias vor der Geburt Jesu beschreiben will. Oder das Thomasevangelium, das eine Spruchsammlung Jesu enthält. Oder den Brief des Clemens, ein Schreiben der römischen Messiasgläubigen des ersten Jahrhunderts an die Glaubensbrüder in Korinth. Oder viele Andere. Sie werden hier nicht behandelt, weil diese Schriften keinen Eingang in die Bibel gefunden haben. Der Prozess der Zusammenstellung der biblischen Schriften, die Frage, welche Schriften zum biblischen Kanon zu rechnen sind, zog sich über viele Jahrzehnte hinweg. Bei einigen der hier vorgestellten Schriften – wie dem Hebräerbrief oder der Offenbarung – blieb es in der Antike lange Zeit umstritten, ob sie tatsächlich zum biblischen Kanon zählen sollten oder nicht. Sie wurden schließlich doch hinzugerechnet, die Entscheidung ist nun einmal so gefallen, mehr oder minder zufällig ...

Weniger zufällig ist die Arbeit an diesem Buch verlaufen. Anlass dazu gab mir mein befreundeter Kollege Jan Crummenerl, der – ohne es zu wissen – mich zu der Idee inspiriert hat, ein Buch zu verfassen, das die Menschen hinter den Bibeltexten und ihre historischen Rahmenbedingungen vorstellt. Diese abstrakte Idee nahm dann Gestalt an während der Corona-Monate, als das soziale Leben lange stillstand. Sie verschwand danach zunächst in einer »digitalen Schublade«, weil vieles Andere wichtig wurde, bis sie doch in Form dieses Buches greifbar geworden ist. Dankenswerterweise hat es die Evangelische Verlagsanstalt in ihr Programm aufgenommen, ein besonderer Dank geht an Frau Christina Wollesky, die mir mit vielen Ratschlägen zur Seite stand. Auch Fabian Brenner möchte ich danken, weil seine Hilfe die Erstellung der Druckvorlage deutlich erleichtert hat. Der entscheidende Dank geht an meine liebe Familie, an meine Frau, die mich durch ihre Liebe und Langmut, Treue und Zuspruch trägt (1 Korinther 13,4-5), und an meine beiden Kinder, die mich stolz und glücklich machen (3 Johannes 4).

Kleine Zeittafel

Die nachfolgende Übersicht führt wichtige Ereignisse oder Personen sowie die Ursprünge einiger biblischer Schriften in ungefährer zeitlicher Zuordnung auf.

Epoche der assyrischen Herrschaft:

882–871	Omri, König von Israel	(alte) Psalmen
871–852	Ahab, König von Israel	(Teile von) Exodus
852–851	Ahasja, König von Israel	Genesis 25.27–33
851–845	Joram, König von Israel	Genesis 13.18f.21f
787–747	Jerobeam II., König von Israel	
745–726/7	Tiglat-Pileser III., König von Assyrien	
732–723	Hoschea, (letzter) König von Israel	Amos, Hosea
726/7–721/2	Salmanassar V., König von Assyrien	Richter 6–8.14–15
725–697	Hiskija, König von Juda	Josua 2–9, Exodus
721/2–705	Sargon V., König von Assyrien	Jesaja, Micha
705–680	Sanherib, König von Assyrien	
697–642	Manasse, König von Juda	
680–669	Asarhaddon, König von Assyrien	
669–631?	Assurbanipal, König von Assyrien	
639–609	Joschija, König von Juda	
627–612	Sin-sarru-iskun, König von Assyrien	
622	Renovierung des Tempels in Jerusalem	Dtn. 12–26, Zefanja,
612	Zerstörung Ninives	Habakuk
609	Joahas, König von Juda	
608	Untergang des assyrischen Imperiums	

Epoche der babylonischen Herrschaft:

609–598	Jojakim, König von Juda	Jeremia
605–562	Nebukadnezar II., König von Babylonien	
598–597	Jojachin, König von Juda	
596–586	Zidkija, (letzter) Herrscher in Jerusalem	
586	Zerstörung Jerusalems	Klagelieder, Ezechiel

562–560	Armel-Marduk, König von Babylonien	Dtn., Josua, Richter
539	Untergang des babylonischen Reiches	Samuel, Könige

Epoche der persischen Herrschaft:

559–530	Kyros II., König von Persien	
539	Einmarsch der Perser in Babylonien	Jesaja 40ff
522?	Serubbabel, persischer Beauftragter in Jerusalem	Haggai, Sacharja
522–486	Darius, König von Persien	Torah
465–424	Artaxerxes I., König von Persien	
404–358	Artaxerxes II., König von Persien	Ruth, Sprichwörter

Epoche der griechisch-römischen Herrschaft:

332	Eroberung Palästinas durch Alexanders Heer	Kohelet, Hiob
301–200	Herrschaft der ptolemäischen Könige von Ägypten über Palästina	Propheten, Esra Nehemia, Chronik
230?–160?	Lebenszeit Jesus Sirach	
215–196	Simon II., Hoherpriester in Jerusalem	
200–142	Herrschaft der seleukidischen Könige von Syrien über Palästina	
187–175	Seleukos IV., König von Syrien	
175–163	Antiochus IV., König von Syrien	
168	Aufstand der Makkabäer gegen Antiochus	Makkabäer, Judith, Esther, Daniel
63	Eroberung Palästinas durch die Römer	
9 v.–40 n. Chr.	Aretas IV., König von Arabien	Weisheit
14–37	Tiberius, Kaiser in Rom	
41–54	Claudius, Kaiser in Rom	
51–52	Gallio, römischer Statthalter in Korinth	
54–68	Nero, Kaiser in Rom	Paulusbriefe
69–79	Vespasian, Kaiser in Rom	Markus
79–81	Titus, Kaiser in Rom	Lukas, Matthäus, Apostelgeschichte
81–96	Domitian, Kaiser in Rom	Jakobus, Petrus, Offenbarung
98–117	Trajan, Kaiser in Rom	Johannesev., Johannesbriefe, Hebräer, Judas

Anmerkungen

[1] M. Dibelius, Geschichte der urchristlichen Literatur, Band I, Berlin 1926, 6.

[2] In der wissenschaftlichen Forschung wird das Jahr der Zerstörung Jerusalems entweder auf 587 v. Chr. oder auf 586 v. Chr. angesetzt. Letztere Datierung ergibt sich aus der antiken neubabylonischen Chronik (vgl. O. Keel, Die Geschichte Jerusalems und die Entstehung des Monotheismus, Göttingen 2007, 760), erzeugt allerdings ein Problem in der biblischen Chronik nach Jeremia 46,2 und 2 Könige 24f, das sich überzeugend nur lösen lässt, indem man annimmt, dass der letzte König Judas, Zidkija, von Nebukadnezar erst nach einiger Zeit der Vakanz des Königsthrons als Nachfolger seines nach Babylon deportierten Vorgängers Jojachin im Jahre 597 eingesetzt worden ist. Zur Datierung der Zerstörung Jerusalems in das Jahr 586 v. Chr. vgl. O. Lipschits, The Fall and Rise of Jerusalem, Winona Lake 2005, 74f; ferner G. Galil, The Chronology oft the Kings of Israel and Judah, Leiden 1996, 108–126.153–158. Mit der Bezeichnung »zündendes Ereignis« soll hier nicht angedeutet werden, dass ab diesem Zeitpunkt eine radikale Veränderung stattgefunden habe (dagegen zu Recht M.Z. Brettler in Catholic Biblical Quartely 1999, 429–477), sondern dass dieses einschneidende Ereignis Anlass zu einer allmählichen, in ihrer Auswirkung jedoch radikalen Veränderung gegeben hat.

[3] A. von Harnack, Mission und Ausbreitung des Christentums, Leipzig 1924, 50.

[4] O. Keel, Die Geschichte Jerusalems und die Entstehung des Monotheismus, 2 Bände, Göttingen 2008; R. Albertz, Religionsgeschichte Israels in alttestamentlicher Zeit, 2 Bände, Göttingen 1996; Einleitung in das Alte Testament, hg. von E. Zenger, Stuttgart 2016; M. Weippert, Jahwe und die anderen Götter, Tübingen 2019; C. Frevel, Geschichte Israels, Stuttgart 2018; P. Vielhauer, Geschichte der urchristlichen Literatur, Berlin 1978; H. Köster, Einführung in das Neue Testament, Berlin 1980. Grundlegende Literatur zu den jeweiligen Kapiteln: H. Spieckermann, Juda unter Assur zur Sargonidenzeit, Göttingen 1982; Good Kings and Bad Kings, hg. von L.L. Grabbe, London 2007 (zum Kapitel »Ein kleines Bergkönigreich«); A. Schoors, Die Königreiche Israel und Juda im 8. und 7. Jahrhundert v. Chr., Stuttgart 1998; E. Blum, Studien zur Komposition der Vätergeschichte, Neukirchen 1984; ders., Studien zur Komposition des Pentateuch, Berlin 1990; Berliner Theologische Zeitschrift, Anfänge und Ursprünge der Jahwe-Verehrung, Berlin 2013; I. Finkelstein, Das vergessene Königreich, München 2014 (zum Kapitel »Flüchtlinge aus dem Norden«); I. Finkelstein/N.A. Silberman, David und Salomo, München 2006 (zum Kapitel »(K)ein Held der guten alten Zeit«); R. Albertz, Die Exilszeit, Stuttgart 2001; G. Fischer, Jeremia, Leipzig 2015; R.G. Kratz in: Rezeption und Auslegung im Alten Testament und in seinem Umfeld, hg. von ders./T. Krüger, Fribourg/Göttingen 1997, 9–27

(zum Kapitel »Wer trägt die Schuld am Niedergang?«); D.V. Edelman, The Origins of the »Second« Temple, London 2005; Einleitung in das Alte Testament, hg. von E. Zenger, Göttingen 2010 (zum Kapitel »Auf in die Zukunft«); P. Schäfer, Geschichte der Juden in der Antike, Tübingen 2010 (zum Kapitel »Torah, Religion und das Leben«); R. Riesner, Die Frühzeit des Apostels Paulus, Tübingen 1994; Paulus Handbuch, hg. von F.W. Horn, Tübingen 2013 (zum Kapitel »Zwischen zwei Welten«); P. Perkins, Introduction to the Synoptic Gospels, Grand Rapids 2007; Einleitung in das Neue Testament, hg. von M. Ebner/S. Schreiber, Stuttgart 2020 (zum Kapitel »Angekommen in der anderen Welt«).

[5] Vgl. 2 Könige 22,3–11.

[6] Vgl. The Ancient Near East in Pictures relating to the Old Testament, hg. von J.B. Pritchard, London 1974, Nr. 447. Diese so genannte Siegesstele des Asarhaddon ist heute im Vorderasiatischen Museum in Berlin zu bewundern.

[7] Vgl. Historisches Textbuch zum Alten Testament, hg. von M. Weippert, Göttingen 2010, Nr. 188 und Nr. 191. Eine assyrische Inschrift nennt Manasse als Teilnehmer des Feldzugs von König Assurbanipal nach Ägypten im Jahre 667 v. Chr. Eine andere Inschrift zählte zuverlässige Vasallen Assyriens auf, darunter auch Manasse von Juda in einer Reihe mit den benachbarten Königen von Tyrus, von Edom und von Moab.

[8] Vgl. 2 Könige 21,16, auch das Buch Nahum könnte eine Beschreibung der unterdrückerischen und despotischen Elemente der Regierungszeit Manasses bieten. Nahum dichtete Spottlieder auf die Unterdrücker und versuchte so, dem Volk Mut zu machen.

[9] Vgl. Zefanja 3,5.

[10] Vgl. 2 Könige 21,5.

[11] Vgl. 2 Könige 16,10–16.

[12] Vgl. O. Keel/M. Küchler, Orte und Landschaften der Bibel, Göttingen 1982.

[13] Vgl. 2 Könige 23,12; Jeremia 19,13; 32,29.

[14] Vgl. Ilias Buch IX, 381ff.

[15] Mitglieder der Familie Schafans traten immer wieder auf politischer Bühne in den Vordergrund. Schafans Sohn Ahikam (2 Könige 22,12–14; Jeremia 26,24) war vermutlich als Palastvorsteher unter Joschija und später dessen Sohn Jojakim einer der höchsten königlichen Beamten, ebenfalls königliche Minister oder hohe Beamte waren Schafans Söhne Elasa und Gemarja, der Enkel Michaja und ferner der Enkel Gedalja (Jeremia 36,10–13; 29,3; 40,5ff; 43, 6; 2 Könige 25,22–25). Sie alle waren konsequente Verehrer des Gottes Jahwe bei gleichzeitig politisch gemäßigtem Realismus, traten somit stets für eine Unterwürfigkeit gegenüber den Mächtigen (zuerst den Assyrern, später den Babyloniern) ein. Es sind überdies Siegel und Siegelabdrücke aus dem späten 7. Jh. v. Chr. mit den Namen Schafan, Ahikam Ben Schafan und Gemarja Ben Schafan nachgewiesen (vgl. Handbuch der althebräischen Epigraphik, hg. von J. Renz/W. Röllig, Darmstadt 1998, II/2.1.52, 3.28 u. ö.).

[16] Gemäß 2 Könige 22,3 trug Schafan den Titel eines Schreibers, war damit jedenfalls Inhaber eines der höchsten Staatsämter. Ob Schafan auch der Erzieher des unmündigen Königs gewesen ist, mag möglich sein; vgl. E.A. Knauf/H.M. Niemann, Geschichte Israels und Judas im Altertum, Berlin 2021, 284f.

[17] Vgl. H. Shanks, Jerusalem, New York 1995, 48.

[18] Zu den Inhalten der Tempelrenovierung unter Joschija vgl. C. Hardmeier in: R. Lux (Hg.), Erzählte Geschichte, Neukirchen 2000, 81–145; C. Uehlinger in: W. Groß (Hg.), Jeremia und die »deuteronomistische« Bewegung, Weinheim 1995, 57–89; W. Dietrich, Von David zu den Deuteronomisten, Stuttgart 2002, 199–216; T. Römer in: Rethinking Israel, hg. von O. Lipschits u. a., Winona Lake 2017, 329–339.

[19] Vgl. 2 Könige 22,3–8.
[20] Vgl. 2 Könige 22,5–7.
[21] Vgl. 2 Könige 22,12–20.
[22] Vgl. O. Keel, Gott weiblich, Gütersloh 2008, 49; auch Jeremia 7,17–19; 44,15–19.
[23] Vgl. Zefanja 1,4–9.
[24] Vgl. Zefanja 2,3; 3,10–12.19.
[25] Elemente davon finden wir heute in Ausschnitten des Buches Deuteronomium (Dtn), in den Kapiteln 12 bis 26. Diese biblische Schrift, auch das Fünfte Buch Mose genannt, stellt das letzte der fünf Bücher der jüdischen Torah dar. Sein griechischer Name Deuteronomium bedeutet übersetzt: Zweites Gesetz. Diesen Namen trägt die Schrift, weil ihr Inhalt nahezu ausschließlich aus einer komprimierten Wiederholung – oder besser: Kommentierung – der gesetzlichen Vorschriften aus den vorangehenden Büchern besteht. Kennzeichnend ist dabei ein besonderer, nämlich ermahnender Stil. Bis in das Jahr 622 v. Chr. reichen die Wurzeln des Dtn, in dem wir heute so zentrale Botschaften finden wie die Zehn Gebote (vgl. Dtn 5,6–21) oder das Sch'ma Israel (»Höre Israel, Jahwe ist unser Gott, Jahwe ist einer«), das häufig als jüdisches Glaubensbekenntnis bezeichnet wird (dessen Übersetzung aus dem hebräischen Urtext schwierig ist, wörtlich steht dort: »Höre Israel, Jahwe Gott Jahwe eins«). In seiner heutigen Form bildet das Dtn so etwas wie die »theologische Mitte« des Ersten Testaments, wenn nicht der ganzen Bibel: Orientierungspunkt für Fragen des Gottesrechts, der Prophetie, des Geschichtsverständnisses, der Glaubensgrundsätze und nicht zuletzt der Idealvorstellung einer Gesellschaft, die in geschwisterlicher Liebe vereint ist. Die Stoßrichtung der Bergpredigt oder der Aufbau christlicher Gemeindestrukturen sind bereits in der im Dtn entworfenen Gesellschaftsvorstellung angelegt. Ähnliches gilt für das Bekenntnis zu dem einen Gott, die Hoffnung auf Gottes Eingreifen in der Welt oder Vorschriften für Feiern und Wallfahrten. Diese heutige Form des Dtn geht also im Kernbestand auf die 20er Jahre des siebten vorchristlichen Jahrhunderts zurück. Vgl. Einleitung in das Alte Testament, hg. von E. Zenger, Göttingen 2010, 144; W. Dietrich, Die Entstehung des Alten Testaments, Stuttgart 2014, 53ff.
[26] Und heute findet sich dies in Teilen der Kapitel 12–26 des Buches Deuteronomium (Dtn). Schon 1805 hatte der Theologe W.M.L. de Wette in seiner »Dissertatio critico exegetica« die Meinung vertreten, das Buch Dtn sei identisch mit jenem laut 2 Könige 22,3–11 unter Joschija im Tempel aufgefundenen Buch. Bereits einige antike Bischöfe (Athanasius, Chrysostomos, Hieronymus) hatten auf diese Identität hingewiesen. Diese These lässt sich vollständig so nicht aufrecht erhalten und wurde durch die kritische Wissenschaft vielfach modifiziert (vgl. R. Albertz). Aber dass Ursprünge gesetzlicher Vorschriften des Dtn in der Schriftrolle zu finden sind, die Schafan einst Joschija überreichte, ist ein allgemeiner Konsens der Wissenschaft.
[27] Gemäß Lutherübersetzung 2017.
[28] Gemäß Lutherübersetzung 2017.
[29] Vgl. H.U. Steymans, Deuteronomium 28 und die adē zur Thronfolgeregelung Asarhaddons, Göttingen 1995, 284f.
[30] Gemäß Lutherübersetzung.
[31] Vgl. E. Otto in: Zeitschrift für Altorientalische Rechtsgeschichte 1996, 1–52.
[32] Vgl. Deuteronomium 28,23f.
[33] Vgl. E.A. Knauf in: Rethinking Israel, hg. von O. Lipschits u. a., Winona Lake 2017, 159–172.
[34] Auch wenn das Nordreich Israel als *chiefdom* oder ähnliche regional begrenzte Landeseinheit schon vor Omri Bestand hatte, galt aus dem Blickwinkel des Auslands jedenfalls

Omri als Begründer des dortigen Staates. Noch lange nach dessen Tod sprechen assyrische Inschriften (zum Beispiel auf dem so genannten Schwarzen Obelisk des Salmanassar III., der heute im Londoner British Museum zu bewundern ist, vgl. Historisches Textbuch zum Alten Testament, hg. von M. Weippert, Göttingen 2010, Nr. 113) sowie eine Bemerkung auf einer Stele des Königs Mescha von Moab (vgl. ebd., Nr. 105) von »Omris Land« und von Eroberungen durch Omri, für weitere Belege vgl. C. Frevel, Geschichte Israels, Stuttgart 2018, 211.

[35] König Menahem von Israel ist in assyrischen Inschriften mehrfach belegt. So wird zum Beispiel in den Annalen des assyrischen Großkönigs Tiglat-Pileser III. König Menihimme von Samaria als tributleistender Vasall aufgelistet (vgl. Altorientalische Texte zum Alten Testament, hg. von H. Greßmann, Berlin 1926, 346).

[36] Vgl. Ancient Near Eastern Texts relating to the Old Testament, hg. von J.B. Pritchard, Princeton 1969, 284; Altorientalische Texte zum Alten Testament, hg. von H. Greßmann, Berlin 1926, 348, Historisches Textbuch zum Alten Testament, hg. von M. Weippert, Göttingen 2010, Nr. 147–149. Dort wird bestätigt, dass der Vorgänger Hoscheas auf dem Thron, Pekach, gewaltsam gestürzt worden ist.

[37] Von einem König in Samaria ist in Sanheribs Annalen bereits keine Rede mehr, vgl. Altorientalische Texte zum Alten Testament, hg. von H. Greßmann, Berlin 1926, 348ff.

[38] Die Zerstörung israelitischer Städte und Dörfer im ausgehenden 8. Jahrhundert v. Chr. ist archäologisch gut dokumentiert. Und umgekehrt konnte die Archäologie die Vergrößerung der Grundfläche Jerusalems in dieser Zeit nachweisen. Die Ankunft und Ansiedlung von Flüchtlingen ist archäologisch gut abgesichert. Vgl. O. Keel, Die Geschichte Jerusalems und die Entstehung des Monotheismus, Göttingen 2007; E. Gaß in: Zeitschrift des Deutschen Palästina-Vereins 2017, 53–83.

[39] Vgl. O. Keel/C. Uehlinger, Göttinnen, Götter und Gottessymbole, Fribourg 2001, 237f. Die Karawanserei in Kuntillet Adschrud wurde bis zur Mitte des 8. Jahrhunderts genutzt. Auch auf Grabsteinen eines Friedhofs in Chirbet el-Kom wurden entsprechende Inschriften gefunden, die Jahwe von Samaria in einem Atemzug mit »seiner Aschera« nennen.

[40] Gemäß Lutherübersetzung 2017.

[41] Gemäß Lutherübersetzung 2017.

[42] Die Psalmen 18, 21, 24, 29 und 65 zählen zu den unbestritten ältesten Psalmen.

[43] Vgl. K. Schmid, Literaturgeschichte des Alten Testaments, Darmstadt 2008, 85–91; E. Blum, Der historische Mose und die Frühgeschichte Israels, in: Hebrew bible and Ancient Israel 2012, 37–63; J.C. Gertz, Grundinformation Altes Testament, Göttingen 2010, 289–291; C. Frevel, Wo und wann lernt Israel seinen Gott kennen, in: Welt und Umwelt der Bibel 2/2019, 36–41.

[44] Vgl. die sogenannte Mescha-Stele, auf der Jahwe als Gott der Omriden in Israel genannt wird (vgl. Historisches Textbuch zum Alten Testament, hg. von M. Weippert, Göttingen 2010, Nr. 105).

[45] Die besondere Rolle, die Jahwe für das Reich Israel erhielt, nachdem Omri König geworden war, lässt sich auch daran ablesen, dass Ahab, der Sohn des Dynastiegründers Omri, seinen eigenen Kindern, also den potentiell zukünftigen Regenten des Reiches, nun Jahwe-haltige Namen gab: Ahasja (»Jahwe hat ergriffen«), Joram (»Jahwe ist erhaben«), Atalja (»Jahwe herrscht«).

[46] Vgl. Jesaja 5,25; 10,6.

[47] Sprichwörter 27,15.

[48] Vgl. M. Peetz, Das biblische Israel, Freiburg 2018, 121f.

[49] Gemäß Lutherübersetzung 2017.

[50] Sprichwörter 19,4.
[51] Gemäß Lutherübersetzung 2017.
[52] Vgl. Amos 7,10–13.
[53] Wer heute beispielsweise Amos 2,4–5 liest, erkennt deutlich die Perspektive einer Zeit nach dem Untergang des Reiches. Und noch später hinzugefügt sind die Worte in Amos 9,11–13, die nun plötzlich eine glückliche Zukunft prophezeien, was zur Erfahrungswelt und dem Deutungshorizont des Amos nicht passt.
[54] Vgl. Hosea 1,2–4,7; 9,7–9.
[55] Vgl. E.A. Knauf/H.M. Niemann, Geschichte Israels und Judas im Altertum, Berlin 2021, 250.
[56] Vgl. I. Finkelstein in: Zeitschrift für die alttestamentliche Wissenschaft, 2015, 188–206.
[57] Vgl. die Überlieferungen in Richter 6–8 (Gideon), Richter 14–15 (Simson), Josua 2–9 (Stadteroberungen), denen man hohes Alter zuspricht.
[58] Wenn man heute Richter 4,4a.5a.6a.7.10a.12.13.14b.15b hintereinander liest, erhält man einen Eindruck von der ursprünglichen Überlieferung der bezeichneten Schlacht.
[59] Diesen Entstehungsmythos des Heiligtums in Beth-El finden wir heute in Genesis 28,20–22.
[60] Vgl. Genesis 36,8.
[61] Vgl. Genesis 28,2.
[62] Vgl. E. Blum, Die Komposition der Vätergeschichte, Neukirchen 1984, 66–203; E.A. Knauf/H.M. Niemann, Geschichte Israels und Judas im Altertum, Berlin 2021, 183–189.
[63] Vgl. Genesis 19,37f.
[64] Vgl. K. Schmid in: Identität und Schrift, hg. von M. Grohmann, Neukirchen 2017, 33–67.
[65] Vgl. A. Faust in: Exploring the Narrative, hg. von E. van der Stehen, London 2014, 256–285; C. Frevel, Geschichte Israels, Stuttgart 2018, 278–281.
[66] Vgl. 2 Könige 21,19.
[67] Sanherib berichtet in seinen Annalen, er habe Hiskija »wie einen Vogel im Käfig in Jerusalem eingeschlossen«; vgl. Textbuch zur Geschichte Israels, hg. von K. Galling, Tübingen 1968, 69.
[68] Die Diskussion um Unterwerfung oder Widerstand bestimmte alle Königshöfe jener Zeit, vielfach wurde gegen assyrerfreundliche Könige geputscht und antiassyrische Könige traten an deren Stelle; vgl. E.A. Knauf/H.M. Niemann, Geschichte Israels und Judas im Altertum, Berlin 2021, 260–263.
[69] Vgl. Jesaja 19, 1–17; 2 Könige 20,12–18.
[70] Vgl. 2 Könige 19.
[71] Vgl. O. Keel, Die Geschichte Jerusalems und die Entstehung des Monotheismus, Göttingen 2007, 417.
[72] Vgl. Micha 2,1–2.8–9.
[73] Vgl. Micha 3,11.
[74] Es begegnet uns heute in mehrfach überarbeiteter Form im Buch Exodus 20,24–23,13. M. Noth schreibt dazu: »Es ist wahrscheinlich, daß diese Zusammenstellung einmal ein selbständiges Rechtsbuch dargestellt hat« (Das zweite Buch Mose, Göttingen 1959, 139).
[75] Vgl. L. Schwienhorst-Schönberger, Das Bundesbuch, Berlin 1990, 415f.
[76] Vgl. O. Keel, Die Geschichte Jerusalems und die Entstehung des Monotheismus, Göttingen 2007, 335.
[77] Vgl. O. Keel, die Geschichte Jerusalems und die Entstehung des Monotheismus, Göttingen 2007, 211f.

[78] Vgl. I. Finkelstein/N.A. Silberman, David und Salomo, München 2006, 231–233; M. Peetz, Das biblische Israel, Freiburg 2018, 79–82. Zeitgenössische textliche oder archäologische Nachweise zum Königtum Davids sind bislang kaum aufgetaucht, dennoch kann an der Geschichtlichkeit der Person David nicht mehr gezweifelt werden, seit im Jahre 1993 eine Inschrift gefunden wurde: Auf der Stele eines aramäischen Königs aus dem späten 9. Jh. v. Chr. oder dem frühen 8. Jh. v. Chr. wird ein »König aus dem Haus Davids« genannt (vgl. Historisches Textbuch zum Alten Testament, hg. von M. Weippert, Göttingen 2010, Nr. 116), also eine damals bestehende königliche Dynastie auf einen David zurückgeführt. Vgl. S.L. McKenzie, König David, Berlin 2002, 14ff.

[79] Vgl. C. Frevel, Geschichte Israels, Stuttgart 2018, 205f.

[80] Von den vierzehn biblischen Königen des Nordreiches Israel seit Omri sind zehn auch in assyrischen oder aramäischen Inschriften belegt (vgl. C. Frevel, Geschichte Israels, Stuttgart 2018, 211) oder durch archäologische Funde in Samaria nachweisbar (vgl. M. Peetz, Das biblische Israel, Freiburg 2018, 121f).

[81] Die Geschichte in 1 Könige 10,1–13 liest sich heute als eine Legende, die gut in die Zeit Hiskijas im 8. Jahrhundert v. Chr., aber so gar nicht in das 10. Jahrhundert, die Zeit Salomos passt. Vgl. O. Keel, Die Geschichte Jerusalems und die Entstehung des Monotheismus, Göttingen 2007, 262.

[82] Vgl. Historisches Textbuch zum Alten Testament, hg. von M. Weippert, Göttingen 2010, Nr. 105.

[83] Die hier und im Folgenden angeführten Bibelverse werden von den Forschern mehrheitlich zu sehr alten Notizen gezählt, die möglicherweise auf traditionelle Überlieferungen zurückgehen; vgl. W. Dietrich, David, Leipzig, 2006.

[84] In den so genannten Amarna-Briefen (vgl. Historisches Textbuch zum Alten Testament, hg. von M. Weippert, Göttingen 2010, Nr. 43–62) sind die Verhältnisse in Palästina gut bezeugt. So beschwert sich beispielsweise der Stadtkönig Abdihiba von Jerusalem bei seinem Herrn, dem Pharao Ägyptens, über die Unsicherheit in seinem Land, die durch die Gruppe der »Habiru« und deren Überfälle geschürt werde.

[85] Vgl. H. Niemann in: Kein Land für sich allein, hg. von U. Hübner/E.A. Knauf, Fribourg 2002, 70–91.

[86] Vgl. O. Keel, Die Geschichte Jerusalems und die Entstehung des Monotheismus, Göttingen 2007, 169–171.268–277.

[87] Vgl. O. Keel, Geschichte Jerusalems, Göttingen 2007, 181.

[88] Vgl. die Armana-Briefe Nr. 60(ff).73f.104 in: Texte aus der Umwelt des Alten Testaments, Neue Folge Band 3, hg. von B. Janowski/G. Wilhelm, Göttingen 2006, 205–229.

[89] Vgl. S. Schorch in: Zeitschrift für die alttestamentliche Wissenschaft 2000, 598–611.

[90] Das Reich und die Herrschaft Davids hat weder archäologisch noch epigraphisch Spuren hinterlassen. Bis heute existieren also weder Ausgrabungen noch Inschriften, die sich explizit auf einen König David in Palästina vor rund dreitausend Jahren zurückführen lassen. Allein ein 1993 aufgefundener Text auf einer Stele aus dem 9. oder 8. Jahrhundert v. Chr. erwähnt einen »König aus dem Hause Davids«. Vgl. Historisches Textbuch zum Alten Testament, hg. von M. Weippert, Göttingen 2010, Nr. 116. Vgl. auch A. Lemaire in: Biblical Archaeological Review 1994, 639–666.

[91] Vgl. A. Berlejung in: Grundinformation Altes Testament, hg. von J.C. Gertz, Göttingen 2010, 105.

[92] Vgl. S. Isser, The Sword of Goliath, Atlanta 2003.

[93] Zweifellos konnten die Schreiber des Hiskija auf verschiedene Vorlagen zurückgreifen, auf ältere Erzählungen und Texte. In der Forschung wird diskutiert, ob die so genannte

Aufstiegsgeschichte Davids (von seiner Jugend bis zur Eroberung Jerusalems) bereits im 9. Jh. v. Chr. schriftlich fixiert worden sein könnte (vgl. W. Brueggemann, David's Truth in Israel's Imagination and Memory, Philadelphia 1985) oder aus sehr viel späterer Zeit stamme (vgl. J. van Seters, In search of History, London 1983). Jedenfalls unstrittig ist, dass vereinzelte Angaben sehr präzise Kenntnisse über die Verhältnisse im Palästina des 10. Jhs. verraten (vgl. I. Finkelstein/N.A. Silberman, David und Salomo, München 2006, 37–39), andere Stellen hingegen die Aufnahme mythischer Epen und Heldenbeschreibungen deutlich hervortreten lassen (vgl. 2 Samuel 21,16–22).

94 Vgl. G. Hentschel in: Einleitung in das Alte Testament, hg. von E. Zenger u. a., Stuttgart 2006, 236.

95 Vgl. W. Dietrich/S. Münger in: Saxa Loquentur, hg. von C.G. den Hertog u. a., Münster 2003, 39–54; H. Bezzel, Saul, Tübingen 2015, 141–234. Es gibt zu Saul keine archäologischen Nachweise, keine Nennungen in zeitgenössischen Quellen, seine lokal begrenzte Herrschaft weist keinerlei Anzeichen einer staatlichen Organisation (wie Steuersystem, Beamtenapparat, Wirtschaftsorganisation oder Residenzort mit Monumentalbauten) auf. Historisch handelte es sich bei Saul vermutlich um den Anführer eines Clans, der sich nach der Weissagung eines Gottesmannes in kriegerischen Auseinandersetzungen hervortat (vgl. 1 Sam. 9,1–10,16; 11; 14,47–51). Eine andere Sichtweise vertritt der Archäologe I. Finkelstein, der vorschlägt, dass der ägyptische Pharao Schoschenk I. in den 20er Jahren des 10. Jhs. v. Chr. einen Feldzug gegen Saul unternahm, weil dieser in Palästina zu mächtig und einflussreich geworden sei (vgl. I. Finkelstein, in: Zeitschrift des Deutschen Palästina-Vereins 2002, 109–135).

96 Es handelt sich um den Kern des heutigen Buches Deuteronomium.

97 Wir finden diese Notiz heute an dieser wenig prominenten Stelle in der Bibel versteckt, aber sie wurde nicht vollständig unterdrückt. Vgl. S.A. Nitsche, König David, Zürich 1994, 39f.

98 Vgl. W. Dietrich in: Zeitschrift für die alttestamentliche Wissenschaft 1996, 172–191 (dort wird das Wachsen der Tradition von Elhanans Erschlagung des Goliat hin zur Geschichte Davids mit dem Riesen nachgezeichnet).

99 Vgl. I. Finkelstein/N.A. Silberman, David und Salomo, München 2006, 174f.

100 Vgl. O. Kaiser in: Die sogenannte Thronfolgegeschichte Davids, hg. von A. De Pury/T. Römer, Fribourg/Göttingen 2000, 94–122.

101 Vgl. I. Finkelstein/N.A. Silberman, David und Salomo, München 2006, 97–107, die darauf hinweisen, dass der höfische Hintergrund in den Thronfolgeerzählungen nur in die Zeit eines etablierten Königtums mit ausgebildetem königlichen Hof und Adelsschicht wie im 7. Jh. v. Chr. in Jerusalem passt und nicht in die Zeit Davids, als es noch keine sozialen Statusunterschiede zwischen königlicher Familie und einfachem Volk, sondern eher eine tribal-dörfliche Gesellschaftsstruktur gegeben hat, in der ein Anführer und seine Klientel höchstens voran-, aber nicht hochgestellt waren. Vergleichbare Dynastieerzählungen und Geschichten zur Thronfolgefrage finden sich auch vielfach in Propagandainschriften Assyriens im 7. Jh., vgl. Texte aus der Umwelt des Alten Testaments I/4, hg. von O. Kaiser, Gütersloh 1984, 393–397.

102 Vgl. T. Veijola, Die ewige Dynastie, Helsinki 1975.

103 Vgl. Jeremia 38,2.

104 Vgl. Obadja 14.

105 Die neubabylonische Chronik berichtet davon, dass Nebukadnezar Zidkija einst »nach seinem Herzen« als König ausgewählt hatte (vgl. Historisches Textbuch zum Alten Testament, hg. von M. Weippert, Göttingen 2010, Nr. 258).

[106] Vgl. W. Mayer in: J. Hahn, Zerstörungen des Jerusalemer Tempels, Tübingen 2002, 1–22; R. Albertz in: ebd., 23–39; R. Albertz, Die Exilszeit, Stuttgart 2001, 54.
[107] Vgl. 2 Könige 25,8–19 und Jeremia 52,12–23. Bis heute gedenkt das Judentum dieser Zerstörung jährlich im Juli/August am Feiertag Tischa beAw.
[108] Vgl. besonders Klagelied 1,3–5.11.18–20; 2,2.7–12.20f; 5,2–5.8–10.18.
[109] Fünf davon fanden Eingang in die Bibel. Das älteste unter ihnen ist Klagelied 2. Vgl. U. Berges, Klagelieder, Freiburg 2012, 133f. Zwar werden die Klagelieder seit der Antike traditionell als »Klagelieder Jeremias« bezeichnet, doch sprechen u. a. inhaltliche Divergenzen (vgl. I. Meyer in: Einleitung in das Alte Testament, hg. von E. Zenger, Stuttgart 2010, 480) gegen eine Verfasserschaft durch den Propheten Jeremia. Vgl. C. Westermann, Die Klagelieder, Neukirchen 1990, 82–95.
[110] In ihrem ursprünglichen historischen Zusammenhang sind die Klagelieder gedichtet worden als Klagepoesie und fanden als solche allmählich Eingang in die liturgischen Gottesdienstformate der Jahwegläubigen, die keine Opferrituale mehr in ihrem zerstörten Tempel vollführen konnten, bis die Lieder schließlich zum religiösen Kanon zählten, die immer dann gesungen wurden, wenn die Zeiten zu Klagen riefen. Und so finden die Klagelieder immer wieder Verwendung in Situationen des unfassbaren Leidens, bei kirchlichen Klagefeiern im Kriegswinter 1944/1945, in Pestepidemien des Mittelalters, in jüdischen Liturgien am Gedenktag zur Zerstörung des Tempels (Tischa beAw), in der katholischen Liturgie der Karwoche.
[111] Vgl. W.L. Holladay, Jeremiah 1, Philadelphia 1986, 17.
[112] Vgl. O. Keel, Die Geschichte Jerusalems und die Entstehung des Monotheismus, Göttingen 2007, 515–517. Zur kurzen Regierungszeit von Schallum Joahas vgl. 2 Könige 23, 31–35 und Jeremia 22,10–12; auch 1 Chronik 3,15; Ezechiel 19,3f.
[113] Vgl. O. Keel, Die Geschichte Jerusalems und die Entstehung des Monotheismus, Göttingen 2007, 607–609.
[114] Vgl. Jeremia 20,6; 23,17.
[115] Vgl. Jeremia 36,1–10.
[116] Vgl. H.J. Stipp, Studien zum Jeremiabuch, Tübingen 2015, 381–408; G. Wanke, Jeremia, Zürich 2003, 332–340. Vgl. Jeremia 36,21–26.
[117] Vgl. Jeremia 26,20–23.
[118] Vgl. Jeremia 26,11; 11,21.
[119] Genannt werden u. a. die Söhne Ahikam (Jeremia 24,24) und Gemarjahu (36,25) sowie der Enkel Michajahu (36,11).
[120] Vgl. u. a. Jeremia 46, 20–24.
[121] Vgl. Jeremia 22, 24–30.
[122] Vgl., M. Peetz, Das biblische Israel, Freiburg 2018, 174f.
[123] Vgl. Jeremia 27.
[124] Vgl. Jeremia 28.
[125] Gemäß Lutherübersetzung.
[126] Vgl. O. Keel, Die Geschichte Jerusalems und die Entstehung des Monotheismus, Göttingen 2007, 733–755.
[127] Vgl. Jeremia 29.
[128] Vgl. Historisches Textbuch zum Alten Testament, hg. von M. Weippert, Göttingen 2010, Nr. 257.
[129] Vgl. Jeremia 34,1–7; 37,3–38,24.
[130] Vgl. O. Keel, Die Geschichte Jerusalems und die Entstehung des Monotheismus, Göttingen 2007, 761.

[131] Wir finden ihn heute in 2 Könige 18f. Vgl. C. Hardmeier, Prophetie im Streit vor dem Untergang Judas, Berlin 1989, 287–407.
[132] Wie verzweifelt und hoffnungslos die Lage der Judäer war, lassen die erhaltenen Briefe von judäischen Offizieren aus der Stadt Lachisch erahnen (vgl. Historisches Textbuch zum Alten Testament, hg. von M. Weippert, Göttingen 2010, Nr. 261–264).
[133] Vgl. B. Oded in: Immigration and Emigration within the Ancient Near East, hg. von K. van Lesberghe/A. Schoors, Leuven 1995, 205–212. Vgl. Ezechiel 3,15.
[134] Vgl. I.E. Pearce in: Centers and Peripheries in the Early Second Temple Period, hg. von E. Ben Zvi/C. Levin, Tübingen 2016, 43–64.
[135] Vgl. Ezechiel 20,1; 33,31.
[136] Vgl. Ezechiel 11,15.
[137] Vgl. H. Spieckermann in: Biblica 1992, 1–31.
[138] Gemäß Lutherübersetzung.
[139] Vgl. Ezechiel 1,1f.
[140] Vgl. Ezechiel 2,8–3,3.
[141] Vgl. Ezechiel 4.
[142] Vgl. Ezechiel 5,1–4.
[143] Vgl. Ezechiel 12,1–20.
[144] Vgl. Ezechiel 24,1–4.
[145] Vgl. Ezechiel 33,21f.
[146] Vgl. W. Zimmerli, Ezechiel, Neukirchen 1979; M. Konkel, Architektur des Heiligen, Berlin/Wien 2001, 3–7. Die Ansicht, das biblische Ezechiel-Buch stamme vollständig vom Propheten, vertritt M. Greenberg, Ezechiel, Freiburg 2001/2005, die These, das gesamte Buch entstamme nur dem Schülerkreis, vertritt U. Feist, Ezechiel, Stuttgart 1995.
[147] Vgl. Jeremia 30–33.
[148] Vgl. G. Fischer, Jeremia, Leipzig 2015, 64–67.88.23–236. Zu den in der Wissenschaft diskutierten Modellen der allmählichen Entstehung des Jeremiabuchs vgl. F.-J. Backhaus/I. Meyer in: Einleitung in das Alte Testament, hg. von E. Zenger, Stuttgart 1995, 469f.
[149] Vgl. R. Albertz, Religionsgeschichte Israels in alttestamentlicher Zeit, Göttingen 1992, 388f.
[150] Vgl. R. Albertz, Religionsgeschichte Israels in alttestamentlicher Zeit, Göttingen 1992, 395–397.
[151] Vgl. R. Albertz, Die Exilszeit, Stuttgart 2001, 230f.
[152] Vgl. die Auflistung der Vergehen des Nordreichs in 2 Könige 17,7–23.
[153] Die wissenschaftliche Forschung streitet um den exakten Datierungszeitraum der Entstehung des deuteronomistischen Geschichtswerks (DtrG), seine genauen Quellen, seinen Umfang. Sicher ist, dass das Geschichtswerk in der Zeit des Exils im Wesentlichen seine heutige Form (von Dtn über Josua, Richter, 1/2 Samuel bis 1/2 Könige) annahm, aber noch viele weitere Jahrzehnte Erweiterungen erfuhr. Vgl. G. Braulik in Einleitung in das Alte Testament, hg. von E. Zenger, Stuttgart 2006, 195ff; H.-D. Hoffmann, Reform und Reformen, Zürich 1980, 15ff.
[154] Wir finden sie heute, wie schon gesagt, im Buch Deuteronomium.
[155] Heute die Bücher Josua und Richter.
[156] Heute die beiden Samuelbücher, die sich mit Saul und David beschäftigen.
[157] Heute die beiden Königebücher.
[158] Vgl. 1 Könige 8,16.

[159] Vgl. 1 Könige 15,5. Davids Verfehlungen hinsichtlich der Schwängerung Batsebas und des Auftragsmordes an ihrem Ehemann Urija (2 Samuel 11) gelten aus Sicht des DtrG nicht als Verfehlungen, denn sie betreffen »nur« soziales Verhalten. Die Verfasser des DtrG bewerteten aber nur hinsichtlich der Frage, ob man angemessen und einzig Jahwe verehrt und auf Fremdgötterkulte verzichtet hat.
[160] Vgl. 2 Samuel 5,6–6,19.
[161] Vgl. 1 Könige 5,18.
[162] Vgl. 1 Könige 11,1–8.
[163] Vgl. 1 Könige 15,12f.
[164] Vgl. 2 Könige 11,17f.
[165] Vgl. 2 Könige 16,2–4.
[166] Vgl. 2 Könige 18,4.
[167] Vgl. 2 Könige 21,2–7.
[168] Vgl. 2 Könige 21,10–12.
[169] Vgl. 2 Könige 22,20.
[170] Vgl. R. Albertz, Religionsgeschichte Israels in alttestamentlicher Zeit, Göttingen 1992, 397–413.
[171] Vgl. 2 Könige 23,4–20.
[172] Vgl. 2 Könige 23,31–25,21.
[173] Vgl. 2 Könige 23,30–25,30.
[174] Vgl. B.J. Collinet, Die letzten Könige von Juda, Göttingen 2019, 61-226.
[175] Vgl. E. Blum, Die Komposition der Vätergeschichte, Neukirchen 1984, 271–360.
[176] Vgl. K. Schmid in Grundinformation Altes Testament, hg. von J.C. Gertz, Göttingen 2010, 387–389; E. Zenger, Einleitung in das Alte Testament, Stuttgart 2006, 525–527. 556–558; J. Wöhrle, Die frühen Sammlungen des Zwölfprophetenbuchs, Berlin 2006, 54–240; R. Albertz, Die Exilszeit, Stuttgart 2001, 164–185.
[177] Vgl. R. Albertz, Religionsgeschichte Israels in alttestamentlicher Zeit, Göttingen 1992, 428–431.
[178] Vgl. auch Jesaja 5,26–30; 6,11f; 8,17; 14,24–27.
[179] Religionsgeschichtlich betrachtet ist dies kein einmaliger Vorgang. Auch die babylonischen Marduk-Priester betrachteten den Fremden Kyros als von ihrem Gott Auserwählten, der Babylon einnehmen soll, weil der in Babylon regierende König Nabonid dem Gott Marduk nicht genügend Verehrung zuteilwerden ließ – so die Inschrift auf dem so genannten Kyros-Zylinder, der 1879 entdeckt wurde und heute im Londoner British Museum zu betrachten ist (vgl. Historisches Textbuch zum Alten Testament, hg. von M. Weippert, Göttingen 2010, Nr. 273).
[180] Diese Schrift finden wir heute weitgehend in Jesaja 40–66.
[181] Vgl. R. Albertz, Religionsgeschichte Israels in alttestamentlicher Zeit, Göttingen 1992, 432f.
[182] Das schon früher im Dtn formulierte Erste Gebot (»Ich bin Jahwe, dein Gott, ... du sollst neben mir keine anderen Götter haben«, Dtn 5,6f) argumentiert noch nicht monotheistisch, sondern setzt die Existenz anderer Götter, die verehrt werden *könnten*, explizit voraus.
[183] Die so genannten Gottesknechtslieder (Jesaja 42,1–4; 49,1–6; 50,4–9; 52,13–53,12) zeichnen Israel als den Knecht Gottes, der die neue Ordnung Gottes zu den Völkern bringen soll. Dabei muss er Leid erdulden. Auf diese Weise wurde der politische Untergang des Südreiches als notwendig gedeutet, weil Israel sonst nicht als Gesandter erkannt worden wäre.

[184] Vgl. R. Albertz, Religionsgeschichte Israels in alttestamentlicher Zeit, Göttingen 1992, 433–443.
[185] Vgl. R. Albertz, Die Exilszeit, Stuttgart 2001, 94; A. Grund, Die Entstehung des Sabbats, Tübingen 2011; K. Grünwald, Exil und Identität, Frankfurt 1992; V. Wagner in Vetus Testamentum 2010, 447–464.
[186] Vgl. C. Frevel, Geschichte Israels, Stuttgart 2018, 325f. Vgl. insbesondere das 1893 aufgefundene Archiv des Bankhauses, das aus über 700 Tontafeln bestand (vgl. Historisches Textbuch zum Alten Testament, hg. von M. Weippert, Göttingen 2010, Nr. 274–281).
[187] Vgl. E.A. Knauf/H.M. Niemann, Geschichte Israels und Judas im Altertum, Berlin 2021, 328–334.342f; M. Peetz, Das biblische Israel, Freiburg 2018, 188–197.
[188] Vgl. O. Keel, Die Geschichte Jerusalems, Göttingen 2007, 852.
[189] Vgl. Historisches Textbuch zum Alten Testament, hg. von M. Weippert, Göttingen 2010, Nr. 274.
[190] Vgl. Haggai 1,6.10–11.
[191] Vgl. Sacharja 7,3.
[192] Vgl. Sacharja 7,3.7; 8,16f.
[193] Vgl. E.A. Knauf/H.M. Niemann, Geschichte Israels und Judas im Altertum, Berlin 2021, 324f.
[194] Vgl. Haggai 1,1.
[195] Vgl. Haggai 1,14f.
[196] Vgl. Haggai 2,1–9.18.
[197] Vgl. Haggai 2,6–9.21f.
[198] Vgl. Haggai 2,23.
[199] Vgl. Sacharja 6,10–14.
[200] Vgl. R. Albertz, Religionsgeschichte Israels, Göttingen 1992, 471; vgl. Esra 5; Sacharja 3,1–7.
[201] Vgl. Sacharja 9–14; Maleachi 1–3.
[202] Vgl. R. Albertz, Religionsgeschichte Israels, Göttingen 1992, 504f.
[203] Vgl. Exodus 1–20.
[204] Vgl. E. Blum, Studien zur Komposition des Pentateuch, Berlin 1990, 164–216.
[205] Vgl. Genesis 12–35.
[206] Vgl. Genesis 37–50.
[207] Vgl. K. Schmid in: Abschied vom Jahwisten, hg. von J.C. Gertz u. a., Berlin 2002, 83–118.
[208] Es lohnt sich, die Darstellung der Priesterschrift in Exodus 6,2–12 mit der alternativen Überlieferung in Exodus 3,1–13 zu vergleichen.
[209] Die biblische Schöpfungserzählung lehnt sich an den babylonischen Weltschöpfungsmythos Enuma Elisch an (vgl. J.C. Gertz in: Zeitschrift für Theologie und Kirche 2009, 137–155), die Sintfluterzählung nimmt Elemente des babylonischen Atrahasis-Epos und der elften Tafel des Gilgamesch-Epos auf (vgl. S.W. Holloway in: Zeitschrift für die alttestamentliche Wissenschaft 1991, 328–355).
[210] Vgl. E. Blum, Studien zur Komposition des Pentateuch, Berlin 1990, 229–360. Die wissenschaftliche Forschung ist in der Frage nach der Entstehung des Pentateuch (so die wissenschaftliche Bezeichnung der Fünf Bücher Mose) nach wie vor uneins. In Teilen ähnliche Modelle wie Blum vertreten R.G. Kratz, Die Komposition der erzählenden Bücher des Alten Testaments, Göttingen 2000; K. Schmid, Erzväter und Exodus, Neukirchen 1999; auch J.C. Gertz, Tradition und Redaktion in der Exoduserzählung, Göttingen 2000.

Weitere – dazu durchaus konträre – Modelle vertreten P. Weimar, Untersuchungen zur Redaktionsgeschichte des Pentateuch, Berlin 1977; E. Zenger in: Einleitung in das Alte Testament, Stuttgart 2006; E. Otto, Das Deuteronomium im Pentateuch und Hexateuch, Tübingen 2000. Zu den Vorstufen der Zusammenstellungen des Pentateuch vgl. R. Albertz, Religionsgeschichte Israels, Göttingen 1992, 502f.

[211] Vgl. beispielsweise Levitikus 24,10–23; Numeri 9,6–14; 15,32–36.

[212] Vgl. M. Peetz, Das biblische Israel, Freiburg 2018, 196f.

[213] Vgl. Nehemia 1–4.

[214] Vgl. Nehemia 5f; 13.

[215] Vgl. C. Frevel, Geschichte Israels, Stuttgart 2018, 349.

[216] Vgl. J.L. Ska in: Persia and Torah, hg. von J.W. Watts, Atlanta 2017, 161–182; S. Grätz in: Die Welt der Hebräischen Bibel, hg. von W. Dietrich, Stuttgart 2017, 96–110.

[217] Vgl. E.A. Knauf/H.M. Niemann, Geschichte Israels und Judas im Altertum, Berlin 2021, 354–356.

[218] Vgl. Exodus 19,9; 34,29–35.

[219] Vgl. E. Zenger in: Einleitung in das Alte Testament, hg. von E. Zenger, Stuttgart 2006, 124–135.

[220] Vgl. Maleachi 2,17; 3,5.14; Kohelet 4,1f.

[221] Vgl. Nehemia 5,1–5; Jesaja 58,3.7; Maleachi 1,7f; Psalm 94,4–6.

[222] Vgl. Esra 7,11–26; 9f.

[223] Vgl. E. Zenger in: Einleitung in das Alte Testament, Stuttgart 2006, 222–229.

[224] Vgl. Sprichwörter 26–29.

[225] C. Westermann, Forschung am Alten Testament, Band 1, München 1974, 149–161, belegt, dass die Sprüche zu den »Frevlern« erst nachträglich in die Proverbien-Schrift bzw. das Buch der Sprichwörter Eingang gefunden haben.

[226] Mit ähnlicher Stoßrichtung auch: Psalmen 49; 73 und 94.

[227] Vgl. zum Beispiel Hiob 20,19; 22,6,

[228] Zum Hiob-Buch vgl. M. Witte in: Grundinformation Altes Testament, hg. von J.C. Gertz, Göttingen 2010, 432–445.

[229] Vgl. Weisheit 1,16–4,20.

[230] Zur Schrift vgl. S. Schroer in: Einleitung in das Altes Testament, hg. von E. Zenger, Stuttgart 2006, 396–407.

[231] Vgl. Psalm 103.

[232] Vgl. 2 Makkabäer 4,7f.24.

[233] Vgl. B. Kollmann, Einführung in die neutestamentliche Zeitgeschichte, Darmstadt 2006, 16–38.

[234] Vgl. M. Hengel, Judentum und Hellenismus, Tübingen 1988, 108–198; G. Droysen, Geschichte des Hellenismus, hg. von K.M. Guth, Norderstedt 2014.

[235] Vgl. O. Keel, Die Geschichte Jerusalems, Göttingen 2007, 1154f.

[236] Vgl. Jesus Sirach 3,1–16; 4,4f; 5,1; 6,5–17; 7,32; 13,2–23; 24,23; 29,9–11; 31,1–32,13; 33,1f; 34,21–27; 38,1–15; 42,1f.

[237] Jesus Sirach: Prolog.

[238] Vgl. Jesus Sirach 49,10. In Jesus Sirach 44–49 verrät sich die Kenntnis des Verfassers über Torah, Prophetenbücher, König-Bücher, Nehemia-Schrift, Hiob-Schrift u. a.

[239] Vgl. zum Beispiel Joel 2,12 mit Hosea 14,2, Joel 4,16 mit Amos 1,2, Joel 2,14 mit Amos 5,15 oder Joel 4,18 mit Amos 9,13.

[240] Vgl. zum Beispiel Joel 2,1f mit Zefanja 1,14f, Joel 2,6 mit Nahum 2,11, Joel 2,13 mit Jona 4,2 oder – die wohl bekannteste Stelle – Joel 4,10 mit Micha 4,3.

[241] Vgl. Amos 9,12 mit der Vision des Obadja.
[242] Vgl. M. Beck, Der »Tag YHWHs« im Dodekapropheton, Berlin 2005, 24–310.
[243] Vgl. Micha 4,1–2; 5,14.
[244] Vgl. die Fortführung von Haggai 2,20–23 in Sacharja 1–7.
[245] Vgl. Maleachi 1,2.
[246] Vgl. E. Bosshard/R.G. Katz in: Biblische Notizen 1990, 27–46; O.H. Steck, Der Abschluss der Prophetie im Alten Testament, Neukirchen 1991.
[247] Zum Zwölfprophetenbuch vgl. E. Zenger in Einleitung in das Alte Testament, Stuttgart 2006, 517–586; K. Schmid in: Grundinformation Altes Testament, hg. von J.C. Gertz, Göttingen 2010, 372–412; James Nogalski, Redactional Processes in the Book of the Twelve, Berlin 1993.
[248] Vgl. O. Keel, Die Geschichte Jerusalems, Göttingen 2007, 993f.
[249] Vgl. 2 Chronik 8,13; 23,18; 30,16; 35,12.
[250] Vgl. 1 Chronik 21,28–29.
[251] Vgl. 1 Chronik 28,11–19 mit Exodus 25,9. David wurde so zum Gründer des Tempels, vgl. 1 Chronik 15,1–17; 21,26–22,19; 28,10–29,22.
[252] Vgl. 2 Chronik 33,12–17.
[253] Vgl. 2 Chronik 35,21.
[254] Zu den Chronikbüchern vgl. G. Steins in: Einleitung in das Alte Testament, hg. von E. Zenger, Stuttgart 2006, 249–262; R. Albertz, Religionsgeschichte Israels in alttestamentlicher Zeit, Göttingen 1992, 607–612.
[255] Vgl. Sirach 50.
[256] Vgl. 2 Makkabäer 3,6.
[257] Jesus Sirach: Prolog.
[258] Vgl. 2 Makkabäer 9.
[259] Vgl. 2 Makkabäer 7.
[260] Vgl. 1 Makkabäer 3,5; 7,24.
[261] Vgl. 1 Makkabäer 2, 51–62; 14,25–49.
[262] Zu den Makkabäerbüchern vgl. E. Haag, Das hellenistische Zeitalter, Stuttgart 2003, 142–167; A. Berlejung in: Grundinformation Altes Testament, hg. von J.C. Gertz, Göttingen 2010, 569–584.
[263] Zum Juditbuch vgl. H. Engel in: Einleitung in das Alte Testament, hg. von E. Zenger, Stuttgart 2006, 289–301.
[264] Zum Ester-Buch vgl. M. Witte in: J.C. Gertz, Grundinformation Altes Testament, Göttingen 2010, 482–489.
[265] Vgl. H. Niehr in: Einleitung in das Alte Testament, hg. von E. Zenger, Stuttgart 1990, 507–516.
[266] Zur Apokalyptik vgl. F. Hahn, Frühjüdische und urchristliche Apokalyptik, Neukirchen 1998; M. Tilly, Apokalyptik, Tübingen 2012. Die spätestens um 200 v. Chr. einsetzende Apokalyptik (der Schriften Daniel oder 1 Henoch) hat ihre Ursprünge bereits in der prophetischen Unheilsankündigung in staatlichen Zeit und der Heilsankündigung in exilischer Zeit und deren Übergang zu einer eschatologischen Prophetie in der Perserzeit.
[267] Vgl. Daniel 11,2–29.
[268] Vgl. Daniel 7,25.
[269] Vgl. Daniel 12,2.13.
[270] Vgl. Sacharja 10–14.
[271] Vgl. L. Doering in: Jesus Handbuch, hg. von J. Schröter/C. Jacobi, Tübingen 2017, 197–213.

[272] Vgl. Sacharja 1,3 sowie Markus 1,15.
[273] Vgl. Markus 12,28–32.
[274] Vgl. G. Theißen/A. Merz, Der historische Jesus, Göttingen 2011, 232–241.
[275] Vgl. U. Schnelle, Paulus, Berlin 2014, 100–102.
[276] Vgl. Philipperbrief 3,5–6; Galaterbrief 1,14.
[277] Vgl. Galaterbrief 3,13; 1 Korintherbrief 1,23.
[278] Vgl. Galaterbrief 1,13.23; U. Schnelle, Paulus, Berlin 2014, 74–77.
[279] Vgl. R. Riesner, Die Frühzeit des Apostels Paulus, Tübingen 1994, 129–139; H. Omerzu in Paulus Handbuch, hg. von F.W. Horn, Tübingen 2013, 55–58.
[280] Vgl. 1 Korintherbrief 3,11–15; 9,24–25.
[281] Vgl. T. Vegge in: Paulus Handbuch, hg. von F.W. Horn, Tübingen 2013, 66–72.
[282] Vgl. Galaterbrief 1,12.16; 1 Korintherbrief 9,1; Apostelgeschichte 9,3.
[283] Vgl. Jesaja 9,1; 49,6, zusammen mit Jesaja 9,5–6; 11,10ff.
[284] Vgl. R. Riesner, Die Frühzeit des Apostels Paulus, Tübingen 1994, 207–225; U. Schnelle, Paulus, Berlin 2014, 78–94.
[285] Vgl. G. Baltes in: Der jüdische Messias Jesus und sein jüdischer Apostel Paulus, hg. von A. Baum u. a., Tübingen 2016, 265–314.
[286] Vgl. B. Kollmann in: Paulus Handbuch, hg. von F.W. Horn, Tübingen 2013, 80–91.
[287] Vgl. 2 Korintherbrief 11,32–33. Vgl. E.A. Knauf in: Zeitschrift für die neutestamentliche Wissenschaft, 1983, 145–147.
[288] Vgl. Galaterbrief 1,18–19.
[289] Vgl. Apostelgeschichte 11,26; 13,1; 4,36–37. Vgl. K. Wengst, Wie das Christentum entstand, Gütersloh 2021, 77–93.
[290] Vgl. Apostelgeschichte 14,21–26.
[291] Vgl. Galaterbrief 2,1–10.
[292] Vgl. Apostelgeschichte 15,40–16,12; Philipperbrief 4,15–18.
[293] Vgl. 1 Thessalonicherbrief 2,2.17–18; 3,2; Apostelgeschichte 17,1–10; Römerbrief 15, 19.22–23.
[294] Vgl. die antiken Quellen: Sueton, Claudius 25,4; Orosius, Adversus paganos 7,6,15. Vgl. R. Riesner, Die Frühzeit des Apostels Paulus, Tübingen 1994, 139–180; D. Alvarez Cineira, Die Religionspolitik des Kaisers Claudius und die paulinische Mission, Freiburg 1999, 188–216; H. Omerzu, Der Prozeß des Paulus, Berlin 2002, 229–237.
[295] Vgl. 1 Thessalonicherbrief 2,7–20; 3,4; auch 1,4–10; 5,14.
[296] Vgl. Apostelgeschichte 18,2–8; 1 Korintherbrief 1,14–16.
[297] Vgl. 1 Korintherbrief 1,14–16; 16,15; Römerbrief 16,3.23. Krispus war möglicherweise Synagogenvorsteher (vgl. Apostelgeschichte 18,8).
[298] Vgl. C. Strecker in: Paulus Handbuch, hg. von F.W. Horn, Tübingen 2013, 238–243.
[299] Vgl. R. Riesner, Die Frühzeit des Apostels Paulus, Tübingen 1994, 181–189; Apostelgeschichte 18,12–17.
[300] Vgl. Galaterbrief 2,11–13; M. Hengel, Die Zeloten, Tübingen 2011, 345–348; J. Maier, Zwischen den Testamenten, Würzburg 1990, 173.
[301] Galaterbrief 2,14–16 (gemäß Übersetzung der BasisBibel).
[302] Vgl. Galaterbrief 5,2–4; 6,12–13.
[303] Vgl. Galaterbrief 1,7; 3,1; 5,12.
[304] Im Detail umfasste eine solche Rede ein exordium (im Galaterbrief 1,6–11), eine narratio (1,11–2,16), eine propositio (2,15–21), eine probatio (3,1–5,1) und eine peroratio oder conclusio (6,11–17). Vgl. H. D. Betz in: Paulinische Studien, hg. von H.D. Betz, Tübingen 1994, 63–97.

[305] Zum Galaterbrief vgl. D. Sänger in Paulus Handbuch, hg. von F.W. Horn, Tübingen 2013, 194–203.
[306] Vgl. Apostelgeschichte 19,8–10; 20,31.
[307] Vgl. 1 Korintherbrief 1–6.
[308] Vgl. H.D. Wendland, Die Briefe an die Korinther, Göttingen 1968, 16.
[309] Vgl. W. Schrage, Der erste Brief an die Korinther, Neukirchen 1991, 124–436.
[310] Vgl. 1 Korintherbrief 16,17.
[311] Vgl. 1 Korintherbrief 5–15. Zum 1 Korintherbrief vgl. P. Lampe in Paulus Handbuch, hg. von F.W. Horn, Tübingen 2013, 172–185.
[312] Vgl. auch 2 Korintherbrief 8–9; Römerbrief 15,25–28; Apostelgeschichte 20,4.
[313] Vgl. F.W. Horn in: Paulus Handbuch, hg. von F.W. Horn, Tübingen 2013, 116–119.
[314] Vgl. 2 Korintherbrief 2,17; 3,1; 10,1; 11,5–9.
[315] Übersetzung gemäß BasisBibel.
[316] Vgl. 2 Korintherbrief 11,5 (gemäß BasisBibel).
[317] Vgl. 2 Korintherbrief 1,15–16; 2,1–8; 7,12; 13,1–3.10.
[318] Vgl. 2 Korintherbrief 1,8–11; Philipperbrief 1,12–14; Apostelgeschichte 19,35–40.
[319] Vgl. Philipperbrief 2,15–27.
[320] Vgl. Römerbrief 15,23–28; 16,3–5; Apostelgeschichte 19,21.
[321] Vgl. 2 Korintherbrief 7,7.11.
[322] Vgl. Römerbrief 16,22–23.
[323] Zum 2 Korintherbrief vgl. N. Baumert, Mit dem Rücken zur Wand, Würzburg 2008; E. Gräßer, Der zweite Brief an die Korinther, Gütersloh 2002/2005; G. Bornkamm in: Studien zum Neuen Testament, hg. von G. Bornkamm, München 1985, 237–269.
[324] Vgl. P. Arzt-Grabner in: Paulus Handbuch, hg. von F.W. Horn, Tübingen 2013, 11–16; D. Trobisch, Die Entstehung der Paulusbriefsammlung, Fribourg/Göttingen 1989.
[325] Vgl. J. Herzer in: Paulus Handbuch, hg. von F.W. Horn, Tübingen 2013, 520–526; T. Schmeller, Schulen im Neuen Testament?, Freiburg 2001, 46–92.
[326] Zu den pseudopaulinischen Schriften (Kolosserbrief, Epheserbrief, Zweiter Thessalonicherbrief, Timotheusbriefe und Titusbrief) vgl. B. Heininger in: Paulus, hg. von O. Wischmeyer, Tübingen 2021, 513–556.
[327] »Lukas« war ein im 1. Jahrhundert durchaus gebräuchlicher Name. Ob der Autor des Lukasevangeliums auch diesen Namen trug, lässt sich nicht sicher bestimmen. Das Evangelium wurde ursprünglich anonym veröffentlicht, die Bezeichnung »Evangelium des Lukas« tauchte nachweisbar erst um 200 n. Chr. auf. Entsprechendes gilt für Markus und das Markusevangelium sowie Matthäus und das Matthäusevangelium. Falls der Autor des »Lukasevangeliums« den Namen »Lukas« trug, könnte es zudem möglich sein, dass es sich um denjenigen Lukas handelt, der im Philemonbrief 24, Kolosserbrief 4,14 und 2 Timotheusbrief 4,11 erwähnt wird und ein zeitweiliger Begleiter des Paulus und im Hauptberuf wohl Arzt gewesen ist.
[328] Vgl. Flavius Josephus, Jüdische Altertümer, übersetzt von H. Clementz, Köln 1959, XX 200; Johannesevangelium 21,18–19; S. Heid in: Petrus und Paulus in Rom, hg. von S. Heid, Freiburg 2011, 283–308; H.G. Thümmel, Die Memoiren für Petrus und Paulus in Rom, Berlin/New York 1999, 3–14.96–102.
[329] Vgl. J. Malitz in: Die römischen Kaiser, hg. von M. Clauss, München 2005, 86–94.
[330] Vgl. U. Schnelle, Die ersten 100 Jahre des Christentums, Göttingen 2016, 304–308.
[331] Vgl. Markusevangelium 13,2–8.
[332] Vgl. Markusevangelium 14,58.
[333] Vgl. U. Schnelle, Die ersten 100 Jahre des Christentums, Göttingen 2016, 314–316.

[334] Vgl. E. Plümacher in: The Unity of Luke-Acts, hg. von J. Verheyden, Leuven 1999, 759–775; D. Dormeyer, Das Neue Testament im Rahmen der antiken Literaturgeschichte, Darmstadt 1993, 199–228.
[335] Dass der Verfasser des Lukasevangeliums das Markusevangelium gekannt hat, ist Konsens in der wissenschaftlichen Forschung, vgl. U. Schnelle, Einleitung in das Neue Testament, Göttingen 2017, 210–216; M. Ebner in: Einleitung in das Neue Testament, hg. von M. Ebner/S. Schreiber, Stuttgart 2020, 73–91.
[336] Zur so genannten Logienquelle Q vgl. U. Schnelle, Einleitung in das Neue Testament, Göttingen 2017, 242–263; M. Ebner in: Einleitung in das Neue Testament, hg. von M. Ebner/S. Schreiber, Stuttgart 2020, 92–117.
[337] Vgl. Lukasevangelium 3,23–38.
[338] Vgl. Lukasevangelium 5,1–11.
[339] Vgl. Lukasevangelium 15,11–32.
[340] Vgl. Lukasevangelium 1,5; 2,1–2; 3,1–2.
[341] Zu Quellen und Absichten des Lukasevangeliums vgl. F. Bovon, Das Evangelium nach Lukas, Zürich/Neukirchen 1989, 14–24.
[342] Vgl. Martial, Epigramme, hg. von W. Hofmann, Frankfurt/Düsseldorf 1997, XIV 192.
[343] Vgl. H. Bellen, Grundzüge der römischen Geschichte II, Darmstadt 2009, 81–115; E.-M. Becker in: Die antike Historiographie und die Anfänge der christlichen Geschichtsschreibung, Berlin 2005, 213–236; J. Malitz in: Die römischen Kaiser, hg. von M. Clauss, München 2005, 86–94.
[344] Vgl. Markusevangelium 10,42–43; 15,39; auch 1,11; 9,7.
[345] Vgl. H.E. Mader, Markus und Paulus, Leiden 2020, 244–304.
[346] Vgl. H.W. Kuhn, Ältere Sammlungen im Markusevangelium, Göttingen 1970, 81–200; G. Theißen, Lokalkolorit und Zeitgeschichte in den Evangelien, Fribourg/Göttingen 1992, 201–211.
[347] Vgl. M. Ebner, Das Markusevangelium, Stuttgart 2009, 10–14.
[348] Das heutige Ende des Markusevangeliums (16,9–20) ist ein späterer Zusatz, den die ältesten Handschriften nicht kennen (vgl. K. Aland in: L'Evangile selon Marc, Leuven 1974, 435–470).
[349] Vgl. R.C. Tannehill, The Narrative Unity of Luke-Acts, Minneapolis 1986/1990.
[350] Vgl. M. Ebner in: Historiographie und Biographie im Neuen Testament und seiner Umwelt, hg. von T. Schmeller, Göttingen 2009, 34–61.
[351] Vgl. H. Conzelmann, Die Mitte der Zeit, Tübingen 1964, 158–219.
[352] Vgl. Apostelgeschichte 1,1.
[353] Vgl. Apostelgeschichte 1,8; 28,30–31.
[354] Vgl. Apostelgeschichte 8; 10.
[355] Vgl. Flavius Josephus, Der Jüdische Krieg, hg. von O. Michel/O. Bauernfeind, Darmstadt 2013, VII 218.
[356] Vgl. Sueton, Domitian, hg. von H. Martinet, Düsseldorf 1997, XII 2.
[357] Vgl. Matthäusevangelium 5,18.
[358] Matthäusevangelium 28,16–19 (Auszüge).
[359] Vgl. U. Luz, Das Evangelium nach Matthäus, Zürich/Düsseldorf 1997, 62–73.
[360] Vgl. Matthäusevangelium 9,36–11,1 (die sogenannte Jüngerrede); 12,1–53 (Gleichnisrede); 18,1–35 (Gemeinderede); 24,3–25,46 (Endzeitrede) und 5,3–7,27 (Bergpredigt).
[361] Vgl. M. Bachmann in: Er stieg auf den Berg ... und lehrte sie, hg. von H.U. Weidemann, Stuttgart 2012, 71–96.
[362] Vgl. Matthäusevangelium 5,17–20; 23,3.23.

[363] Vgl. Matthäusevangelium 23,1–3.
[364] Vgl. G. Theißen in: Polemik in der frühchristlichen Literatur, hg. von O. Wischmeyer u. a., Berlin 2010, 465–490.
[365] Galaterbrief 2,16.
[366] Vgl. Galaterbrief 3,6.
[367] Vgl. Jakbusbrief 2,8–16.
[368] Vgl. Jakobusbrief 1,27; 2,15–16; 5,1–6.
[369] Vgl. Jakobusbrief 4,13–5,6.
[370] Vgl. 2 Johannesbrief 12; 3 Johannesbrief 10.
[371] Vgl. L. Schenke, Die Urgemeinde, Stuttgart 1990, 217–225.
[372] Vgl. 3 Johannesbrief 5–8.
[373] Vgl. 3 Johannesbrief 7.
[374] Vgl. H.-J. Klauck, Der zweite und dritte Johannesbrief, Zürich/Neukirchen 1992, 100–110.
[375] Vgl. 2 Johannesbrief.
[376] Vgl. 3 Johannesbrief 5–8.
[377] Vgl. 3 Johannesbrief 9–10.
[378] Zu den so genannten johanneischen Schriften vgl. U. Schnelle, Die ersten 100 Jahre des Christentums, Göttingen 2016, 350–366.502; M. Hengel, Die johanneische Frage, Tübingen 1993, 96–254.317–325. Diese beiden Theologen vertreten beide mit guten Gründen die Ansicht, dass der zweite und der dritte Johannesbrief vor dem ersten verfasst worden ist und das Johannesevangelium danach geschrieben und bearbeitet worden ist. Im Detail unterscheiden sich die Ansichten der beiden Theologen hingegen: Schnelle sieht das Evangelium als von einem Schülerkreis des Johannes abgefasst, Hengel erkennt einen vielgestaltigen Entstehungsprozess von einer Grundschrift des Johannes bis hin zu einer späteren Herausgeberschaft, die zudem den im Evangelium auftretenden »Lieblingsjünger« Jesu auf den historischen Jesusjünger Johannes und dann auf den Gemeindegründer Johannes projizierte.
[379] Gemäß Lutherübersetzung.
[380] Zum Kaiserkult unter Domitian vgl. U. Schnelle, Die ersten 100 Jahre des Christentums, Göttingen 2016, 431–445.
[381] Vgl. Offenbarung 2,10.13.
[382] Vgl. Offenbarung 13,1–17; 19,20.
[383] Vgl. Sueton, Domitian, hg. von H. Martinet, Düsseldorf 1997, XIII 2.
[384] Vgl. R. Mucha in New Testament Studies 2014, 83–105.
[385] Vgl. Offenbarung 17,5–6.
[386] Vgl. U. Schnelle, Die ersten 100 Jahre des Christentums, Göttingen 2016, 503f.
[387] Gemäß Lutherübersetzung.
[388] Vgl. M. Gielen in: Einleitung in das Neue Testament, hg. von M. Ebner/S. Schreiber, Stuttgart 2019, 521–533.

Rainer Metzner

Ein Buch mit sieben Siegeln

Die Redewendungen der Bibel

496 Seiten | 15,5 x 23 cm
Paperback
ISBN 978-3-374-07132-6
EUR 58,00 [D]

Die Bibel verfügt über einen Schatz an volkstümlichen Redewendungen. Zu ihnen gehören z.B. sich ins Fäustchen lachen, die Haare stehen zu Berge, gegen den Strom schwimmen. Martin Luther und seine Mitarbeiter haben sich ihrer mit Vorliebe bedient, um die biblischen Originalsprachen anschaulich, dem Volk »aufs Maul« sehend, ins Deutsche zu übersetzen. Redewendungen sind feste Wortverbindungen einer Sprachgemeinschaft. Sie spiegeln Einstellungen und Verhaltensweisen wider, vereinfachen die Kommunikation, machen sprachliche Äußerungen attraktiv. Die vorliegende Arbeit stellt 353 Redewendungen der Lutherbibel vor. Sie erklärt ihre Bedeutung im Zusammenhang des Bibeltextes und verdeutlicht ihren Einfluss auf die deutsche Sprache an Beispielen aus den Bereichen Belletristik, Lieddichtung, Philosophie und Geschichte.

EVANGELISCHE VERLAGSANSTALT
Leipzig www.eva-leipzig.de

Tel +49 (0) 341/ 7 11 41 -44 shop@eva-leipzig.de